Elena Gianini Belotti

Was geschieht mit kleinen Mädchen?

Über die zwangsweise Herausbildung
der weiblichen Rolle in den ersten
Lebensjahren durch die Gesellschaft

Verlag Frauenoffensive

1. Auflage, 1975
C Giangiacomo Feltrinelli Editore, Mailand 1973
Orig.Titel ,,DALLA PARTE DELLE BAMBINE"
C deutsche Übersetzung Verlag Frauenoffensive,
München 1975
ISBN 3—920385—74—8
Druck: Fa. Gegendruck, Gaiganz
Umschlaggestaltung: Elisabeth Petersen, München
Übersetzung aus dem Italienischen:
Luise Francia, München

INHALT

I. Kapitel

Die Schwangerschaft

Das Geschlecht des Kindes wird vom Vater bestimmt. Die Spermien gehören zwei verschiedenen Kategorien an: einmal den Gimnospermien, die aus einem sogenannten X-Chromosom kommen und das weibliche Geschlecht bestimmen und zum anderen den Androspermien, die aus dem Y-Chromosom kommen und das männliche Geschlecht bestimmen. Aber nur der Zufall (jedenfalls nach dem heutigen Stand der wissenschaftlichen Untersuchungen) ist für die Befruchtung des weiblichen Eis mit einem Y-Chromosom oder einem X-Chromosom verantwortlich. Obwohl die Wissenschaft erwiesen hat, daß die Verantwortung für das Geschlecht des Kindes beim Vater liegt, hält sich hartnäckig das tiefverwurzelte Vorurteil, die Frau sei die Alleinverantwortliche, im positiven wie im negativen Fall.

„Meine Frau hat mir einen hübschen Jungen geschenkt", „meine Frau ist nicht einmal imstande, mir einen Buben auf die Welt zu bringen" oder „meine Frau bringt nichts anderes als Mädchen zustande" usw. Unzählige Frauen mußten und müssen bei der Geburt eines Mädchens den unausgesprochenen oder offenen Vorwurf und das Mitleid der Familienangehörigen, Verwandten und Freunde einstecken, die Enttäuschung und Feindseligkeit des Ehemanns oder der Schwiegereltern, die Demütigung angesichts der Tatsache, daß sie nicht fähig sind einen „Stammhalter" zu bringen. Viele dieser Frauen sind ständig unglücklich, schuldbewußt, verachten sich selbst oder bewundern andere Frauen, die „glücklicher" oder „tüchtiger" waren. Dieses absurde Drama, daß man „nur" Mädchen auf die Welt bringt! Manchen Frauen wird das von ihren Männern sogar als Schande angelastet. In weniger bevölkerten Ländern, in denen die weiblichen und männlichen Verhaltensnormen stärker ausgeprägt sind, und eine Abweichung davon weniger toleriert wird, hat dieses Vorurteil ein noch größeres Gewicht. Wieviele Frauen haben sich erschöpfenden Prozeduren bei Wunderheilern unterzogen, nur um den vom Ehemann und der Verwandtschaft langersehnten Jungen zu bekommen! Aber auch in aufgeklärten Bevölkerungsschichten, bei denen man annehmen könnte, daß die Ergebnisse der wissenschaftlichen Forschungen bis zu ihnen durchgesickert sind, glauben viele noch, daß die Frau für das Geschlecht des Kindes verantwortlich ist, oder sogar, daß die Frau für die Geburt eines Mädchens, der Mann dagegen für die Geburt eines Jungen verantwortlich ist, als ob es zwischen dem Ei und dem Sperma einen Kampf gäbe, bei dem der Sieger dann die Macht hat, dem Kind das „eigene" Geschlecht zu geben. „In meiner Familie sind fünf Mädchen geboren" sagt eine junge, schwangere Philosophie-Studentin, „hoffen wir, daß ich es nicht wie meine Mutter mache, mein Mann ist ja schon ein bißchen beunruhigt über dieses Phänomen, weil er einen Jungen haben will."

„Ich habe vier prächtige, gesunde Jungen in die Welt gesetzt", bekennt eine Frau aus 'gutbürgerlicher' Familie, „hoffen wir, daß meine Schwiegertochter genauso tüchtig ist, mein Junge würde viel darauf geben, wenn das erste Kind ein Sohn wäre."

In einer patriarchalischen Kultur, die als Grundwerte einerseits die Überlegenheit des männlichen Individuums, andererseits die Unterlegenheit des weiblichen Individuums sieht, ist es klar, daß man das Prestige des Mannes keinesfalls in Frage stellen darf, da dies unweigerlich zur Zersplitterung seiner Macht führen würde. So haben die Ansichten in Bezug auf die Mutterschaft, angefangen bei den ältesten bis hin zu den heutigen, immer das Verdienst und die Hauptrolle bei der Reproduktion dem Mann zugeschrieben, während die Frau nur eine untergeordnete Rolle hatte.

Aristoteles bestand darauf, daß sich der menschliche Embryo aus einem Menstruationsgerinsel der Frau entwickelte, das bedeutet, daß die Frau das formlose Material stellt, während dem Mann die weitaus noblere Aufgabe zuteil wird, der Masse Gestalt zu verleihen. Allerdings war sein Standpunkt für seine Zeit noch positiv, verglichen mit dem seiner meisten Zeitgenossen, die der Frau überhaupt keine Beteiligung an der Konzeption eines Kindes zugestehen wollten, außer der Nahrung für den Samen, der ja vom Mann geliefert wurde. Ayschilos schrieb in den „Eumeniden", daß die Frauen nicht die Erzeugerinnen derer, deren Mutter sie genannt werden sind, sondern nur die Ernährerinnen des jungen Lebens, das ihnen eingepflanzt wurde. In den Anfängen der Geburtslehre teilten sich die Meinungen zwischen denjenigen, die glaubten, daß die Rolle des Vaters vorrangig sei, und denjenigen die dagegen behaupteten, die mütterliche Rolle sei bedeutender. Im Lauf der Zeit kristallisierte sich heraus, daß beide, Mutter und Vater, eine gleich wichtige Rolle bei der Zeugung eines Kindes spielen, da sowohl im Ei als auch im Spermafaden 23 Chromosomen enthalten sind. Aber erst 1956 entdeckte man, daß Spermien Y-Chromosomträger oder X-Chromosomträger sein können.

Wie kann es passieren, daß trotz des Standes der Wissenschaft immer noch Frauen ihre Männer um Verzeihung bitten, wenn sie ein Mädchen geboren haben? Die Vorurteile sind tief verwurzelt und halten sich, neuen Erkenntnissen und Berichtigungen, allen Dementis zum Trotz, weil sie eine soziale Notwendigkeit darstellen. Die menschliche Unsicherheit braucht Sicherheit — und Vorurteile geben Sicherheit. Ihre erstaunliche Macht liegt gerade in der Tatsache, daß sie nicht Leuten zugetragen werden, die, obwohl konditioniert und wenig kritisch, doch genug Einschätzungsvermögen haben, um diese Vorurteile zu analysieren und sie abzulehnen. Sie werden als absolute Wahrheit, die nicht zur Diskussion steht, schon von früher Kindheit an eingebleut und später nicht mehr berichtigt. Man verinnerlicht sie jedem gesunden Menschenverstand zum Trotz, und zum Opfer werden einerseits die Leute, die sie formulieren und gegen andere anwenden, andererseits diejenigen, die von ihnen getroffen und abgestempelt werden. Um sie zu zerstören und aus der Welt zu schaffen muß man nicht nur einen beachtlichen Bewußtseinsprozeß durchmachen, sondern braucht auch den Mut zur Auflehnung, den nicht alle Menschen haben. Auflehnung ruft Feindseligkeit hervor und derjenige, der es wagt die moralischen Gesetze umzustürzen, die viel tiefgreifender und strenger sind als die geschriebenen Gesetze, wird oft als Außenseiter geächtet. Und wo findet man Frauen, durch ihre Erziehung ganz gezielt mutlos und passiv gemacht, die sich gegen diese Vorurteile auflehnen und sie bekämpfen? Durch ihr Minderwertigkeitsgefühl und ihre Unsicherheit, durch die Überzeugung, daß sie wohl den höchsten Preis bezahlen müssen, weil sie dafür wieder Bestätigung und Sicherheit finden, halten sie ängstlich an den bestehenden Zuständen fest und wehren sich gegen Veränderungen, auch wenn sich diese mit der Zeit zu ihrem Vorteil entwickeln.

Untersuchen wir zum Beispiel das Vorurteil, daß am Körper des Mannes alles perfekt und in Ordnung ist, was die Fortpflanzung betrifft. Wenn es bei einem Paar mit dem Kinderkriegen nicht klappt, und die Möglichkeit der Sterilität naheliegt, wird zuerst die Frau gründlich, oft langwierig und schmerzhaft untersucht. Erst wenn alle diese Untersuchungen zu keinem Ergebnis geführt haben — und dann auch nicht immer — läßt sich der Mann widerstrebend und gedemütigt dazu herab, sich einer Untersuchung zu unterziehen. Diese Prozedur ist umso unverständlicher, wenn man bedenkt, daß die Untersuchung des Penis und eine Analyse des Spermas auf Unfruchtbarkeit unendlich viel einfacher, billiger und weniger schmerzhaft ist, als zum Beispiel das Durchblasen der Eileiter bei der Frau.

Wenn ein unnormales Kind zur Welt kommt, fühlt sich immer die Frau schuldig und sucht in der eigenen Familiengeschichte nach einer Bestätigung ihrer Schuld. Im Gegensatz dazu fühlt sich der Mann in den seltensten Fällen davon betroffen, er schiebt die ganze Verantwortung auf seine Partnerin und zweifelt nicht im geringsten an der eigenen Perfektion. Kurz, der Mann braucht hundertprozentige Beweise für seine Fehler oder Mängel (und diesen Beweisen rennt er nicht gerade hinterher) ehe er sich betroffen oder schuldbewußt fühlt, während die Frau immer ein Schuldgefühl im Kopf hat, bis nicht das Gegenteil erwiesen ist. Wenn es darum geht, sich willig und unwissend den Vorurteilen zu beugen, die auf sie zugeschnitten sind, kennen Frauen keine Grenzen. Die meisten dieser Vorurteile und auch die am tiefsten verwurzelten betreffen die Beziehung zum anderen Geschlecht, die Familie und die Kinder. Obwohl die Wirklichkeit das Gegenteil beweist, sind Frauen immer noch überzeugt davon, daß Kinder die Ehe stabilisieren, daß sie ein Paar zusammenmenhalten, daß sie schwierige Situationen überwinden helfen, und wenn eine Ehe in Krise gerät, greifen sie — als extremes, aber ihrer Meinung nach todsicheres Mittel — zum Kinderkriegen, in der Überzeugung, daß ein Kind dem Eheleben neue Impulse gibt. Wenn man der Mehrheit der Frauen glauben will, dann ist eine Ehe ohne Kinder zum Mißerfolg verdammt, die Mutterschaft ist die einzig mögliche, echte Verwirklichung der Frau und während die Welt von unglücklichen und frustrierten Müttern überläuft, haben sie noch immer das Gefühl versagt zu haben oder sich in ihrer Weiblichkeit nicht verwirklicht zu haben, solange sie nicht Mütter geworden sind — Mütter von Söhnen.

Wird es ein Junge? Wird es ein Mädchen?

Die ganze Zeit der Schwangerschaft wird von dieser Frage beherrscht, auf die man bis heute noch keine Antwort geben kann, zumindest bei uns. In den Vereinigten Staaten ist es dagegen möglich, sich nach dem fünften Monat der Schwangerschaft einer besonderen Untersuchung zu unterziehen, um zu erfahren ob man ein Mädchen oder einen Jungen bekommt. (1) Es gibt viele Bräuche und Volksweisheiten, wie man angeblich das Geschlecht des Kindes erfahren kann; wenn man sie jedoch genauer analysiert, merkt man, daß sie alle nur darauf angelegt sind, die Hoffnungen auf einen Stammhalter zu stützen. Manche treiben das Ganze sogar auf den Gipfel, indem sie Methoden vorschlagen, mit denen man einen Jungen planen kann. Zum Beispiel bei zunehmendem Mond miteinander schlafen, oder bei Vollmond (auf jeden Fall ist es natürlich nicht anzuraten, bei Neumond das Kind zu machen, da es sonst deformiert zur Welt kommen könnte!), während des Geschlechtsverkehrs auf der rechten Seite zu liegen gilt als todsicheres Mittel, und so weiter. Andere Vorhersagemethoden werden strapaziert, um die legitime Neugier der Eltern zu stillen, wcnn die Frau bereits schwanger ist: in manchen Gegenden nimmt man eine Handvoll Getreide und zählt die Körner, ist es eine ungerade Zahl, so wird es ein Junge, ist es eine gerade Zahl, wird es ein Mädchen. In Lucania steckt man die Zinken einer kleinen Gabel in ein Sieb, dreht sich das Sieb nach rechts, wird es ein Junge, nach links dagegen wird es ein Mädchen. Wenn man eine Münze unter die Kleidung der schwangeren Frau in den Rücken steckt, so muß sie mit dem Kopf nach oben auf den Boden fallen, wenn es ein Junge werden soll, Zahl nach oben wird ein Mädchen. Eines der gebräuchlichsten Mittel ist der Hühnerbeinchentest: man nimmt ein dünnes Hühnerbeinchen und Mann und Frau nehmen je ein Ende zwischen die Finger und ziehen solange an, bis das Knöchelchen bricht, wenn das längere Stück in der Hand des Mannes bleibt wird es natürlich ein Junge. Wenn man eine schwangere Frau unvermittelt fragt: ,,Was hast du in der Hand? " und sie schaut zuerst die rechte Hand an, gibt es einen Jungen, wenn sie die Linke anschaut, ein Mädchen. Ein spitzer Bauch während der Schwangerschaft ist ein Zeichen für einen Buben (man beachte dabei die Anspielung auf den Phallus), während der flache, breite, runde Bauch ein Mädchen ankündigt. Wenn der Bauch der Mutter auf der rechten Seite größer ist, kommt ein Junge, ebenso wenn der rechte Fuß schmerzt oder kribbelt. Wenn die Schwangere fröhlich und ausgeglichen ist, erwartet sie einen Buben, wenn sie dagegen trübsinnig ist, leicht weint und auch sonst recht empfindlich ist, dann wird es ein Mädchen. Wenn die Haut rosig und gesund aussieht, wird es ein Junge, ist die Frau dagegen blaß, kriegt sie ein Mädchen. Wird sie schöner, kommt ein Junge, wird sie häßlich und unansehnlich, so ist das ein Zeichen für ein Mädchen. Dasselbe gilt für geschwollene Beine, Schweregefühl im Unterleib, Flecken auf der Haut.

Wenn der Herzschlag des Embryos schnell ist, wird es ein Junge, wenn das Herz langsam schlägt, wird es ein Mädchen. Wenn sich der Emryo bis zum 40. Tag der Schwangerschaft bewegt, wird es ein Junge und die Geburt wird leicht sein, wenn es sich erst am 90. Tag bewegt wird es ein Mädchen. Dieser Aberglaube findet in einem anderen eine Parallele: Ehe man zu dem Schluß kam, daß die Seele im Augenblick der Befruchtung in den Fötus eintritt, hatten die Theologen darauf bestanden, daß genau 89 Tage nach der Befruchtung ein männlicher Fötus eine Seele bekommt, während das Mädchen noch mindestens 39 Tage länger darauf warten muß. Diese Behauptung wurde natürlich nach der allgemeinen Theorie, bzw. Diskussion darüber aufgestellt, ob Mädchen überhaupt eine Seele haben.

Wenn wir alle die volkstümlichen Bräuche und Aberglauben genau untersuchen, die wir eben zusammengestellt haben, so fällt dabei ein gemeinsamer Nenner auf: alle die Zeichen, die angeblich die

Geburt eines Jungen signalisieren, sind positiv. So hat die ungerade Zahl im Vergleich zur geraden Zahl eine gewisse Einheit in sich, etwas „zusätzliches". Der Hühnerbeinchentest mit dem Ergebnis des längeren Stückes in der Hand des Mannes hat die allgemeine Bedeutung, daß das männliche Wesen mehr wert ist, als das weibliche, aber es ist auch ein ganz klarer Hinweis auf das „zusätzliche" anatomisch gesehen, was ein Mann besitzt. Aber auch im übertragenen Sinne: die gute Laune, der gesunde, rosige Teint, die frühen Bewegungen des Kindes, der zunehmende Mond, das Geldstück, das mit dem „Kopf" nach oben fällt, der spitzige Bauch usw. Viele Voraussagen für einen Buben haben etwas mit der rechten Seite zu tun, die als wichtiger gilt, als edler, als stärker und auf jeden Fall als aktiver. Mit der rechten Hand grüßt man, nimmt man etwas an, streichelt man, lehnt man an, schreibt man, segnet man, arbeitet man, ißt man und mit der rechten Hand hält man die Waffe. Der wichtige Gast sitzt auf der rechten Seite des Gastgebers, die gute Erziehung verlangt, daß man angesehenen Personen auf der Straße die rechte Hand gibt. Auf der anderen Seite gilt es als schlechtes Zeichen, wenn man morgens mit dem „linken Fuß zuerst aufgestanden ist". Das Adjektiv link, finster (auf italienisch sinistro, was sowohl links als auch finster heißt) hat eine düstere Bedeutung. Kinder die linkshändig sind, werden heute noch rigoros umgeschult, weil man Linkshändigkeit als Anomalie betrachtet. Einige dieser Aberglauben sind verschwunden, weil sie auf eine bäuerliche Gesellschaft zugeschnitten waren, aber viel andere sind noch lebendig und gebräuchlich, und nicht nur in den unteren Schichten.

Eine junge Schwangere hat mir erzählt, daß in ihrem Büro (die Direktion einer großen Firma) die Kollegen — alles Abiturienten, männlich und weiblich — nicht nur unzählige Hinweise gaben, wie man verhindern kann, daß das Kind mit bestimmten „Gelüsten" vorbelastet auf die Welt kommt, sondern sie hatten ihr auch einen seltsamen Vorschlag gemacht, wie sie das Geschlecht des Kindes erfahren könnte: sie solle untersuchen, ob die rechte Gesäßhälfte größer sei, als die linke, da es in diesem Fall mit Sicherheit ein Junge würde. Alle genannten Ratschläge und Vorhersagen, die wir angeführt haben, stellen schon perfekt die geschlechtsspezifischen Verhaltensnormen dar, wie sie in unserer Kultur und Gesellschaft aufgestellt werden, und sie enthüllen auch, wie sehr diese Modelle schon in uns verwurzelt sind, wenn wir Kindern schon spezifische Kennzeichen und Merkmale zuschreiben, die für das jeweilige Geschlecht typisch sind, *noch ehe sie überhaupt geboren sind*. Denn man *will* einfach, daß Jungen lebhafter, vitaler sind als Mädchen, von denen man wiederum erwartet, daß sie ruhiger und passiver werden. Der Aberglaube mit den Kindsbewegungen enthüllt diesen Wunsch. Wenn man sich weigert zu sehen, daß ein Zusammenhang zwischen Vitalität und Lebhaftigkeit des Embryos und des Neugeborenen, bzw. eine Fortsetzung dieser Eigenschaften des Embryos nach der Geburt etwas mit dem Temperament des Kindes und nicht mit dem Geschlecht zu tun hat, denn es ist ja eine altbekannte Tatsache, daß es mehr als genug Embryos und neugeborene Buben gibt, die ruhig und träge sind, während neugeborene Mädchen überschäumend und lebhaft sein können, dann macht man willkürliche Verallgemeinerungen.

Das Spiel der verschiedenen Eigenschaften von männlichen und weiblichen Wesen beginnt genau hier, noch ehe die Kinder geboren sind, und hört niemals mehr auf.

Denn seit ewigen Zeiten wurden Jungen auf Aktivismus, Agressionen und Kraft getrimmt, während Mädchen in eine passive, nachgebende, verbindliche Rolle gedrängt wurden, und aus diesem eingeübten Rollenverhalten wird dann der Schluß gezogen, daß es sich dabei um ein biologisches, um ein Naturgesetz handelt. Die Ausnahmen, die dieser „Gesetzmäßigkeit" entgegenstehen, können ruhig da sein, sie erschüttern dieses Vorurteil keineswegs, denn Ausnahmen bestätigen ja bekanntlich die Regel.

Die Feindseligkeit der Frau gegenüber

Negative Gefühle, die wir anderen zuschreiben, projizieren wir meistens. Es ist ein unbewußter Mechanismus, um uns gegen Impulse zu schützen, die das Ego als inakzeptabel ablehnt, und davon sind nicht einmal ausgeglichene Personen frei. Nehmen wir einmal den weitverbreiteten Aberglauben, daß die Geburt eines Jungen leichter verlaufe als die eines Mädchens, als ob das Kind aktiv an der Geburt teilnehmen könnte, und der Junge aktiver und stärker wäre als das Mädchen, als ob er besser damit fertig werden kann, auf die Welt zu kommen! Das ist eine typische Projektion, das heißt, wir übertragen die feindlichen Gefühle, die wir selbst empfinden auf andere. Die Wahrheit ist, daß das Mädchen weniger erwünscht ist als der Junge, in manchen Fällen sogar überhaupt nicht, daß die soziale Bedeutung des Mädchens geringer ist, aber man kann diese Gefühle nicht aussprechen, weil sie im Widerspruch stehen zu einem anderen zähen Vorurteil, nämlich, daß man sein Kind lieben *muß!* Fehlende Liebe zu Kindern wird als schwere und unerträgliche Schuld gesehen, also dreht man den Spieß um: die Feindseligkeit gegen das Mädchen wird zur Feindseligkeit, die das Mädchen gegen die Mutter empfindet, in deren Bauch es ist. So heftig wehre sich das Mädchen gegen die Mutter, daß es die Geburt kompliziere, und das, obwohl die Geburt ein physiologischer Vorgang ist, bei dem das Kind völlig passiv bleibt.

Bei der Geburt eines Mädchens soll die Frau größere Schmerzen erleiden. Das Mädchen verursacht von Natur aus schon prinzipiell Schmerzen. Auch in den ersten Lebensmonaten und -jahren sollen kleine Mädchen weinerlicher und lästiger sein als kleine Jungen. (2)

Ein anderes Zeichen der unbewußten Feindseligkeit gegen kleine Mädchen ist der ziemlich verworrene Aberglaube, sie würden bei der Geburt mehr weinen als Jungen. Wer dagegen viel mit Neugeborenen zu tun hat, weiß, daß eher das Gegenteil wahr ist, doch auch das läßt sich nicht mit Sicherheit behaupten. Auf jeden Fall ist es aber wahr, daß es Neugeborene gibt, die unmittelbar nach der Geburt verzweifelt schreien und auch viele Tage lang weiter schreien, während es Neugeborene gibt, die sehr wenig schreien und viel schlafen, ohne daß dabei das Geschlecht des Babys irgendeine Bedeutung hat. Der Verlauf der Geburt hat natürlich einen Einfluß auf den Gemütszustand des Babys, aber auch die grelle Beleuchtung des Kreissaals, der unangenehme kalte Kontakt mit den Gummihandschuhen mit denen das Neugeborene festgehalten wird, die mangelnde Zärtlichkeit bei der Behandlung, beim Waschen, beim Anziehen, die Temperatur des Wassers in dem es gebadet wird, die hastigen Bewegungen und unendlich viele andere brutale Vorgänge, denen das Kind nach der Geburt ausgeliefert ist, spielen eine Rolle. Aber die Reaktion der Neugeborenen auf die Umwelteinflüsse werden auch vom unterschiedlichen Temperament des jeweiligen Babys bestimmt, und sind von Fall zu Fall verschieden. Der Grad der Sensibilität auf Reize der Außenwelt variiert sehr stark bei den Babies und hängt wahrscheinlich auch von ihrer körperlichen Verfassung ab: Empfindlichkeit der Haut auf Temperaturschwankungen, größere oder geringere Lärmtoleranz, größere oder geringere Empfindlichkeit in Bezug auf Licht, auf Behandlung, auf einen Wechsel der Lage, mehr oder weniger Bedürfnis nach Hautkontakt mit einem anderen menschlichen Wesen. Und so verschieden ist auch die Art, diese Reaktionen auszudrücken. Ein Baby, das seinem Unmut über heftige Bewegungen und brüske Behandlung nicht offensichtlich Luft macht, kann ihm jedoch in passiver und regressiver Art Ausdruck geben, indem es die unangenehme Situation verdrängt und sich in Ersatzbefriedigung flüchtet wie langes Schlafen, oder Daumenlutschen, während ein anderes Baby seine Wut direkter durch Geschrei und Unruhe ausdrückt.

Der Junge wird bevorzugt

Für die Bauern ist es unsagbar schwierig, wenn sie viele Töchter haben. Die Gründe dafür scheinen tatsächlich stichhaltig: sie wissen, daß die Töchter die Haushaltskasse belasten, weil sie eine Mitgift erhalten müssen und daß sie für die Familie nur eine Belastung sind. Sie sehen, daß die Mädchen durch ihren Körperbau und ihre körperliche Schwäche schlecht für die Landarbeit geeignet sind. Und deshalb seufzen die Männer der Familie bei der Geburt eines Mädchens, weil sie fürchten, daß landwirtschaftliche Geräte nutzlos herumliegen, weil nicht genügend Arme da sind. Dennoch machen sie gerne Weissagungen, in denen sie ihre Wünsche ausdrücken. Sie haben den Brauch eingeführt, bei der Geburt eines Mädchens der Wöchnerin eine ungerade Anzahl Eier zu bringen, als Symbol für einen Jungen. Man will damit eine sicherlich gut gemeinte Hoffnung ausdrücken, daß es bei der nächsten Schwangerschaft ein Junge werden möge, obwohl sie in dieser Hinsicht natürlich oft enttäuscht werden. (3)
Die Zeiten haben sich geändert, die Bauern sind vom Land verschwunden und haben sich mit ihren Familien in den Städten angesiedelt. Ihre Töchter gehen frühzeitig arbeiten, während die Söhne meistens längere Zeit studieren. Die Töchter bringen Geld nach Hause, anstatt es von zuhause fortzutragen, wie es das oben genannte Zitat beschreibt, und auf diese Weise „nützen" sie ihrer

Familie genauso viel oder mehr als die Jungen, die sogar mehr
Geld ausgeben und brauchen. Die Frauen arbeiten, wenigstens solange sie nicht verheiratet sind. Da nun das Problem der wirt-
schaftlichen Abhängigkeit der Tochter in Bezug auf die Familie
wegfällt, möchte man doch annehmen, daß die Geburt einer
Tochter Jubelrufe zur Folge hat, gerade weil sie ein produktives
Wesen ist, bereit zu arbeiten und Geld heim zu bringen. Dazu
kommt noch, daß sie sich um die Hausarbeit kümmern wird, auf
die ja jedes weibliche Wesen so schnell wie möglich getrimmt
wird, und die im Leben nicht mehr aufhört. Die Frau ist ein Wesen voller unglaublicher Energien, von beneidenswerter Stärke
und Ausdauer, denn sie schafft, wozu kein Mann jemals genügend Vitalität hätte: eine Arbeit in drei Schichten, die aus der
Hausarbeit, der Berufstätigkeit und schließlich aus der Geburt und
Erziehung der Kinder besteht.
Es jubelt jedoch niemand, wenn ein Mädchen geboren wird. Der
ersehnte, bevorzugte Nachwuchs bleibt immer der Junge.
Tatsache ist, daß sich die psychischen Strukturen des Menschen
extrem langsam verändern, während die soziale Realität immer
schneller wächst. Tausend Jahre lang ist der Mann Träger der
Macht gewesen, er erträgt den Gedanken nicht, daß mit dem Ende seines Lebens auch das Ende seiner Macht kommt, er will diese Macht auf ein anderes Wesen übertragen, das ihm ähnlich ist.
Wer Macht hat, ist von Ansehen und Prestige umgeben, steigt
zum Symbol auf, er hat das Recht und die Pflicht, sich selbst
maximal zu verwirklichen. Von ihm erwartet man sich, daß er ein
Individuum wird, er wird für das geschätzt, was er *sein wird*.
Von der Frau dagegen erwartet man sich, daß sie ein Objekt wird,
sie wird für das geschätzt, was sie *geben wird*. Das sind zwei völlig verschiedene Ziele. Das erstere impliziert die Möglichkeit, alle
Quellen auszuschöpfen, die in der Person selbst bzw. in der Umwelt liegen, um sich zu verwirklichen. Es ist der Passierschein für
die Zukunft, es sichert das Wohlbefinden für den Egoismus. Das
zweite jedoch verlangt die Aufgabe jeglicher eigenen Pläne, und
die Umwandlung aller eigenen Initiativen und Energien, so daß andere sie benutzen können. Die Welt ruht auf dieser geballten Energie der Frauen. Sie stellt ein unerschöpfliches Reservoir für alle diejenigen dar, die damit ihre eigene Sucht nach Macht verwirklichen.
Die Geburt eines Jungen, ganz besonders wenn es das erste Kind
ist, ist für den Mann seine eigene Vergötterung, ein Triumph! Die

Zeugung eines Jungen gibt einem Mann die befriedigende Bestätigung seiner Männlichkeit, die Geburt eines Jungen wird als das Höchste schlechthin, die Perfektion, das Unübertreffliche verehrt, etwas, das aus der Macht des Mannes kommt. Männlichkeit, die Männlichkeit produziert, fleischgewordene Perfektion! Heutzutage wünscht man sich normalerweise zwei Kinder: das erste soll ein Junge, das zweite ein Mädchen werden.

Wenn das erste unglücklicherweise ein Mädchen wird, so muß das zweite wenigstens ein Junge werden. Wenn das erste ein Junge wird, ist trotzdem ein zweiter Junge willkommen. Aber sollten zwei Mädchen auf die Welt kommen, so ist das zweite auf jeden Fall eine Enttäuschung. An diesem Punkt gleitet die Programmierung außer Kontrolle, die Planzahl „zwei" wird durch „drei" ersetzt und die Hoffnung auf einen Jungen wird dringlicher, gespannter.

Wenn einer kommt, ist das Spiel zu Ende, wenn nicht, eskaliert sich die problematische Situation, und man bricht in Panik aus. Der Kampf zwischen der Entscheidung, keine Kinder mehr zu haben und dem Wunsch, den so lange ersehnten Jungen doch noch zu machen, ist hart. Wieviele Mädchen verdanken wohl ihre Existenz dem verzweifelten Versuch, einen Jungen zu zeugen!

Dieser erbitterte Wunsch, Kinder verschiedenen Geschlechts zu haben — wobei der Junge klar bevorzugt wird — hätte überhaupt keine Berechtigung, wenn die Erwartungen der Eltern an Mädchen und Jungen nicht so grundverschieden und tief verwurzelt wären. Tatsächlich würde die Frage, ob Junge oder Mädchen jegliche Bedeutung verlieren, wenn man das einzelne Kind als komplexes Individuum sehen würde, das mit ganz bestimmten Möglichkeiten und Eigenschaften ausgestattet ist, und dem man so viel wie möglich helfen muß, damit es sich in *seine* Richtung hin entwickeln kann. Der Junge wird jedoch um seiner selbst willen geliebt, wegen des Prestigegewinns seiner Geburt für die Familie, wegen der Autorität, die er in der Familie und außerhalb einmal haben wird, wegen seiner Leistungen, die er einmal vollbringen wird. Das Mädchen ist überhaupt nur dann erwünscht — und das nicht immer — wenn es die Eigenschaften erfüllt, die man von Mädchen erwartet und verlangt, weil sie für einen selbst bequem sind:
— Mädchen sind zärtlicher (die Eltern erwarten sich, mehr geliebt zu werden, denn Jungen sind „überhaupt nicht zärtlich")
— sie sind dankbarer (hier zeigt sich die horrende Erpressung gegenüber Mädchen, von Jungen verlangt man nie Dankbarkeit)

— sie sind hübsch und süß (ein Gegenstand, ein Ding, das man anschauen, mit dem man spielen kann)

— es macht Spaß sie anzuziehen (sie zählen nicht für das, was sie sind, sondern für das, was sie hermachen; nicht ihre Intelligenz ist wichtig, sondern ihre Schönheit)

— sei leisten einem zuhause Gesellschaft (von einem Jungen erwartet niemand, daß er einem Gesellschaft leistet, sobald er kann, geht er von zuhause fort)

— sie helfen frühzeitig schon bei der Hausarbeit (von Jungen erwartet man nicht nur keine Hilfe, sondern man hindert sie sogar daran, im Haushalt mitzuhelfen, sie sind schließlich zu Höherem bestimmt).

Obwohl jedoch die Frau so zärtlich, süß, entgegenkommend und arbeitsam eingeschätzt wird, obwohl es billiger kommt, ein Mädchen aufzuziehen, schon weil es meistens nicht so lange zur Schule geht, gilt es allgemein als schwieriger, Mädchen zu erziehen. Warum?

Es ist viel schwieriger und anstrengender, Energien oder einen starken Willen zu unterdrücken und daraufhinzuarbeiten, daß sich diese Energie gegen das Mädchen selbst richtet, daß der eigene Wille langsam abstirbt, als ihm freien Lauf zu lassen, die Eigeninitiative soweit zu fördern, daß sie konkret etwas verwirklicht. Es ist einfacher, einem Menschen bei der Entwicklung seiner Möglichkeiten zu helfen, als den Impuls zur Selbstverwirklichung zu unterdrücken, der in jedem Menschen unabhängig vom Geschlecht steckt.

Da das Mädchen in seiner Entwicklung abgeblockt wird, ist es gezwungen, eine Selbstverteidigungsstrategie aufzubauen, um nicht zu unterliegen. Besonders Mädchen, die besonders lebhaft sind und bei denen massive Unterdrückungsmethoden notwendig sind, um sie auf ihre Rolle zu trimmen, zeigen oft Charaktereigenschaften, die nicht etwa — wir behauptet wird — typisch weiblich sind, sondern die einfach ein Produkt der psychologischen Kastration sind, die sie zerstören: unzufriedene, launische, weinerliche, selbstverstümmlerische, faule, leblose, passive, interessenlose, kleine Mädchen, die sich auflehnen ohne zu wissen gegen wen oder was, die selber nicht wissen, was sie eigentlich möchten, sind das Ergebnis dieser Manipulation. Machtlose Wesen, die verzweifelt ständig durch ihr Verhalten ihre Konditionierung anklagen, die voller Ängste, Unsicherheit und Hysterie in einem ständigen Zwiespalt mit sich selbst und ihrer Umwelt leben.

Trotz der ausgesprochenen Vorliebe für männlichen Nachwuchs werden bei Adoptionen Mädchen bevorzugt. Dieses Phänomen scheint auf den ersten Blick ein Sieg für das weibliche Geschlecht zu sein. Wenn man jedoch die Gründe näher betrachtet, aus denen ein kinderloses Paar lieber ein Mädchen adoptiert, weiß man, daß es mit diesem Sieg nicht weit her ist. In der Auswahl eines Adoptivkindes zählen vor allem „nutzbringende" Charaktereigenschaften: Schönheit und Anmut des kleinen Mädchens, die Befriedigung, sich mit der äußeren Erscheinung des Kindes intensiv zu beschäftigen, die angenehme Gesellschaft, die Mädchen den Eltern leisten (hier geben die Männer meistens dem Wunsch der Frau nach). Außerdem spielt auch die Überzeugung der Adoptivmutter eine große Rolle, „sich bei einem Mädchen sicherer, mehr gewachsen zu fühlen, als bei einem Jungen". Man will lieber ein Mädchen in seiner Nähe haben, weil Jungen eher selbständig werden während das Mädchen, auch wenn es heiratet, doch immer enger an das Elternhaus gebunden bleibt. Außerdem braucht man es nicht lange auf die Schule zu schicken, weil es ja ohnehin heiraten wird und so einen Mann findet, der für ihren Unterhalt sorgt (4). Auch das Problem des Erbes spielt eine wichtige Rolle: ein Adoptivjunge nimmt den Namen der Adoptiveltern an und trägt ihn weiter, sollte sich herausstellen, daß er sich negativ entwickelt, daß er sich nicht den Erwartungen entsprechend verhält, so ist das Echo der Umgebung schärfer, als wenn es ein Adoptivmädchen gewesen wäre.

In Lucania/Italien gießt man bei der Geburt eines Jungen einen Krug Wasser auf die Straße, um damit auszudrücken, daß das eben geborene Kind die Straßen der Welt befahren wird. Wenn ein Mädchen geboren wird, gießt man das Wasser auf den Herd im Haus, ein Symbol dafür, daß sich das Leben des Mädchens hinter den Wänden des Hauses abspielen wird.

In anderen Gegenden greift man nicht zu solchen Symbolspielen, aber die Realität ist die gleiche.

Wenn man sicher gehen will, daß sich der Mensch, der geboren werden soll, den Zielvorstellungen dieser Gesellschaft unterwirft, muß man mit der Konditionierung schon vor der Geburt anfangen, und man muß ein passendes System dafür finden.

Das erste Element zur Unterscheidung von Jungen und Mädchen, das symbolischen Wert hat, ist die Farbe der Babyausstattung des Neugeborenen. Da man ja nicht sicher sein kann, ob es ein Junge oder ein Mädchen wird, kauft man eine Ausstattung in Farben, die sowohl für Mädchen als auch für Jungen „tragbar" sind. Interessant ist, daß dabei rosarot streng ausgeschlossen ist, auch von den Eltern, die sich ein Mädchen wünschen, denn man stelle sich einen kleinen Jungen in rosa vor! Davon können die Verkäufer von Babyausstattungs-Geschäften ein Lied singen, rosarote Babywäsche wird nur für bereits geborene kleine Mädchen gekauft. Dieses Phänomen ist umso erstaunlicher, wenn man bedenkt, daß die Unterscheidung von blau und rosa für Jungen und Mädchen nicht etwa ein alter Brauch ist. Erst 1929 soll eine Hebamme in Bologna den Brauch eingeführt haben für ein neugeborenes Mädchen eine rote Schleife ans Bett zu binden, bzw. eine blaue für einen Jungen. Dieser Brauch hat sich dann auf die ganze Babyausstattung ausgeweitet, einschließlich der Geburtskarten, die die Eltern zur Ankündigung des freudigen Ereignisses verschicken (5).

Wie hätte sich ein neuer Brauch wie dieser so nachhaltig durchsetzen können, wenn er nicht mit der uralten Konditionierung so eng verbunden wäre, die eine scharfe Trennung zwischen den beiden Geschlechtern anstrebt? Warum ist eigentlich der Anblick eines kleinen Jungen — der sich von der Physiognomie her kaum von einem kleinen Mädchen unterscheidet — in rosaroter Babywäsche so abstoßend?

Auch was die Ausstattung des Kinderzimmers betrifft, hat der Erwachsene erst Ruhe, wenn er das ganze Zimmer so hergerichtet hat, wie es ihm für einen Jungen oder für ein Mädchen angebracht erscheint. Hier zeigt er wieder einmal unverhüllt, daß er sich sehr wohl darüber im Klaren ist, daß ein frühzeitiges Eingreifen notwendig ist, wenn man später beim Kind das gewünschte Verhalten erzielen will.

Das Zimmer eines kleinen Jungen ist meistens nüchterner, weniger oberflächlich gehalten, als das eines Mädchens. Kräftige Farben, oft Blautöne, bestimmen das Bild. Die Vorhänge haben keine überflüssigen Bemalungen oder Blümchen. Das Zimmer des kleinen Mädchens ist meistens unglaublich ausgeschmückt, überall sind Spielsachen, der Raum erstickt in Krimskrams und Kitsch. Am liebsten ist das Zimmer in Pastelltönen gehalten, wenn nicht sogar gleich ganz in rosa. Noch ehe in dem Jungen irgendwelche Verhaltensformen zutage treten, die man als „männliche" bezeichnen könnte (wie zum Beispiel Aggressivität, Gefräßigkeit, Lebhaftigkeit, Unruhe, kräftiges Schreien usw.) hat man schon das Bedürfnis, ihm als Symbol einen bestimmten Farbstempel aufzudrücken, so daß jeder schon auf den ersten Blick sehen kann: das ist ein Junge, kein Zweifel möglich.

All das macht klar, daß sich die Menschen sehr bewußt darüber sind, daß das Geschlecht nicht ein für alle mal bei der Geburt durch die primären Geschlechtsmerkmale bestimmt wird, sondern daß die Geschlechtsidentität vom Kind über unsere Kultur, über die soziale Gruppierung, der es angehört, gewonnen wird. Und das sicherste Mittel, um das Kind in seiner Geschlechtsrolle festzulegen ist, es in Verhaltensnormen und -modelle zu zwängen, die keinen Widerspruch zulassen und von der Gesellschaft ständig bestätigt werden. Und das passiert von Anfang an. Je mehr diese Verhaltensmodelle bei Jungen und Mädchen variieren, desto klarer ist das Resultat. Deshalb wird von frühester Kindheit alles ausradiert, was Jungen und Mädchen gleich machen könnte und alles andere hervorgehoben, was den Unterschied betont.

Es ist geboren

„Es ist ein Junge!" „Es ist ein Mädchen", das sind die ersten Worte, die der Geburtshelfer ausspricht, wenn das Kind gerade geboren ist, als Antwort auf die ausgesprochene oder im Raum stehende Frage der Mutter. „Ihm" oder „ihr" ist es völlig egal, welchem Geschlecht es angehört, und es wird ihnen noch ziemlich lange Zeit gleichgültig sein. Aber in der Zwischenzeit gibt es natürlich Leute, die sich darum kümmern, daß das Kind das ideale Bild eines kleinen Jungen oder eines kleinen Mädchens eingetrichtert kriegt. Sie müssen sich so eng wie möglich diesem Modell anpassen, koste es, was es wolle.

Wenn die Erwartungen der Eltern an ihre Kinder je nach Geschlecht so verschieden sind, ist es unvermeidlich, daß sie vom ersten Moment an, in dem sie ihr Kind in den Armen halten, sich entsprechend ihren Ansprüchen an das Kind verhalten. Diese einfache Konsequenz hat fatalerweise zur Folge, daß Jungen völlig andere Erfahrungen machen und anders geprägt werden als Mädchen.

Grundsätzlich haben die Väter nur eine zweitrangige Rolle, aber ihre Funktion ist es, ständig das mütterliche Verhalten zu korrigieren und zu kontrollieren. Sie präsentieren sich dem Jungen als Identifikationsperson, als jemand, den man nachahmen soll. Für das Mädchen stellen sie die Idealfigur des Mannes dar. Aber im großen und ganzen ist es die Mutter, die die Kinder dauernd hat, sowohl den Jungen als auch das Mädchen. Sie wird aus dem kleinen Mädchen genau die Art von Frau machen, die Männer billigen und die sie selbst auch ist. Den kleinen Jungen erzieht sie so, wie sie Männer seit ihrer Kindheit kennt und akzeptieren muß. Es ist nicht besonders schwierig: sie braucht nichts anderes zu tun, als das tolerante, komplizenhafte, gefällige Gehabe an ihm anzuwenden, das sie auch erwachsenen Männern gegenüber hat.

Was passiert zwischen dem neugeborenen Jungen und der Mutter? Und was geschieht zwischen dem neugeborenen Mädchen und seiner Mutter? Es steht außer Zweifel, daß sich die Mutter vom Neugeborenen schon vom ersten Tag an eine bestimmte Antwort, eine spezifische Reaktion und entsprechende Verhaltensformen erwartet, aber welche Mittel hat sie, ,,unpassende" Verhaltensweisen des Kindes zu verändern, wie kann sie das Kind dazu veranlassen, sich dem vorgeschriebenen Schema anzupassen?

Das Neugeborene weiß nicht, wer es ist, wo es ist, es kennt seinen Körper nicht, ebensowenig kennt es seine Umgebung oder seine Mutter. Es ist praktisch völlig ausgeliefert, und die Befriedigung seiner Bedürfnisse hängt ausschließlich von der Person ab, die sich um das Kind kümmert, die wenigstens so viel über das Kind weiß, daß sie die Bedürfnisse richtig einschätzt. Ein Baby hat enorm viele Bedürfnisse und einige davon sind so brennend, so unaufschiebbar, daß es schreckliche Qualen leidet, wenn sie nicht befriedigt werden. Das ist das Feld, auf dem es mit der Mutter zusammenkommt, und genau die Art, wie die Mutter diesen Kontakt gestaltet, bestimmt von Anfang an die Gewohnheiten, die Erfahrungen und die Konditionierung des Kindes. Allport sagt:

Wie das Kind getragen wird, wie es gewickelt wird, wo es schläft, ob es gestillt wird, ob es genau nach Zeitplan ißt oder nach seinem Bedürfnis, wie es entwöhnt wird, wie es bestraft wird (wenn das vorkommt), was passiert, wenn es schlecht gelaunt ist, wenn es die Windeln naß macht oder beschmutzt, wie sich seine Körperpflege abspielt, was geschieht, wenn es sein Geschlechtsteil anfaßt: das sind Fragen, die sich alle diejenigen stellen, die den Standpunkt vertreten, daß sich die Persönlichkeit des Kindes in den ersten Lebensjahren herausbildet. (6)

Das Stillen ist sicherlich das wichtigste Ereignis im Tageslauf eines Neugeborenen weil es sein dringendstes Bedürfnis befriedigt — nämlich ernährt zu werden — weil es seine Gefühle anspricht und weil es sich viele Male am Tag wiederholt (fünf bis sieben Mal). Brunet und Lezine berichten über eine von ihnen durchgeführte Untersuchung (7) bei Babies beiderlei Geschlechts: 34 % der Mütter weigerten sich, ihr kleines Baby an der Brust zu stillen, weil sie es als „Zwangsarbeit" auffaßten und weil es sie daran gehindert hätte, weiterzuarbeiten, was sie jedoch auf jeden Fall tun wollten. Alle Mütter von Jungen dagegen — eine ausgenommen, wollten ihre Kinder stillen. Können wir jetzt eine Hypothese aufstellen, daß von den restlichen 66 % der Mütter, die ihre kleinen Mädchen stillen, ein Teil dies ungern getan hat? Mit etwas gutem Willen könnte man dieselbe Hypothese auch für die 99 % der Mütter aufstellen, die ihre kleinen Jungen stillen, aber dem zustimmen zu wollen, wäre zu einfach und würde uns zu der Theorie führen, daß die Mutter eines kleinen Jungen bei der Frage Stillen oder nicht, weniger mit sich kämpfen muß. Es kann sein, daß bei dieser Entscheidung die weitverbreitete und auch erwiesene Theorie mitspielt, Jungen seien empfindlicher als Mädchen (auf 106 Jungen kommen ca. 100 Mädchen, aber die Neugeborenen- und Säuglingssterblichkeit ist bei kleinen Jungen unvergleichlich höher) und daß sie deshalb die Muttermilch nötiger hätten. Aber es kann auch sein, daß dahinter der Wunsch steckt, daß der Junge groß und stark werden soll, kurz: mitzuerleben, wie er ein „ganzer Mann" wird. Die ganze Erziehung eines Mädchens — und dieser Beeinflussung können sich nur sehr wenige Mädchen entziehen — ist von dem Bewußtsein getragen, daß dem männlichen Menschen alles zu Diensten stehen muß, was weiblich ist, auch die Mutter, und daß Frauen ihre Pflichten Männern gegenüber nie vernachlässigen dürfen. Und so müssen kleine Mädchen von Anfang an lernen, sich zu opfern, denn „wo würden sie sonst später hinkommen, wenn sie das nicht gelernt haben". Das heißt also, wenn man von Anfang an die Persönlichkeit in kleinen Mädchen unterdrückt, ist es „nur zu ihrem Besten".

„Mammismo" (diesen Ausdruck gibt es im Deutschen nicht, in englisch wäre es vielleicht „mumsiness", was ungefähr eine übertriebene Mütterlichkeit dem Kind gegenüber bedeutet) ist ein Phänomen, das sich zwischen Mutter und Sohn, nicht aber zwischen Mutter und Tochter entwickelt. Stillen löst für die Mutter gewisse Lustgefühle aus, was von der mechanischen Reizung der Brustwarze durch den Mund des Babys kommt. Es kommt den meisten Frauen akzeptabler, „normaler" vor, wenn diese Stimulierung von einem Jungen kommt. Viele Frauen negieren deshalb das angenehme Gefühl, das sie beim Stillen eines Mädchens haben. Man sagt, daß Buben gefräßiger sind als Mädchen (das heißt, daß man es von ihnen erwartet), und es ist bekannt, daß der Milchfluß eng mit dem Bedürfnis des Babys zusammenhängt: je leerer die Brust getrunken wird, umso mehr Milch wird wieder produziert. Das kann nun einer der Gründe sein, warum der Junge allgemein länger gestillt wird als das Mädchen, nicht aber ein Motiv dafür, warum die Mutter überhaupt stillt.

Mädchen werden im allgemeinen schneller entwöhnt als Jungen. Es scheint, daß die Mutter wenig Vergnügen dabei hat, ein Mädchen zu stillen, und sie scheint es für den guten Verlauf der Entwicklung des Mädchens nicht unbedingt notwendig zu finden; so ist es verständlich, daß sie mit dem Stillen beim Mädchen eher aufhört, ohne sich deshalb groß Gedanken zu machen. Brunet und Lezine berichten, daß in der beobachteten Gruppe

alle weiblichen Babies mit drei Monaten völlig entwöhnt waren, und daß Zwiemilchernährung bei eineinhalb Monaten anfing, während 30 % der männlichen Babies über vier Monate an der Brust gestillt wurden und die Zwiemilchernährung bis zum achten Monat dauerte. Die Mädchen hören durchschnittlich mit zwölf Monaten auf, am Schnuller zu saugen, die Jungen ca. mit 15 Monaten. Die Dauer der Mahlzeiten ist bei Jungen länger als bei Mädchen: an der Brust mit zwei Monaten 45 Minuten, bei Mädchen dagegen nur 25 Minuten. An der Flasche: die Mädchen etwa acht Minuten, die Buben 15 Minuten. (8)

Genügend lange gestillt zu werden, ist nicht nur vom körperlichen Standpunkt aus sondern auch psychisch gesehen, ein Vorteil. Es bedeutet, daß man dem Kind den fühlbaren Beweis der Bereitschaft des mütterlichen Körpers ihm gegenüber gibt, und als Folge davon auch das Gefühl, daß der Körper des Kindes für die Mutter wichtig ist. Der intime körperliche Kontakt zwischen Mutter und Kind beim Stillen gibt ihm auch den ganzen Tag über (man darf nicht vergessen wie oft das Kind ja gestillt wird) eine tiefgreifende Bestätigung der Bedeutung seines Wohlergehens für die Mutter, des Platzes, den es bei der Mutter und somit in der Welt einnimmt. Die Zärtlichkeiten, die sich durch das Stillen ergeben, überzeugen das Kind innerlich davon, daß sein Körper geliebt wird, daß es schön ist. Die ständige Bereitschaft und Reaktion der Mutter als Kommunikation über den körperlichen Kontakt überzeugen das Kind davon, daß es gut, warm, schön ist. Und gerade durch dieses totale Akzeptieren des kindlichen Körpers durch die Mutter entsteht die Selbstachtung, das Selbstbewußtsein, das man bei Frauen so wenig findet und von dem Männer oft im Übermaß haben.

Es ist schwierig, in den oben genannten Daten und Fakten in Bezug auf den Zeitpunkt der Entwöhnung und die verschiedene Dauer der Mahlzeiten bei Jungen und Mädchen nicht das Resultat dringender mütterlicher Forderungen zu erkennen. Im Fall der frühen Entwöhnung neigten die von mir befragten Mütter dazu, praktische Notwendigkeiten vorzuschieben, wie zum Beispiel die Wiederaufnahme der Arbeit, oder die Betreuung anderer Kinder, die Hausarbeit, Müdigkeit, angegriffener Gesundheitszustand, der oft als „Erschöpfung" bezeichnet wird, aber es ist symptomatisch, daß diese Art von Entschuldigungen häufiger bei Mädchen genannt werden. Müßten nicht eigentlich die Jungen, die zum Essen länger brauchen, mehr essen, länger gestillt werden, folglich auch den mütterlichen Organismus mehr strapazieren?

Ich habe von zwei Kindern erfahren, die sehr lange gestillt wurden, eines bis eineinhalb Jahre, das andere sogar bis zweieinhalb Jahre. Natürlich handelte es sich dabei nicht um volles Stillen, die Kinder aßen alles, wurden aber zweimal täglich angelegt, das erste einmal abends und einmal nachts, das andere einmal abends und einmal morgens. Die betreffenden Mütter wollten einfach sehen, was die wirklichen Bedürfnisse ihrer Babies in Bezug auf die Dauer des Stillens sind, sie wollten „die Natur machen lassen".

Während das eine Baby beide Stillmahlzeiten bei eineinhalb Jahren aufgab, verzichtete das zweite Baby zuerst auf das Stillen am Morgen und erst mit zweieinhalb Jahren auch auf das abendliche Stillen. Ist es vielleicht reiner Zufall, daß beide Babies Jungen sind? Im Fall des einen kleinen Jungen, der bis zweieinhalb Jahre gestillt wurde, hatte die Mutter schon ein kleines Mädchen, das nach ihren Angaben „spontan" mit etwa acht Monaten nicht mehr an der Brust trinken wollte. Im anderen Fall war der Junge das einzige Kind und die Mutter hatte keine Vergleichsmöglichkeit, aber auf die Frage, ob sie ein Mädchen genausolange gestillt hätte, überlegte sie ein bißchen um dann zu antworten, das hätte sie sicherlich gemacht, „aber sicherlich hätte ein Mädchen nie so lange gestillt werden wollen"!, weil Mädchen „sich eher von der Mutter lösen und auch weil sie „nicht so viel Vergnügen beim Stillen empfinden, wie die Buben, die große Genießer sind".

Oder wäre es korrekter zu sagen, daß die Mutter weniger Vergnügen dabei empfindet? Die beiden Mütter sind sich aber darüber einig, daß ihre Jungen, die nun fünf und sechs Jahre alt sind, ganz besonders aktiv, kreativ, ihrer Umwelt gegenüber aufgeschlossen, immer fröhlich und voller Liebe für das Leben und die Menschen sind. Was die durchschnittliche Dauer der Flaschen- oder Brustmahlzeiten betrifft, muß man einige Überlegungen anstellen. Die Tatsache, daß kleine Buben gieriger als Mädchen sind und gleichzeitig aber viel mehr Zeit für ihre Mahlzeiten brauchen, ist widersprüchlich. Theoretisch müßte ein Baby, das sehr hungrig ist, auch sehr schnell mit seiner Mahlzeit fertig sein. Praktisch aber ergibt sich der Zeitunterschied bei Mahlzeiten von Mädchen und Jungen aus den häufigen und langen Pausen, die den Babies von der Mutter beim Trinken zugestanden werden. Es ist bekannt, daß Babies dreimal saugen und dann einmal schlucken. Denn das Saugen an sich beansprucht nicht nur die Gesichts- und Mundmuskeln des Säuglings, sondern der ganze Körper ist mit einbezogen. Das Baby saugt mit einer bemerkenswerten gefühlsmäßigen Teilnahme und einem großen Energieaufwand, das Saugen ist extrem erschöpfend, und das Baby braucht immer wieder Pausen, um Kraft und Atem zu schöpfen. Die mütterliche Bereitschaft, diese Pausen zuzugestehen, die von Kind zu Kind in Länge und Häufigkeit verschieden sind, zeigt dem Baby das Maß des Entgegenkommens der Mutter und ihre emotionelle und körperliche Anteilnahme am Stillen. Der technische Ablauf des Essens und Schluckens ist für den Erwachsenen völlig verständlich, es steht seinem eigenen körperlichen Rhythmus nahe, seine Funktion ist klar: saugen und runterschlucken. Die Pause erscheint uns jedoch als unnütze Zeitverschwendung, eine gewollte Faulheit des Babys (es ist sehr faul, sagen die Mütter oft, wenn sie das Wesen, das von ihnen gefüttert wird, nur autoritär sehen). Wenn man dem Baby die Freiheit einräumt, sich auszuruhen, nach einem aktiven und extrem ermüdenden Vorgang, wie dem des Saugens, „nichts" zu machen, heißt es, daß man in der Lage ist, sich in die Situation des Säuglings zu versetzen, ihn ganz zu verstehen, ihn als Individuum einzuschätzen, das man respektiert, das seinen individuellen Rhythmus hat, seine persönlichen Bedürfnisse und Forderungen. Kurz, man akzeptiert seine individuelle Persönlichkeit. Die Toleranz und der Respekt für andere, zwei Eigenschaften, die man bei Erwachsenen zur Genüge verstanden und akzeptiert hat, lassen sich im Fall eines kleinen Säuglings wesentlich schwieriger verwirklichen, der noch völlig unfähig, übermäßig abhängig und deshalb oft lästig ist und den Ärger der Erwachsenen heraufbeschwört.

Gerade in diesen ersten, scheinbar völlig unwesentlichen Zugeständnissen an die Selbständigkeit des Babys zeigt sich die Feindseligkeit oder das Wohlwollen der Mutter. Und wenn Feindseligkeit da ist, dann entsteht der Wunsch, dem Kind die Freiheit zu verweigern, seinen Willen zu beugen, ihm eine Disziplin aufzuzwingen, es so bald wie möglich und für immer zu beherrschen. Der Wunsch, sich von Anfang an als Autoritätsperson aufzudrängen, ein Kind zu beherrschen, ist stärker, wenn es sich bei dem Kind um ein Mädchen handelt. Der Junge, so klein und hilflos er auch sein mag, ist bereits ein Symbol der Autorität, der auch die Mutter unterworfen ist, und oft ist sie darüber froh. Mutter und Sohn tyrannisieren sich abwechselnd, in einer Art verliebtem Spiel, aber äußerst selten kommt es zu einem offenen Konflikt.

Im Fall der kleinen Mädchen scheint uns die größere Eile bei den Mahlzeiten durch mütterlichen Druck bedingt zu sein. Mit allen möglichen Mitteln versucht die Mutter dem kleinen Mädchen klarzumachen: „Beeil dich". Es ist gar nicht so schwierig im Babyalter Kindern beizubringen, wie man schnell ißt. Man braucht sich nur die Waisenhäuser und Krippen anzusehen, wo durch chronischen Personalmangel und mangelnder psychologischer Ausbildung der Betreuerinnen dauernd versucht wird, die Kinder beim Essen anzutreiben. Es wird geschüttelt, wenn es langsamer trinkt, man zwickt es in die Backe, versucht, den Sauger oder die Brust aus dem Mund des Babys zu ziehen, wenn die Trinkpausen länger werden, als man bereit ist, sie zu tolerieren; manchmal wird das Kind sogar in einer unbequemen provisorischen Haltung gestillt, aus der es sich nicht befreien darf. Tatsächlich brauchen die Babies und die abgestillten kleinen Kinder in Kinderkrippen und Waisenhäusern viel weniger Zeit zum Essen, als Kinder, die zuhause aufwachsen. Sie werden schon in den ersten Wochen mit den oben genannten Methoden so geschult, daß sehr bald keine Maßnahmen mehr nötig sind: das Kind ißt unheimlich schnell.

Die Mutter vermittelt sehr wohl ihre Gefühle und ihre Wünsche auf das Baby, das sie stillt oder füttert. Es ist ja bekannt, daß Babies extrem sensibel auf die Art reagieren, wie sie gehalten werden. Aus der Anspannung der Armmuskeln, aus der Position, in der es gehalten wird, aus der Einleitung der Mahlzeit, und wie sie abläuft, aus der Schnelligkeit oder Bedächtigkeit der Bewegungen, der Eile, die auf einer tieferen Ebene Feindseligkeit oder Wohlwollen signalisieren, lernt es sehr schnell, ob es sich darauf verlassen kann, daß es in Ruhe seine Nahrung essen darf, oder ob ihm das Vergnügen beim Essen verwehrt wird. Es gibt eine bestimmte Art, „beeil dich" oder „laß' dir ruhig Zeit" auszudrücken, die das Neugeborene aus den winzigsten Gesten der Person, die es füttert, herausliest. Es kann zwar die Mimik des mütterlichen Gesichts noch nicht deuten (allerdings lernt es das sehr bald, denn nach dem zweiten Monat antwortet es auf ein Lächeln seinerseits mit Lächeln) und auch die Worte nicht verstehen, die man zu ihm spricht, (es begreift jedoch sehr wohl den süßen oder harten Klang der Stimme), aber es ist in einem so engen und gewohnten Kontakt mit dem Körper der Mutter, daß es sofort merkt, woher der Wind weht, wenn sie mit dem Arm eine ungeduldige Bewegung macht, grob die Position des Babys wechselt, wenn sie ihm ihren Körper anbietet oder entzieht, wenn sie es bequem oder unbequem hält, wenn sie zärtlich zu ihm ist, oder wenn sie abweisend ist.

Das Neugeborene posaunt sein Unbehagen laut hinaus: der nächste Schritt ist dann zu versuchen, die Ursache dieses Unbehagens zu finden und sich darauf einzustellen, denn Unlustgefühle sind für den Säugling unerträglich. Der Kontakt, die Einheit zwischen Mutter und Kind sollte bestimmt sein durch die mütterliche Anpassung an die Bedürfnisse des Babys. Leider ist es nur zu oft umgekehrt, daß das Baby den Forderungen der Mutter angepaßt wird.

Wie wir schon beschrieben haben, schreibt man Gier und Gefräßigkeit männlichen Säuglingen zu, es gibt aber einfach gefräßige Babies und andere, die eben nicht gefräßig sind, ohne Unterschiede des Geschlechts. Auf jeden Fall wird Gier bei kleinen Mädchen viel weniger toleriert. Dieses tierische, lustbetonte, sinnliche Verhalten, das hier beim Säugling sichtbar wird, wenn es sich gierig an der Brust oder an der Flasche festsaugt, wird beim kleinen Jungen als „natürlich" akzeptiert als Ausdruck seiner „natürlichen" Aggressivität und Sinnlichkeit, während man Mädchen unterstellt, viel gemäßigtere physische Lustgefühle zu empfinden, „geistlicher", weniger auf weltliches Vergnügen aus zu sein. Deshalb interveniert man beim kleinen Jungen nicht, um sein Ungestüm beim Saugen zu bremsen, ein Mädchen unterbricht man aber, wenn es übermäßig gierig trinkt, indem man ihm den Sauger oder die Brust wegzieht, indem man es warten läßt, ihm das Saugen verweigert, bis es mit „weiblicher Grazie" weitertrinkt. Gier läßt sich eben mit Grazie nicht vereinbaren!

Ich habe oft gehört, wie sich Frauen, die Mädchen stillten, darüber beklagten, als sei es ein Defekt des Babys, und die Hoffnung ausdrückten, das Verhalten ihres kleinen Mädchens möge sich bald ändern. Die Besorgnis wurde häufig in die Zukunft projiziert und enthielt auch den ästhetischen Aspekt bei einem kleinen Mädchen: „Sie wird einmal eine Dicke werden"! Aber eine Mutter, die mir einmal erklärte: „Sie ist so gierig, daß es mich direkt erregt!"drückte ihre wahren Gefühle damit besser aus.

Das, was man eigentlich von einem neugeborenen Mädchen erwartet, ist, daß es schnell, aber in regelmäßigen Zügen trinkt, gerade genug, um satt zu werden, ohne dabei ein übermäßiges Lustgefühl auszudrücken.

Ich habe mir angesehen, wie bei besonders gierigen, stämmigen neugeborenen Mädchen mit hohem Blutdruck diese Schulung zur Zurückhaltung, zur Sanftheit durchgeführt wurde. Der Mechanismus war folgender: man bot dem Baby die Brust, bzw. den Sauger der Flasche, auf den sich das Baby mit einer Vehemenz stürzte und anfing zu trinken. Ab und zu wurde dann der Sauger oder die Brustwarze zurückgezogen, indem man ihm die Nasenlöcher zuhielt, sodaß es, um atmen zu können, den Mund öffnen und loslassen mußte. Dann mußte es einen Moment warten, um dann wieder saugen zu dürfen. Wiederholte sich die „Gewalttätigkeit" des Babys beim Saugen, so wiederholte auch die Mutter ihre Gegenmaßnahme, begleitet von teils zornigen, teils ruhigen Ermahnungen. Diese Behandlung, die jedesmal wiederholt wurde, wenn das Baby die Forderungen der Mutter nicht erfüllte, erbrachte schon in kurzer Zeit das gewünschte Ergebnis. Tatsächlich kam das Baby soweit, daß es seinen Impuls kontrollierte und den Sauger bzw. die Brustwarze nur noch mit großer Vorsicht zwischen die Lippen nahm, und nach und nach löste kontrolliertes Saugen die energischen Bewegungen ab, bis schließlich das Baby seine Sicherheit und seine Kraft verloren hatte und das Stillen ruhig und gleichmäßig verlief. Natürlich wurde diese Anpassung des kleinen Mädchens an die mütterliche Forderung mit viel Lob, sanften Worten, Zärtlichkeiten, Umarmungen belohnt, die ihm bewiesen, daß sein Verhalten nun korrekt war und begrüßt wurde. Ein derartiger Drill, der über den notwendigen Zeitraum hinweg konstant durchgeführt wird, genügt, um diese Verhaltensweise ein für allemal zu stabilisieren.

Natürlich kommt es vor, daß dieselbe Behandlung auch bei Jungen angewandt wird, aber wir sind der Ansicht, daß sie häufiger und mit mehr Strenge bei Mädchen vorkommt, gerade weil man ihnen körperliches Vergnügen weniger zugesteht.

Wenn man bedenkt, daß das Saugen lange Zeit das Wichtigste im Leben des Säuglings ist, das er aktiv und selbständig suchen und erleben kann, und das eng verbunden mit dem angenehmen und sicheren Gefühl ist, den Magen gefüllt und den Hunger gestillt zu haben, versteht man auch leicht, wie sehr sich das orale Lustgefühl — wenn es zugestanden oder verweigert wird — schließlich mit Lust ganz allgemein identifiziert, umso mehr, als später zahlreiche Tatsachen dies bestätigen.

Man muß sich immer vor Augen halten, daß das Baby Eingriffe gegen seine Impulse als Feindseligkeit gegen es selbst als ganzes begreift und nicht nur gegen diesen speziellen Impuls. Und es hat recht: wenn wir ihm gegenüber derart repressiv sind, dann sind wir ihm feindlich gesinnt.

Neugeborene saugen, um sich zu ernähren, aber sie saugen auch mit vollem Magen, weil es sie befriedigt. Sie haben nicht sehr viele Möglichkeiten, sich selbst Vergnügen zu verschaffen, aber sie haben immerhin einen Daumen zum Lutschen, zuerst finden sie ihn zufällig und später suchen sie ihn ganz bewußt. Aus der Konzentration, aus dem Eifer und der Selbstvergessenheit, mit der sie daumenlutschen wird deutlich, wie befriedigend das für sie ist. Der herrschsüchtige und autoritäre Erwachsene fühlt sich bei dem Gedanken unbehaglich, daß sich das Baby selbständig mit seinem eigenen Körper Befriedigung verschaffen kann, ohne ihn dabei um Erlaubnis zu fragen — er würde sie ihm ohnehin verweigern — und greift ein, bevor es dem Baby in den Sinn kommt, sich andere, peinlichere Befriedigungen zu suchen (siehe Masturbation). Er ist eher bereit, dem Baby von sich aus eine Ersatzbefriedigung anzubieten, den Schnuller, denn auf diese Weise muß es ihn darum bitten. So fühlt sich der Erwachsene wichtig, überlegen, weil er nach seinem eigenen Ermessen den Schnuller geben oder verweigern kann. Über den Daumen hat er dagegen weniger Kontrolle, da er ein Teil vom Körper des Babys ist und gerade deswegen faßt er Daumenlutschen — ob er sich dessen bewußt ist oder nicht — als frühe Form der Masturbation auf, was heute immer noch als Abweichung vom „Normalverhalten", als Laster angesehen wird.

Ob die Mutter nun dem Baby, wenn es weint, den tröstlichen Schnuller gibt oder ob sie ihm erlaubt, in Ruhe seinen Daumen zu lutschen, sie gibt zu, daß sie mit ihrem kleinen Mädchen viel strenger ist, bzw. nachgiebiger mit den Jungen. Die angegebenen Gründe sind oft Rationalisierung von viel tiefgründigeren Gefühlen: zum Beispiel bei Mädchen die Sorge, daß der Schnuller oder der Daumen den Kiefer deformieren, was vom ästhetischen Standpunkt aus bei Mädchen viel mehr verurteilt wird und als schwerwiegender eingeschätzt wird, als bei Jungen. Objektiv gesehen sind schiefe Zähne weder bei Mädchen noch bei Jungen schön, aber während es bei einem Jungen als Lappalie angesehen wird, ist es bei einem Mädchen, das ja praktisch zum Gebrauchsgegenstand erzogen wird und bei dem körperliche Schönheit deshalb sehr wichtig ist, geradezu eine Familientragödie.

Die Tatsache, daß zwischen Müttern und ihren kleinen Mädchen etwas nicht stimmt, zeigt sich in den Schwierigkeiten bei der Ernährung (und beim Schlaf), über die die Mütter klagen. Brunet und Lezine berichten über

Schwierigkeiten beim Füttern bei 94% aller Mädchen, die an der Umfrage beteiligt waren, (extrem langsames Essen, Erbrechen, Launenhaftigkeit), dagegen nur bei 40% der Jungen. Die Schwierigkeiten tauchen bei den Mädchen schon ab dem ersten Lebensmonat auf. Ihr Appetit bleibt bis zum sechsten Lebensjahr spärlich, während bei kleinen Jungen Schwierigkeiten dieser Art erst viel später auftauchen und sich in Launen und verschiedenen Bedürfnissen und Forderungen an die Mutter bis zum sechsten Lebensjahr ausdrücken. (9)

Es ist offensichtlich, daß die Mütter die Versuche ihrer kleinen Mädchen, das Füttern in einer lustvollen Form abzuwickeln, als Angriff und Mißtrauen werten, und die damit verknüpften Konflikte brechen bei den Mädchen nicht in einer offenen Rebellion auf, sondern führen dann zu körperlichen Störungen: z.B. Erbrechen, Verdauungsschwierigkeiten, Schlafstörungen, Schwierigkeiten beim Kauen und Schlucken, also praktisch zu passivem Widerstand. Brunet und Lezine stellen auch allgemein bei Mädchen beim Essen eine frühere Selbstständigkeit fest als bei Jungen, nämlich

zwischen 24 und 30 Monaten, während der Großteil der kleinen Jungen sich bis zu 4 oder 5 Jahren beim Essen helfen läßt. Bei Tisch hängen Jungen viel mehr an einem Ritual als Mädchen, einige entwickeln sogar die kompliziertesten Gedecke und Anordnungen des Bestecks und des Geschirrs und ihres Stuhls. Auch in diesem Fall sind die Mütter mit Mädchen strenger und es kommt häufiger zu fürchterlichen Szenen zwischen Mutter und Tochter, die aus dem Essen eine Nervenzerreißprobe für die ganze Familie machen. Ungeachtet der Schwierigkeiten, die kleine Jungen beim Essen machen, gibt nur EINE EINZIGE MUTTER an, daß sie unerträglich und übertrieben sind. In allen anderen Fällen wird das Essen als gute Möglichkeit der fröhlichen Kommunikation bezeichnet — ausgenommen die Streiche und der Unfug, den kleine Jungen bei Tisch machen. Die größere mütterliche Toleranz ihnen gegenüber trägt vielleicht dazu bei, eine stärkere Abhängigkeit von der Essenssituation zu schaffen, ein verstärktes Bedürfnis danach, den entsprechenden Zustand hinauszuzögern. (10)

Zu den Mädchen sagen die Mütter sehr schnell: "Alles ist okay, wenn ich nur das absolut notwendige für dich machen muß, also schau, daß du schnell selbstständig wirst." Das ist nur oberflächlich gesehen eine Ermutigung zur Unabhängigkeit und Autonomie. Tatsächlich wird Mädchen nur eine ganz bestimmte Art von Selbstständigkeit zugestanden, nämlich die, die sie in den täglichen praktischen kleinen Dingen von der Umwelt unabhängig macht. Was aber größere Entscheidungen betrifft, müssen sie vollkommen abhängig sein, zum Beispiel in der Selbstverwirklichung, und nicht nur das, sondern sie müssen möglichst schnell ihre geistigen Energien in den Dienst anderer stellen.

Was die kleinen Jungen betrifft, sind die Hintergedanken der Mütter ganz anders: "Du kannst machen was du willst, das ist dein Recht, aber solange ich alles für dich mache, darfst du dich nicht von mir lösen.." Ein Verhalten, das im Gegensatz zu Mädchen, dem Jungen das Recht auf die großen Entscheidungen einräumt und ihn auffordert, sich dessen zu bedienen, was andere für ihn tun, um sich selbst zu verwirklichen.

Ein typisches mütterliches Verhalten, das die praktische Selbstständigkeit ermutigt, und die Freiheit, sich als Individuum zu entwickeln, abblockt, ist das der jungen Mutter eines Mädchens von 11 Monaten, die zu einer Beratung kam, weil sie ihrem Baby nicht das Verhalten beibringen konnte, das sie von ihm verlangte. Die Kleine war etwa um den dritten Monat herum entwöhnt worden, weil die Mutter angab, sehr wenig Milch zu haben, so daß es sich nicht lohnte, sich die Mühe der Zwiemilch (halb Stillen, halb Flasche)-Ernährung zu machen. Sie hatte deshalb von einem Tag auf den anderen auf die Flasche übergewechselt, was das Baby scheinbar mit Leichtigkeit akzeptierte und bewältigte. Mit vier Monaten bekam sie von vier Mahlzeiten nur noch zwei mit der Flasche, die anderen beiden waren Breimahlzeiten, die mit dem Löffel gefüttert wurden. Auch die Löffelmahlzeiten hatte sie ohne offenen Protest geschluckt, und so schaffte sie es mit sechs Monaten, die Milch direkt aus der Tasse zu trinken, mit acht Monaten aß sie auf einem Stühlchen an einem niedrigen Kindertisch, statt in den Armen der Mutter. Das Mädchen schluckte unheimlich schnell, ohne Pausen, worauf die Mutter auch von Anfang an bestanden hatte. Sehr früh bekam sie den Löffel selbst in die Hand gedrückt, weil sie lernen sollte, allein zu essen (was im Grunde positiv ist, wenn es dem Bedürfnis des Kindes entspringt, aber katastrophal, wenn es durch äußeren Zwang geschieht). Die Kleine schaffte es, sie war tatsächlich mit elf Monaten soweit, daß sie mit ihrem Löffel im Teller herumfischte — ihrem Alter weit voraus — und ihn zum Mund führte, allerdings ließ sie dabei einen großen Teil des Essens fallen. Die Mutter kam zur Beratung, um eben diese Unfähigkeit des Kindes beheben zu lassen, den Löffel anständig mit dem Essen drauf in den Mund zu stecken, denn sie sah es als mutwilligen Widerstand des Kindes gegen ihre Wünsche.

Als man ihr die Unmöglichkeit erklärte, daß ein Kind in ihrem Alter seine Bewegungen derart koordinieren kann, daß es den Löffel mit Brei füllen, ihn zum Mund führen und zugleich die Hand so drehen kann, daß der Löffel dem Mund zugewandt ist und nicht nur das, sondern daß es den Löffel auch so gerade halten muß, daß das Essen nicht herunterfällt, daß dazu eine größere Reife der neuromuskulären Steuerung notwendig ist, widersprach sie heftig. Sie wandte ein, daß ihr Mädchen immer sehr frühreif gewesen sei, daß sie sehr bald zu laufen anfing, daß sie ihr "Geschäft" regelmäßig in den Topf machte. Sie sagte, sie könne auch verstehen, daß nicht alle Kinder so weit in der Entwicklung seien, aber wenn ihre Tochter nun schon mal so weit sei, müsse es doch reinste Starrköpfigkeit sein, wenn es sich weigerte, eine derart leichte Sache, wie das Essen mit dem Löffel, zu lernen.

Das Ergebnis dieser extremen mütterlichen Rigidität war ein angespanntes, verstörtes, ernstes kleines Mädchen, sehr mager, sehr nervös, mit schweren Schlafstörungen. Sie saß auf dem Schoß der Mutter, ohne sich dem Körper der Mutter auch nur minimal anzuvertrauen, aufrecht, in sich gekehrt, sie ließ ihre großen unglücklichen Augen wandern, die nur Feindseligkeit kennengelernt hatten.

Die verschiedenen Verhaltensweisen der Mütter Söhnen und Töchtern gegenüber finden sich auch in einem anderen, sehr wichtigen Aspekt der Erziehung wieder, in der sogenannten Erziehung zur Sauberkeit. Brunet und Lezine beobachten, daß *auch in diesem Fall die Mütter mit den Mädchen strenger sind, als mit den Buben. Das Durchschnittsalter (in dem mit der Sauberkeitserziehung begonnen wird) liegt bei den Mädchen bei 5 Monaten (Dauer ein bis acht Monate) und bei 8 Monaten bei den Buben (Dauer 2 bis 15 Monate). Die Schwierigkeiten mit dem Töpfchen (Verweigerung, bockiges Verhalten, hartnäckiger Widerstand) treten bei Mädchen früher auf (15 bis 18 Monate) als bei den Buben (24 Monate bis 4 Jahre) und sie dauern auch länger an. Bei kleinen Jungen zeigen sie sich in heftiger und anhaltender Opposition gegen das Töpfchen, begleitet von endlosen Sitzungen und Ritualen. (11)*

Die Erziehung zur Sauberkeit fängt damit an, daß das Kind über einen verschieden langen Zeitraum auf das Töpfchen gesetzt wird, meist zwischen zwei Mahlzeiten, oder auch während einer Mahlzeit, dann wartet man ab, daß es sein Produkt dort deponiert. Natürlich ist es ein totaler Zufall, wenn dies tatsächlich geschieht, und nicht etwa Absicht des Kindes, denn das Kind ist erst nach dem zweiten Jahr in der Lage, den Stuhlgang zurückzuhalten, bzw. ihn in das dafür bestimmte Gefäß zu machen. Diese Fähigkeit hängt ganz einfach mit der Reifung der neuromuskulären Funktionen zusammen, die es dem Kind ermöglicht, den Schließmuskel bewußt zu betätigen.

Alles was man vor diesem Alter in dieser Richtung unternimmt, wird zu einem Töpfchen-Drill. Wenn das Kind vor diesem Alter sein Geschäft in das entsprechende Töpfchen macht, heißt das einzig und allein, daß es zufällig mußte, während man es aufs Töpfchen gesetzt hat.

Da ja Kinder oft stundenlang aufs Töpfchen gezwungen werden, ist es klar, daß früher oder später mal was hineingemacht wird und in diesem Fall bejubelt die Mutter das Kind in den höchsten Tönen, oder vielmehr sich selbst, als ob das erzielte Ergebnis die Frucht ihrer erleuchteten Beständigkeit und Geduld sei und nicht etwa das Ende einer quälend langen Sitzung auf dem Töpfchen. So drängend ist der Wunsch der Mütter, dem ewigen Windelwaschen ein Ende zu bereiten — ein verständlicher Wunsch übrigens — daß ihnen kein Zeitpunkt zu früh ist, das Kind zu "erziehen", sein Geschäft ins Töpfchen zu machen. Manche fangen sogar gleich im ersten Monat an, und nicht selten wird das Kind während des Fütterns oder Stillens auf den Topf gesetzt, um zu erreichen, daß es sein Geschäft während des Essens macht.

Das Kind spürt die Unbequemlichkeit dieser Situation, aber es ist gar nicht in der Lage, die Mutter zufriedenzustellen, weil es nicht weiß, was sie will. Sie zerstört ihm aber dabei gleichzeitig zwei Vergnügen, nämlich das Essen und das Kacken. Und damit bleiben dem Baby praktisch überhaupt keine Lustgefühle übrig.

Wenn die Mutter nun auch noch das Baby zwingt, möglichst schnell zu essen und gleichzeitig darauf drängt, ein Resultat der „Sitzung" zu sehen, (was selten und dann zufällig der Fall ist), entwickelt das Kind einen starken Wunsch, dieser Forderung der Mutter nachzukommen, und gleichzeitig Angst, weil es das einfach nicht kann. Das Kind kann dann akute, schreckliche Spannungsgefühle erleiden. Eine derartige Haltung Erwachsenen gegenüber würde man als sadistisch bezeichnen, aber angewandter Sadismus bei Kindern ist die Regel und keiner regt sich drüber auf.

Jungen gegenüber sind Mütter viel duldsamer, wenn sie ihre Hose voll machen (man weiß ja, daß Jungen größere "Schmutzfinken" sind, auch als Erwachsene!) aber von Mädchen wird erwartet, daß sie ihre Bedürfnisse möglichst stillschweigend erledigen. Sie sollen überhaupt wenig Bedürfnisse haben, sollen sauberer sein, sollen "aufpassen", mehr auf ihr Aussehen und ihre Person achten. Natürlich wird so ein Verhalten erst von älteren Mädchen erwartet, aber das Ziel steht natürlich auch von Anfang an im Hinterkopf der Mutter und das ist ein wichtiger Faktor, um später das gewünschte Verhalten zu erzielen. Wenn ein Junge schmutzig und nachlässig ist, scheint das eben in seiner Natur zu liegen, wenn dagegen ein Mädchen so ist, fällt es lästiger, und man interpretiert es als böse Absicht und den mangelnden Willen, sich sauber zu halten. "Sie machts mit Absicht."

Aus den verschiedenen Verhaltensweisen der Mutter dem Körper des Babys gegenüber (entweder Anerkennung oder Ablehnung), lernt es, seinen Körper als etwas Positives oder Negatives zu betrachten, ihn zu lieben oder zu hassen.

Die diversen Körperpflegehandlungen beim Neugeborenen wiederholen sich viele Male am Tag . Wenn ein Baby ausgezogen wird und nackt strampeln darf, während die Mutter es saubermacht, findet ein intensiver Zärtlichkeitsaustausch zwischen ihr und dem

Baby statt. Das Wohlgefallen der Mutter am Körper des Babys wird ihm durch eine Vielzahl von kleinen Botschaften übermittelt. Es gibt viele Arten, ein Baby zu säubern, es zu waschen, abzutrocknen, einzucremen, es zu pudern und anzuziehen: die Hände sind ruhig und zärtlich oder hektisch, sie berühren die Haut und schaffen einen warmen, glücklichen Kontakt, oder sie streifen sie nur, sie sind geschickt oder ungeduldig, hart oder weich, intim oder fremd, warm oder kalt. Die Mutter wird umso liebevoller, fröhlicher und zärtlicher sein, je mehr sie selbst den Körper des Babys liebt und akzeptiert und der Ausdruck dieser Liebe durch zärtliches Streicheln, Kitzeln, Massieren wird umso intensiver sein, je freier sie von Gefühlskälte, Verboten, Vorurteilen ist. Eben frei genug um ihre Zärtlichkeit ausdrücken zu können.

Man läßt einen Jungen eher nackt strampeln als ein Mädchen, weil man dazu neigt, in ihr von Anfang an das "natürliche Schamgefühl" zu sehen, bzw. es projiziert. Es kommt häufig vor, daß Mütter die Möse ihres kleinen Mädchens zudecken, wenn beim Wickeln und Waschen Fremde im Zimmer sind, bei kleinen Jungen passiert das praktisch nie. Im Gegenteil: ein nackter Junge ist Gegenstand größten Vergnügens und man macht kleine witzige Bemerkungen und Scherze über sein Geschlechtsteil: "Schaut mal was für ein kleines Männchen", "der hat schon seine ganzen kleinen Sachen am richtigen Ort!" "Was glaubst du denn, was du mit diesem lächerlichen Schwänzchen mal machen willst? " "Wer weiß, was er damit anstellt, wenn er mal groß ist." und so weiter. Diese Aussprüche, die wir zitieren, weil wir sie bei Verwandten, Vätern, Müttern gehört haben, sind auf ein neugeborenes Mädchen praktisch nicht anwendbar, nicht nur, weil die äussere Form ihrer Geschlechtsorgane einfach anders ist, sondern auch weil man will, daß sie solange wie möglich, am besten für immer, vergißt, daß sie überhaupt ein Geschlecht hat. Je weniger man es nennt, bemerkt oder berührt, desto besser ist es.

Diese verschiedenen Gefühle dem Geschlechtsorgan eines Jungen und dem eines Mädchens gegenüber, zeigt sich auch in den Kosenamen, mit dem es jeweils benannt wird. In ihrem Buch "Schlechte Wörter" (12) stellt Nora Galli de Paratesi eine lange Liste von scherzhaften Bezeichnungen bzw. Umschreibungen für den Penis des kleinen Jungen auf: Pimmelchen, Schwänzchen, Zipfelchen, kleine Pistole usw. Im entsprechenden Absatz über Mädchen dagegen findet sich keine Verkleinerung oder Koseform für die Möse des Mädchens. Es handelt sich dabei nicht um eine Vergeßlichkeit von seiten der Autorin sondern um eine effektive Lücke. Der Liste von Nora Galli de Paratesi können wir noch (man müßte hier deutsche Ausdrücke zusammensuchen, da diese nur übersetzt und manchmal nicht gebräuchlich sind), Männlein hinzufügen, während wir Mühe hatten, für kleine Mädchen noch "Spätzlein" und "Muschi" aufzutreiben. Es stimmt, daß der Pimmel des kleinen Jungen mehr ins Auge fällt und daß er zu Vorstellungen fähig ist, die allgemeine Heiterkeit erregen, wie z.B. wenn der kleine Bub plötzlich Pipi macht und demjenigen, der sich gerade über ihn beugt, alles ins Gesicht spritzt oder wenn er eine richtige Erektion hat, was bereits sehr früh der Fall ist und Gefühle zwischen heiterer Verlegenheit oder offenem Vergnügen bei den Erwachsenen hervorruft, die dann sogar den Pimmel streicheln, kitzeln, oder auch küssen. Wenn das der Vater bei seinem neugeborenen Mädchen machen würde, wäre man sicher entsetzt, aber schon gar nicht würde es eine Mutter tun. Wenn das Geschlechtsteil des kleinen Mädchens auch nicht so offensichtlich ist, existiert es doch, aber es wird absichtlich ignoriert. Es stimmt natürlich auch, daß manche Mütter auf Veränderungen des Pimmels repressiv reagieren, z.B. mit Ausdrücken wie "kleines Schweinchen, Schmutzfink", usw., aber das ist auch eine Art, die Sexualität anzuerkennen anstatt sie völlig zu leugnen, wie das bei Mädchen der Fall ist. Insgesamt kann man sagen, daß die Sexualität des Jungen bemerkt und akzeptiert wird, manchmal sogar hervorgehoben und gelobt, aber die des Mädchens wird schweigend übergangen, sie existiert nicht. Je später sie offensichtlich wird, desto besser. Die Krönung wäre es überhaupt, wenn sie nie zutage treten würde. Wenn sich der männliche Säugling mit seinem Geschlechtsteil beschäftigt, nachdem er lange Zeit seinen Körper erforscht hat, angefangen bei den Händen, die plötzlich in seinen Gesichtskreis kommen, dann übergehend zu den Füßen, ist er dem Mädchen gegenüber im Vorteil, schon allein wegen der Lage und der Form seines Sexualorgans. Er fuchtelt in der Luft herum und findet plötzlich ein wunderbares Spielzeug, mit dem er sich die Zeit vertreiben kann. Das Mädchen findet nichts, was sie auf Anhieb so elektrisiert, wenn auch Mädchen und Jungen etwa im selben Alter anfangen, an ihren Geschlechtsteilen zu spielen und daraus viel Vergnügen gewinnen.Wenn das jedoch bei einem kleinen Jungen bemerkt wird, behandelt man es mit einer gewissen Nachsicht, bei einem Mädchen wird es sofort ganz rigide abgeblockt.

In dieser unterschiedlichen Art, die ersten Aktivitäten um die Geschlechtsteile herum zu bewerten, liegt schon das Vorurteil, daß der Junge von Natur aus einen stärkeren Geschlechtstrieb hat, als das Mädchen und daß deshalb seine Handlungen in dieser Richtung toleriert, wenn nicht gefördert werden müssen.

Beim Mädchen sieht man nur, daß es in irgendeinder Weise von der Norm abweicht, und man muß sie sofort bremsen. Man kann sehr gut eine Frau werden, ohne die eigene Sexualität bewußt zu erleben, aber man kann kein Mann werden, wenn man seinen Geschlechtstrieb nicht voll auslebt und sich dessen bewußt ist: das beweist das Rollenverhalten von Frauen und Männern.

Die Beziehungen zwischen Mutter und Tochter sind daher problematischer als die zwischen Mutter und Sohn, schon von den ersten Lebensmonaten an, und sie rufen typische Konflikte hervor. Die Mütter geben zu, in der Erziehung von kleinen Jungen ängstlicher, nervöser, unsicherer zu sein, trotzdem sagen sie, daß sie ihnen leichter fällt als die Erziehung von Mädchen. Dabei geben sie die Schuld an diesen Schwierigkeiten nicht sich selbst, sondern dem "schwierigen Charakter" der Mädchen, denn bei kleinen Jungen gibt es weniger Schwierigkeiten beim Füttern und beim Schlafen, bzw. werden überhaupt weniger Konflikte zugegeben. Konflikte oder Störungen "scheinen jedoch weniger an der Nervosität der Mutter zu liegen, als an der Rigidität der angewandten Techniken bei der Versorgung des kleinen Mädchens".

Die Mütter geben auch selbst zu, mit Mädchen strenger und kürzer angebunden zu sein". (13)

Ich würde es noch genauer sagen, Mütter sind ernster, strenger und drängender mit kleinen Mädchen, besonders wenn diese lebhaft, aktiv, neugierig, geräuschvoll, unabhängig und was die Beweglichkeit betrifft, frühreifer sind, das heißt also, wenn sie ein Verhalten haben, das als männlich definiert wird.

Bei ruhigen, weichen Jungen richten sich die Erziehungsmethoden alle danach aus, das Kind zu einer größeren Lebhaftigkeit und Aggressivität anzuregen. Auch wenn dieser Druck eine Gewaltanwendung gegen die Natur des kleinen Jungen darstellt, um ihn mehr auf das typisch männliche Rollenverhalten hin zu trimmen, und daher in ihm ganz bestimmte Qualitäten unterdrückt werden, während andere gefördert werden, so ist doch der Schaden für ihn weit geringer als der, den ein aufgewecktes lebhaftes Mädchen erleidet, wenn es sich unabänderlich seine ganzen Möglichkeiten beschneiden lassen muß.

Der lebhafte Junge kommt dem männlichen Rollenverhalten so nahe wie das ruhige, in sich gekehrte Mädchen. Die Mutter beklagt zwar manchmal seine Lebhaftigkeit, aber es geht ihr dabei nicht um seine Natur als solche, (wie es bei Mädchen der Fall ist), sondern nur um die Auswirkungen. Der Junge wird als frecher Lausebengel voll akzeptiert, insgeheim ist man froh, daß er so ist. Ein freches, quirliges Mädchen wird dagegen ganz und gar nicht akzeptiert. Ihre Aggressivität, ihre Neugier und ihre Lebhaftigkeit erschrecken, und es wird alles dran gesetzt, ihr Verhalten zu verändern.

Brunet und Lezine berichten von einem sehr bedeutsamen Fall in dieser Beziehung, von einem lebhaften, turbulenten Mädchen. Sie hatte schon vor ihrem ersten Jahr zu laufen angefangen, und sie war ihrem Alter immer weit voraus, wie die durchgeführten Tests ergaben. Die ersten großen Konflikte mit der Mutter ergaben sich etwa um 18 Monate herum, der Grund dafür war die temperamentvolle Art des Mädchens, gegen die die Mutter hart durchgreifen wollte.

Die Mutter, eine strenge, kleinliche Perfektionistin, "hat gern schon aus Prinzip alles in Reih und Glied". Nach ein paar Monaten ist das Kind "zur Vernunft" gekommen, es zeigt keine Temperamentsausbrüche mehr, sie beschäftigt sich lange und ausdauernd mit verschiedenen kleinen Tätigkeiten, so daß sie beispielsweise schon mit drei stricken kann, mit vier kann sie bügeln, mit fünf macht sie sich ihr Bett selbst. Aber nachts knirscht sie mit den Zähnen und als sie wieder psychologischen Tests unterzogen wird

wird sie nervös, ballt die Fäuste, zieht den Kopf zwischen die Schultern, (mit drei Jahren) zittert, ist verschlossen, beißt sich auf die Lippen (mit vier Jahren), macht ganz abgezirkelte kontrollierte Bewegungen, bleibt verschüchtert und geht nicht aus sich heraus (mit fünf Jahren), zupft sich an den Lippen, spricht sehr leise, hat einen unendlichen Ordnungsfimmel. Sie spielt kaum mit anderen Kindern und bevorzugt ruhige Spiele. In der Schule scheint sie in sich gekehrt, reserviert. Die frühe Tendenz zu einer gewissen Besessenheit fällt besonders auf, ihr ständiges Bedürfnis, alles gründlich zu machen und bis ins letzte zu prüfen.

Der Bericht fährt fort

Diese Situation der viel zu frühen Selbstkontrolle wird verschärft durch die Lebhaftigkeit des Kindes, durch seinen Drang, sich zu bewegen. Bei erneuten Tests mit sieben Jahren zeigt das Kind eine Reihe von Zeichnungen, die voller verzweifelter Wünsche und Ängste stecken, und hat eine stark phobische Tendenz. (14)

Es ist klar, daß das Mädchen in einer ständigen Angst lebt, seine Impulse und Spontaneität zu kontrollieren, um nicht den fürchterlichen Zorn der Mutter herauszufordern, den es mit achtzehn Monaten zum ersten Mal erlebt hat, und der ihm ein für alle Mal klargemacht hat, was die Mutter von ihm erwartet.

Seine verzweifelten Versuche, sich der mütterlichen Forderung zu beugen, zwingen es, seinen lebhaften Charakter weitgehend zu unterdrücken. Es muß seine Vitalität in ruhigen, sitzenden Tätigkeiten zügeln, alle Energien kanalisieren, und schafft es trotz aller Versuche nicht, sich von einem ständigen Gefühl der Angst zu befreien, die es einzudämmen versucht, in dem es allerlei absichernde Rituale erfindet, die einer Phobie entspringen und alarmierende Verteidigungsmechanismen zur Folge darstellen.

Dieser Fall ist von der Härte und der Entschlossenheit her, mit der dieses Kind unterdrückt wurde, kein typisches Beispiel und nicht zu verallgemeinern, ist aber in einer abgeschwächten Form weniger zeitgerafft als hier, weniger gewalttätig, aber genauso wirkungsvoll, durchaus die Regel. Die meisten Mädchen müssen solche repressiven Erziehungsmethoden erleiden, wenn ihr Temperament von dem geforderten, typisch weiblichen Rollenverhalten abweicht.

Gerade die Mädchen, die so vital sind, voller Neugier, voller Leben, die ihre Umwelt und ihre Selbständigkeit erobern wollen, sind dazu gezwungen, schon von klein auf wahre Kämpfe mit ihren Müttern auszutragen, bei denen sie äußerst selten als Siegerinnen hervorgehen.

Wie Freud schon klargemacht hat, ist die einzige wahre befriedigende Beziehung zwischen Mutter und Kind, die mit ihrem Sohn, während anzunehmen ist, daß auch die zärtlichste und mütterlichste Mutter eine zwiespältige Beziehung zu ihrer Tochter hat. (15)

II. Kapitel

Die frühe Kindheit

„Ich hab' einen und du nicht."

Lustiges Liedchen, das ein Dreieinhalbjähriger seiner sechsjährigen Schwester vorgesungen hat. (1)

Alexia ist dreizehn Monate alt. Sie ist rund und fest, hat eine gesunde Gesichtsfarbe, läuft auf zwei kurzen, stämmigen Beinchen. Sie hat lebhafte blaue Augen, fast keine Haare. Seit sie ein paar Monate alt ist, geht sie in eine Kinderkrippe, und jeden Morgen kommt sie glückstrahlend dort an, reißt sich das Mäntelchen herunter, weil sie es kaum erwarten kann, hereinzukommen. Sie sprudelt über vor Vitalität und Energie, sie ist ständig vergnügt und guter Laune, aktiv, unheimlich neugierig, lärmend, lebhaft. Sie hat mit zehn Monaten das Laufen gelernt, jetzt läuft sie schon sehr schnell und fällt auch oft hin, was zuweilen katastrophale Ergebnisse hat, aber sie beklagt sich nie darüber. Sie steht auf und läuft wieder los, ständig zu neuen Abenteuern bereit, sie stürzt sich immer wieder in neue Schwierigkeiten, sie vagabundiert herum, untersucht alles und bringt sich in knifflige Situationen. Sie steigt mit minimaler Hilfe die Treppen rauf und runter, das ganze ziemlich schnell. Sie klettert auf Gitter, Mauern, Stühle, Bänke und bei jedem, der ihr Sympathie entgegenbringt, streckt sie die Beine hoch. Sie ist immer sehr geschäftig und konzentriert sich

41

ganz genau auf das, was sie gerade macht, dabei vergißt sie total, was um sie herum geschieht. Sie schleppt Gegenstände mit sich herum, die größer und schwerer sind als sie, vor lauter Anstrengung kriegt sie dabei ein knallrotes Gesicht, aber sie läßt sich nicht helfen. Sie ißt allein, und wenn ihr jemand dabei helfen will, stößt sie wildes Geheul aus. Ihr Vokabular ist sehr begrenzt, zwischen autoritär und wohlerzogen, es kommt häufig "gehört mir" vor, was sie mit hoher Stimme kräht, dann wieder ein Schwall "dankeschön" zu passenden und unpassenden Gelegenheiten.

Sie nennt alle Kinder "Baby" aber für die Erwachsenen hat sie kein Wort, außer für die Mutter. Sie ist mit anderen Kindern, die sie sehr liebt und mit denen sie Kontakt sucht, nie aggressiv, besonders liebt sie größere Kinder. Sie beobachtet sie lange, wenn sie spielen, ohne aber an ihrem Spiel teilzunehmen, manchmal mischt sie sich in eine Gruppe größerer Kinder.

Wenn ein Gegenstand ihre Aufmerksamkeit erregt, den ein anderes Kind in der Hand hält, und sie ihn haben will, sagt sie mit hohem Stimmchen "gehört mir", aber sie versucht nie, ihn dem rechtmäßigen Besitzer wegzunehmen. Die größeren Kinder geben sich nicht weiter mit ihr ab, manchmal schubsen sie sie, so daß sie hinfällt, dann steht sie wieder auf und schaut die anderen erstaunt an, so als ob sie nicht versteht, warum sie das tun, aber sie weint nicht.

Sie ist verwegen und abenteuerlustig, sie stürzt sich immer in riskante Situationen wie z.B., wenn sie auf einen kleinen Zaun steigt, von wo sie dann etwas beunruhigt herunterschaut, wobei sie sich offensichtlich fragt, wie sie es anstellen soll, wieder herunterzukommen, aber in vollem Vertrauen darauf, daß sich die Dinge zu ihrem Besten wenden werden. Das Hauptmerkmal ihres Charakters ist eben das Vertrauen. Kaum ist sie aus einer problematischen Situation befreit, manövriert sie sich in eine neue. Ihr Wille, sich in riskanten Unternehmungen zu bewähren, die sogar größere Kinder erschrecken würden, kennt weder Grenzen noch Hindernisse. Sie liebt die Welt mit einem leidenschaftlichen Enthusiasmus, nimmt unheimlich intensiv alles wahr, was um sie herum geschieht, was sich in ihrer Umgebung bewegt. Sie knetet unendlich an Sand und Wasser herum, vergißt alles und alle um sich herum, das Gesichtchen angespannt, konzentriert, ernsthaft auf das Material gerichtet, mit dem sie spielt und von dem sie in einer Art Trancezustand, so fasziniert ist, daß nichts sie ablenken kann, sie merkt nicht, daß sie im Nassen sitzt, schmutzig wird, das ganze Gesicht voller Sand hat.

Schweigend und sehr aufgeregt inspiziert sie einen großen Korb, in dem die Spielsachen aufbewahrt werden. In dem Versuch, etwas herauszuholen, was ganz am Boden des Korbs ist, und von dem sie besonders angetan ist, fällt sie kopfüber hinein. Sie strampelt wütend hin und her, um wieder herauszukommen, ohne aber einen Ton von sich zu geben, als ob es ein kleines Mißgeschick ist, das nur sie etwas angeht und bei dem sie nicht will, daß jemand sie aus dieser Situation befreit. Aus diesem Kampf mit dem Spielzeugkorb, der einige Minuten dauert, kommt sie mit hochrotem Köpfchen wieder heraus, macht ein wütendes Gesicht und verläßt den gemeinen Korb beleidigt. Sie ruht sich einen kurzen Moment auf einem Stühlchen aus und als sie wieder Luft hat, zischt sie schon wieder los, um irgendein neues Abenteuer zu finden.

Ein kleiner Junge kommt bei ihr vorbei. Er hat einige Kekse in der Hand, sie ist sofort ganz aufgeregt, springt auf ihre Beinchen und schreit immer wieder "gehört mir", er nimmt überhaupt keine Notiz von ihr. Da pflanzt sie sich vor ihm auf und wiederholt ihre Forderung, ohne dabei aber die geringste Geste zu machen, um sich einen Keks zu nehmen. Der kleine Junge dreht sich um und will sie loswerden, bei dieser Bewegung fällt ihm ein Keks auf den Boden, was er allerdings nicht bemerkt. Alexia dagegen bemerkt es sehr wohl, und sie hebt es blitzschnell auf, wobei sie zu niemandem "dankeschön" sagt, mit sehr hohem Stimmchen. Dann fängt sie an, das Plätzchen zu knabbern — offensichtlich mit dem größten Vergnügen.

Durch die dauernden Abenteuer etwas ermüdet sucht sie kurz Unterschlupf in den Armen einer Kindergärtnerin, aber dann macht sie sich schon wieder los und sucht neue Erlebnisse.

Alexia ist erst 13 Monate alt. Sie ist zäh, energisch, hat einen starken Willen, sie weiß was sie will, und sie will es sofort. Sie ist eigensinnig, geduldig, wild und auch würdevoll. Sie zeigt wenig Schwächen, verlangt Selbstständigkeit, und wenn man die Tür öffnen würde, würde sie ohne Zögern völig sicher auf Abenteuersuche losziehen, nur ab und zu sucht sie in lieben Armen Trost, wenn sie müde ist.

Man kann sich vorstellen, was für eine massive Repression nötig sein wird, um eine derart vitale kleine Person, voller Enthusiasmus und Lebenslust zu einer kleinen Frau zu machen, die willig zwischen den vier Wänden eines Hauses bleibt, das ihr Gefängnis ist, die ihre überschäumenden Energien einer miserablen Hausarbeit widmet, die sie auffrißt. Angenommen, man will dies auf ihr machen, wieviel Härte, Anstrengungen, wieviel Ausdauer und Feindseligkeit werden nötig sein, um ein so lebenslustiges, reiches Persönchen so zu reduzieren, daß es in die vorbestimmten Grenzen paßt, die der Weiblichkeit gesteckt sind?

Alexia ist noch sehr klein: sie hat eine zärtliche und ruhige Mutter, die sie herumstampfen läßt, wie es ihr gefällt, die sie mit amüsierter Nachsicht gewähren läßt. Sie ist noch in dem Alter, in dem man akzeptiert, daß kleine Mädchen katastrophale wilde Buben sind und Buben süße Püppchen, aber das dauert nicht mehr lange.

Ich bin ein Junge, ich bin ein Mädchen

Das Kind lernt sehr schnell, zwischen dem männlichen und dem weiblichen Geschlecht zu unterscheiden. Gegen Ende des ersten Lebensjahres kann man diese Fähigkeit wahrnehmen. Wenn man dem Kind ein Bild zweier Erwachsenen verschiedenen Geschlechts zeigt und fragt: Wo ist die Mamma? Wo ist der Papa? zeigt es sofort die Person mit dem richtigen Geschlecht. Der nächste Schritt, um sich selbst als ähnliches Individuum wie die anderen zu identifizieren, ist, sich als Junge oder als Mädchen zu erkennen, und das geschieht so um die achtzehn Monate herum. (2) Das heißt nicht, daß das Kind verbal bekannt gibt: ich bin ein Junge, oder ich bin ein Mädchen, aber es weiß, daß es zwei Geschlechter gibt, daß Vater und Mutter verschieden sind, und daß es selbst wie der Vater oder wie die Mutter ist. Ich habe mit kleinen Kindern, die ungefähr zwei Jahre alt waren, und sich schon gut ausdrücken konnten, interessante Erfahrungen gemacht: ich habe die kleinen Mädchen gefragt: Bist du ein Junge? Die Antwort kam wie aus der Pistole geschossen, trocken und knapp: Nein. Dieselbe Antwort bekam ich auf die Frage an kleine Jungen, ob sie Mädchen seien.

Bei den kleinen Jungen allerdings gibt es bereits in diesem Alter sogar schon eine gewisse Arroganz, eben ein Junge zu sein, die Überlegenheit der Männer zeigt sich hier, die offensichtlich von

Familienmitgliedern auf das Kind übertragen wurden. Typisch
ist in diesem Zusammenhang eine Antwort eines kleinen Jungen,
der etwas über zwei Jahre alt ist und von einer alten Frau auf der
Straße gestreichelt wird. Er ruft ärgerlich: Laß das sein, ich bin
doch ein Junge!

Rene Zazzo (3) benennt als Zeitpunkt für das Bewußtsein des eigenen Geschlechts etwa das dritte Lebensjahr, er bestätigt also,
daß ein Kind in diesem Alter sagen kann, ob es ein Junge oder ein
Mädchen ist. Aus einer von ihm durchgeführten Umfrage geht hervor, "daß von hundert Buben im Alter von 3 1/2 Jahren nur einer
lieber ein Mädchen gewesen wäre, dagegen wären 15% der Mädchen lieber Jungen gewesen. Das heißt also, daß 15% der Mädchen
mit dreieinhalb Jahren nicht nur in den typischen Konflikt aller
Frauen geraten sind, aus dem die meisten nicht mehr herauskom-
men, sondern sogar schon ausdrücken können, daß sie lieber Jungen wären. Dieselbe Untersuchung einige Jahre später durchgeführt, würde sicherlich ein noch klareres Ergebnis aufzeigen, das
heißt, die Zahl der unzufriedenen Mädchen wäre sicher höher,
die die kleinen Buben um ihre Situation als Mann beneiden. Das
Bewußtsein der eigenen Zugehörigkeit zum weiblichen oder zum
männlichen Geschlecht entwickelt sich also sehr früh, und Alexia
ist dem Moment schon sehr nahe, in dem sie in ihrem ungebrem-
sten Aktivismus, der als männlich bezeichnet wird, erkennen muß,
daß sie, Alexia, ein Mädchen ist, wie ihre Mutter und anders als
ihr Vater. Sie wird ihre potentielle Ähnlichkeit mit der eigenen Mutter bald entdecken.

Ungeachtet der erzieherischen Maßnahmen und Druckmittel,
denen die Kinder unterworfen werden und die wir im vorheri-
gen Kapitel geschildert haben, ist es im Alter von etwas über einem Jahr noch schwierig, Jungen und Mädchen nach ihrem Verhalten geschlechtsspezifisch einzuordnen, da sie sich in diesem
Alter noch sehr gleichen und dieselben Sachen lieben, auswählen
und machen. Es gibt nicht viele offensichtliche Unterschiede und
die Frage ist hier immer, ob diese geschlechtsspezifisch sind, oder
etwa bedingt durch das jeweilige angeborene Temperament des
Kindes. Tatsächlich kann man mehr Unterschiede im Verhalten
zwischen Kindern gleichen Geschlechts feststellen, als zwischen
Kindern verschiedenen Geschlechts, das trifft umso mehr zu, je
kleiner die Kinder sind. Charles Bried (4) erkennt, daß
die Unterschiede zwischen kleinen Kindern desselben Geschlechts

oft bedeutender sind, als die zwischen Kindern verschiedenen Geschlechts. Folglich können wir , wenn unsere Beobachtung verschiedenes Verhalten zwischen Mädchen und Jungen ergeben, nicht mit Sicherheit feststellen, ob dies durch das Geschlecht des Kindes oder durch sein Temperament bedingt ist.

Auch Marco ist dreizehn Monate alt. Er läuft noch nicht alleine, mit etwas Hilfe kann er aber auf seinen Beinchen stehen, und er bewegt sich geschickt, wenn man ihm einen Finger zum Festhalten anbietet. Er sitzt oft auf einem Teppich oder einem Tischchen, spielt mit verschiedenen Gegenständen herum und führt sie oft zum Mund. Wenn er etwas entdeckt, was außer seiner Reichweite liegt, starrt er es lange an, und obwohl er sich auf allen Vieren sehr gut fortbewegen kann, entschließt er sich erst nach langer Betrachtung, sich zu bewegen, um den jeweiligen Gegenstand an sich zu nehmen. Er interessiert sich mehr für Personen als für Sachen, er will oft in den Arm genommen werden und erreicht das, indem er sein Köpfchen sehr süß zur Seite neigt, die Person fixiert, die er verführen will mit einem lieben fragenden Blick ansieht, und wenn man ihn anlächelt mit einem wahren Verführerlächeln antwortet. Er sucht sehr den Kontakt, Zärtlichkeit und Liebkosungen. Er weint nicht oft, aber wenn, dann will er lange und ausführlich getröstet werden. Mit wahrer Verzückung hört er sich die Trostworte an und nimmt das zärtliche Streicheln auf, dabei stößt er kleine glückliche Seufzer aus. Wenn er von einem anderen Kind angegriffen wird, verteidigt er sich nicht, sondern macht nur große alarmierende Augen und versucht, den Angreifer abzuwehren, indem er die Arme schützend vor sich hält. Er ißt viel und mit gutem Appetit, ihm schmeckt alles, was man ihm anbietet, und er kann schon sehr gut allein feste Nahrung essen, die er sich direkt mit den Fingern in den Mund steckt. Er wird immer dazu angehalten, etwas zu tun, weil er passiv, langsam und nachdenklich ist. Er mag viel lieber dem zusehen, was die anderen machen, als selbst etwas zu machen. Er schläft viel und sehr ruhig. Die Mutter behandelt ihn, als wäre er eine Puppe zum Spielen, ohne dabei viel darauf einzugehen, was er selbst will, aber er protestiert überhaupt nicht. Wenn er zufällig in eine gefährliche Situation verwickelt wird, wie zum Beispiel, unter das Bett zu geraten und nicht mehr zu wissen, wie er von dort rauskommen soll, ergibt er sich sofort der schwierigen Lage und bittet um Hilfe. Wenn man ihm nicht hilft, herauszukommen, weint er nicht, protestiert nicht, er hat nur Angst, aber er wartet, was kommt. Wenn man ihm geholfen hat, zeigt er seine Dankbarkeit, indem er sich in den Arm nehmen läßt und von dort nicht mehr herunterkommt. Die Mutter behandelt ihn wie sie will, indem sie ihn zum Beispiel mehr als notwendig schlafenlegt, beschuldigt ihn, ein Langschläfer zu sein. Sie regt ihn in jeder Weise an, daß er laufen lernt, daß er spielt und vor allem, daß er sich verteidigt, wenn er von anderen Kindern angegriffen wird. Sie beklagt sich, daß er auf die Angriffe seiner Spielkameraden nicht reagiert: „Was bist du nur für ein Junge!" und dann zieht sie ihn leidenschaftlich an ihre Brust und sagt „du bist der kleine Bub deiner Mamma!" Sie zieht ihn wie einen Jungen an, besteht darauf, daß er im Stehen pipi macht wie ein Mann, sie ist von seinem Pimmel sehr angetan, von dem sie sagt, daß er sehr entwickelt sei, sie erzählt in allen Einzelheiten und voller Stolz von den Heldentaten, die Marco vollbracht hat. Sie macht Pläne für seine Zukunft und kann es kaum erwarten, bis er groß ist, weil sie ihn schon als ihre Stütze sieht.

Da Marco ein süßer, weicher, entgegenkommender, wenig lebhafter Junge ist, wird er immer angehalten, aggressiv zu sein und Konkurrenzverhalten zu entwickeln. Wenn er ein Mädchen wäre, würde man ihn in Ruhe lassen, weil sein Verhalten in das Schema passen würde. Die Beziehung zwischen ihm und seiner Mutter wäre aber wahrscheinlich weniger lohnend.

Die Bewegungen des Körpers, die Gesten, die Mimik, das Weinen, das Lachen sind nahezu identisch bei kleinen Babies verschiedenen Geschlechts etwas über einem Jahr, in der Folge jedoch fangen sie an, sich zu unterscheiden. In diesem Alter ist eine größere Aggressivität, die man ja Jungen zuschreibt, noch nicht festzustellen. Kleine Mädchen sind ebenso aggressiv wie kleine Jungen. Später jedoch wendet sich die Angriffslust des kleinen Buben gegen seine Umwelt, während die des kleinen Mädchens oft gegen sich selbst gerichtet wird.

Beispielsweise ist auch die „Koketterie" bei Babies von ungefähr einem Jahr bei beiden Geschlechtern festzustellen. Eibl-Eibesfeldt (5) stellt dies als ein angeborenes rituelles Verhalten dar, das Annäherung und Flucht beinhaltet und in der Folge auch einladend wirken soll, er gibt dazu ein Beispiel, indem er eine Serie von Fotos zeigt: ein kleines Mädchen von etwa drei Jahren, das lächelnd mit den Augen zwinkert, während es sein Gesicht hinter der Hand versteckt.

Man sieht ziemlich häufig kleine Jungen auf dem Arm der Mutter, der auf eine andere Person aufmerksam geworden ist, er wird von dieser Person angezogen, aber er kennt sie nicht gut, also versteckt er das Gesicht hinter der Schulter der Mutter oder hinter seinen kleinen Händen, während er dem anderen auffordernd zulächelt, dessen Blick nicht nur erwidert sondern auch herausfordert, aber gleichzeitig in den Schutz des mütterlichen Arms flüchtet, was tatsächlich eine Zurschaustellung koketten Verhaltens ist.

Im Laufe der Jahre verschwindet diese Koketterie bei Jungen fast vollständig, während sie bei kleinen Mädchen zunimmt. Auslösungsmoment dafür ist das differenzierte Verhalten der Erwachsenen und die Antwort, die sie auf solche Koketterie geben. Bei Mädchen sind sie erheitert, daß die Kleine schon so „weiblich" ist, ihr kokettes Verhalten wird herausgefordert und ermutigt. Bei kleinen Jungen wird es übergangen, und es werden ihm andere Verhaltensmodelle als Alternative angeboten. Gerade weil die Erwachsenen derartige Verführungskünste bei kleinen Jungen nicht akzeptieren und ihm gleichzeitig klarere, sturere Verhaltensweisen zur Nachahmung vorspielen, die eben „männlicher" sind, verschwindet bei ihm diese Ziererei nach und nach. Im Gegensatz dazu verstärkt sie sich bei   kleinen Mädchen, weil sie es ja immer der Mutter nachmachen, oder auch anderen Frauen, und weil sie durch die positive Reaktion der Umwelt ständig dazu ermutigt werden. Häufig sind kleine Mädchen von strengen, wenig weiblichen Müttern nicht sehr oder gar nicht kokett, weil sie diese Verhaltensweisen nicht sehen und daher nicht nachahmen. Das Wohlwollen und das Einverständnis der Erwachsenen lehren das kleine Mädchen, daß es mehr erreicht, indem es verführerisch und kokett ist, anstatt zornig mit den Füßen zu stampfen oder direkt und respektvoll um das zu bitten, was es haben will. So lernt es, oft zu sagen „das kann ich nicht" oder „ich weiß nicht wie das geht", „hilf mir", das ganze mit verführerischer Grazie vorgetragen — so wird es eben unwiderstehlich. Wenn es dem Erwachsenen gefällt, daß es eine schwache kleine Kreatur ist, zu nichts fähig, die anmutig um alles bittet und fleht, dann wird es auch so werden, weil es unbedingt den Erwartungen entsprechen will und vor allem, weil es dann auch erreicht was es will.

Dieser Mechanismus wird schon in frühester Kindheit angenommen, er funktioniert unweigerlich und die Frau wird ihn ihr ganzes Leben benutzen, dafür zahlt sie mit Unselbständigkeit und einem ständigen Gefühl der Frustration, das nicht ausbleiben kann, wenn man so abhängig ist.

Jede sexuelle Konditionierung lebt davon, daß beim anderen Geschlecht ein gegensätzliches Verhalten provoziert wird. Die Überlegenheit und die Macht beim einen Geschlecht ist ausschließlich dadurch möglich, daß das andere Geschlecht schwach und unfähig ist. Wenn sich der Mann nur überlegen fühlt, wenn er dominieren kann, dann muß ein Gegenspieler geschaffen werden, der sich dominieren läßt. Aber wenn man aufhört, Jungen einzuhämmern, daß sie dominieren müssen und Mädchen, daß sie es akzeptieren und lieben müssen, beherrscht zu werden, können unerwartete und unvorhergesehene individuelle Ausdrucksformen entstehen, die viel reichhaltiger und fantasievoller sind, als die eingeengten und tödlichen geschlechtsspezifischen Verhaltensnormen.

Nachahmung und Identifikation

Die Konflikte zwischen Kindern und Eltern werden nach dem ersten Lebensjahr erheblich stärker. Vor diesem Zeitpunkt ist das Kind so wenig selbständig, daß man es relativ leicht kontrollieren kann. Auch das Kind ordnet sich in dieser Zeit leichter unter, weil es sich seiner Machtlosigkeit und Abhängigkeit vom Erwachsenen klar ist, und weil es auch durch biologische Gegebenheiten noch nicht so sehr zur Selbständigkeit tendiert und sich damit dem Willen der Erwachsenen entgegenstellt.

Wenn es laufen lernt und folglich auch selbständiger wird, ist der Erwachsene zum Teil erfreut darüber, zum Teil stört es ihn auch. Obwohl das Kind ja nun von Tag zu Tag eigenständiger wird, was der Erwachsene einerseits herbeisehnt, andererseits auch fürchtet, greift es doch viel tiefer in sein eigenes Leben ein als vorher, es zwingt ihn, sich auch mit ihm zu beschäftigen, wenn er keine Lust dazu hat, es läßt ihm nicht mehr die Wahl wie vorher, sich mit ihm abzugeben oder es zu ignorieren. Diese Beziehung, die ja nun viel widersprüchlicher wird, erregt die Autorität des Erwachsenen. Es ist ein großer Unterschied, ob man sich mit einem Kind beschäftigt, das bewegungslos in seinem Bettchen liegt, oder im Laufstall oder im Kinderwagen gut eingepackt verstaut ist, oder ob das Kind im Haus herumtobt, alles anfaßt, das beweglich genug ist, sich öfter und erfolgreicher den Befehlen des Erwachsenen zu entziehen. Von diesem Moment an bricht der Konflikt offen auf, weil sich die

Mutter vom Kind in ihrer Autorität bedroht fühlt, sich ihren Vorstellungen von Disziplin, Ordnung und Kontrolle widersetzt. Ihre Beziehung wird beherrscht von ständigem gegenseitigen Mißtrauen und stellt einen endlosen Kampf dar. Aber während die Mutter bei einem kleinen Jungen toleriert, und sogar insgeheim hofft, daß er sich ihr widersetzt, und es besser hat, weil es „in der Natur der Dinge" liegt (wie es auch „natürlich" ist, daß die Mutter bei den Streitigkeiten als Verliererin hervorgeht), akzeptiert sie es nicht, daß das kleine Mädchen selbständig wird (was sie selbst ja auch nicht durfte, und dafür muß sie sich ja an irgendjemandem rächen). Ebensowenig duldet sie, daß ein ihr ähnliches aber nicht gleichgestelltes Wesen zu ihr in Konkurrenz tritt. An diesem Punkt fängt die direkte Unterdrückung eigentlich an, mitleidlos und unerbittlich. Mit ruhigen kleinen Mädchen, die weniger lebhaft sind und deshalb auch weniger offen und kompromißlos ihre Selbständigkeit verlangen, entstehen diese Konflikte oft überhaupt nicht. Im Gegenteil, es scheint als ob das Verhältnis zwischen Mutter und Tochter in Harmonie schwimmt, als ob es ein Idyll voller Liebe und Einverständnis wäre, das jedoch voll auf Kosten des kleinen Mädchens geht. Über diese Mädchen, die so sanft, fügsam, die kleinen Lieblinge ihrer Mutter, dressierte Äffchen, kleine Frauen sind, die in pathologischer Abhängigkeit von ihrer Mutter leben, und immer an ihr kleben, sagen die Mütter, daß es nie Schwierigkeiten gegeben habe, weil sie immer den Erwartungen entsprochen haben, ohne sich zu widersetzen, ausgenommen die Szenen, wenn sie in den Kindergarten gehen sollen, das verzweifelte Weinen, wenn die Mutter nicht da ist, die Schwierigkeiten, die sie mit anderen Kindern haben und die Angst bei jeder Kleinigkeit.

Ob diese Repression nun unterschwellig oder gewalttätig ist, sie würde sicherlich öfter als dies der Fall ist zu einer intensiven Rebellion von seiten des kleinen Mädchens gegen die Eltern führen, wenn nicht zwei psychologische Prozesse auf fatale Weise die Kinder wieder zu ihren Eltern zurückführen würden. Der eine ist die Imitation. Das Kind lernt sehr viele Dinge durch Imitation, aber es kann auch dadurch lernen, daß es ausprobiert und Fehler macht. Die Sprache zum Beispiel wird durch Imitation gelernt, das Öffnen und Schließen einer Tür kann dagegen durch Ausprobieren und Korrigieren der Fehler erlernt werden. Die Sprache beweist, auf welche Ebene von Aufmerksamkeit und Perfektion ein Kind gelangen kann. Es ist in der Lage, die winzigsten Sprachveränderungen nachzumachen,

die es hört und Klänge und Akzente in seine Sprache aufzunehmen, die durch ihre Exaktheit erstaunen. Wenn beispielsweise Eltern einen anderen Dialekt sprechen, als es in dem Ort üblich ist, wo sie wohnen, lernt das Kind zuerst den Dialekt seiner Eltern, um dann seine Aufmerksamkeit auf die Sprache und den Akzent der familienfremden Personen zu lenken, ohne dabei jedoch den Dialekt seiner Eltern zu verlernen. Innerhalb des Akzents oder der Sprache, die das Kind immer hört, erfindet das Kind persönliche Variationen, in der Art, wie es die Wörter gebraucht, wie es Sätze bildet, und erfindet so sein ganz persönliches Kauderwelsch. Bei der Imititation aller anderen Verhaltensweisen folgt das Kind demselben Mechanismus, das heißt, es imitiert immer zuerst die Person, mit der es den engsten und intimsten Kontakt hat, und dann nach und nach andere Modelle, ohne jedoch jemals aufzuhören, die engste Bezugsperson zu imitieren und in dieses Verhalten persönliche Variationen einzuflechten, die seiner Eigenheit als Individuum entsprechen. Eben darum wird ein Kind, egal ob es nun ein Junge oder ein Mädchen ist, dem man eine Puppe in die Hand gibt, diese Puppe fest an sich drücken, wie es das bei der Mutter gesehen hat. Der Eingriff des Erwachsenen jedoch zielt darauf hin, die Imitation von Mädchen und Jungen zu differenzieren, indem er beispielsweise dem Mädchen eine Puppe gibt und sein Wohlgefallen ausdrückt, wenn es die Puppe herzt und umsorgt, dem Jungen verweigert er diese Gefühlsregungen und gibt ihm lieber ein Stofftier, einen Bären, ohne ihn jedoch zu ermutigen, dieses Spielzeug besonders zärtlich zu behandeln. Eine Puppe zu wiegen und an sich zu drücken ist ganz unmißverständlich ein mütterliches Verhalten (Puppenmutter) der Ausdruck des weiblichen schlechthin und deshalb wird dies Mädchen zugestanden. Ein Stofftier im Arm zu halten, das ja kein kindliches Aussehen hat, wird deshalb nur als Zärtlichkeit und Zuneigung im weiteren Sinne angesehen und wird so auch einem kleinen Jungen zugestanden, wenn er klein genug ist, wenigstens.
Es gibt Mütter, die sich ganz besonders bewußt sind, wie männliche und weibliche Verhaltensrollen auf Kinder übertragen werden, und die es anders machen wollen, und die ihren kleinen Mädchen deshalb keine Puppen gegeben haben, und stattdessen lieber Stofftiere oder Teddybären angeboten haben. Man sollte aber nicht den Mädchen die Puppen vorenthalten, sondern im Gegenteil den kleinen Jungen auch Puppen geben. Gleichzeitig sollten sich die Väter schon vom ersten Tag an ihren Kindern, ob Mädchen oder Jungen,

intensiv widmen, um ihnen ein Beispiel zu geben, daß der Rollen-
tausch Vater-Mutter effektiv möglich ist und ihnen männliche
Weichheit und Zärtlichkeit vorzuleben. Man kann nicht hoffen,
das Kind als Individuum zu bereichern, indem man Mädchen diszipliniert und ihre Gefühlsbetontheit reduziert, wie man immer die
Gefühle von kleinen Jungen gebremst und verstümmelt hat und sie
daran gehindert hat, sich frei auszudrücken (ein Mann ist nicht ge-
rührt, ist nicht weich, weint nicht, verzweifelt nicht!). Man bietet
kleinen Mädchen nicht mehr, wenn man sie in ein Konkurrenzverhalten mit kleinen Jungen drängt oder sie anregt, männliche Verhaltensweisen zu imitieren, sondern indem man die Entscheidungen des jeweiligen Kindes respektiert und fördert, egal ob es nun
ein Mädchen oder ein Junge ist, indem man den Kindern reichhal-
tigere, ausdrucksvolle und freiere Verhaltensmodelle anbietet, die
nicht so engstirnig sind, wie die geschlechtsspezifischen Normen.
Nur so können sie sich vollständiger verwirklichen, ohne Teile ihrer
Persönlichkeit opfern zu müssen, die wertvoll und wichtig sind.
Die Fähigkeit zur Nachahmung ist in den ersten Lebensjahren besonders stark und nimmt ab, je älter das Kind wird. Aber während
die Imitation eine Verhaltensweise reproduziert, nach einer intensiven Beobachtung, die bis zur Perfektion der Nachahmung betrieben
wird, ist die Identifikation naturgemäß ein tiefgründiger Prozeß.
Sie ist „ein psychologischer Prozeß, in der jemand einen Aspekt, eine Eigenheit oder ein Attribut einer anderen Person annimmt, und
sich selbst völlig oder teilweise nach dem Modell dieser letzteren
umwandelt. Die Persönlichkeit konstituiert sich und differenziert
sich über eine Reihe von Identifikationen" (6). „Über diesen Prozeß, bei dem es stark emotional orientiert ist, verinnerlicht und
wiederholt das Kind die grundsätzlichen Modelle, die in seiner Kultur als gültig und wertvoll gelten, und eignet sie sich an. Freud ver-
tritt die Ansicht, daß „die Identifikation praktisch das einzige Lern-
prinzip ist, das wir brauchen, um die Entwicklung der Persönlichkeit zu erklären." „Die Identifikation arbeitet mit subtilen Methoden", kommentiert Allport. (7)
Sich mit einem anderen zu identifizieren heißt, sich als anderer zu
fühlen, er selbst zu sein. Während sich am Anfang Jungen und Mädchen zu gleichen Teilen mit der Mutter identifizieren, wird sich der
Junge im Lauf der Zeit immer mehr mit dem Vater identifizieren.
Die mütterlichen und väterlichen Modelle sind voneinander so verschieden, daß die Identifizierung mit dem einen oder anderen zwangs-

läufig zur Differenzierung führen muß. Wenn die Rollentrennung zwischen den beiden Geschlechtern nicht so klar und streng wäre, wenn die Persönlichkeit von Vater und Mutter nicht so gegensätzlich wäre, würde die Identifizierung des Mädchens mit dem Vater oder des Jungen mit der Mutter (was Ähnlichkeit des Temperaments, durch die bessere affektive Beziehung, die sich entwickelt haben mag, oder auch durch ein Fehlen dieser beiden Komponenten ja möglich sein könnte, weil das Kind instinktiv eine eigene Wahl getroffen hat, und selbst entscheidet welche Qualitäten es vorzieht und würdigt), nicht solche dramatischen Folgen haben. Wenn sich Mann und Frau im großen und ganzen ähnlich wären, und wenn die gesellschaftliche Bedeutung der Frau der des Mannes entsprechen würde, wäre die Identifizierung des Jungen mit der Mutter nicht als entwürdigend anzusehen, und man würde auch die Identifizierung des Mädchens mit dem Vater nicht als anomal empfinden. Es gibt schließlich Fälle von Mädchen mit kampflustigen, lebhaftem Temperament, mit „männlichem" Verhalten, und umgekehrt auch Jungen, die von Geburt an sanfter, sensibler als manche Mädchen sind. Wenn diesen Kindern nicht so gegensätzliche elterliche Modelle zur Nachahmung angeboten würden, die oft so sehr von ihrem eigenen Temperament abweichen, würde so manche individuelle Qualität des Kindes nicht unwiderruflich verlorengehen, die unterdrückt wird, weil sie für das Geschlecht des Kindes als unannehmbar verworfen wird. Wie Margaret Mead (8) versichert:

würde es dann nicht vorkommen, daß eine Angewohnheit, eine Verhaltensweise, eine lebhafte Fantasie, eine bestimmte Denkart übersehen werden oder verlorengehen, aus dem einzigen Grund, weil das entsprechende Kind dem passenden Geschlecht nicht angehört. Man würde nicht ständig die Kinder nach dem jeweiligen Geschlecht modellieren, und sie auf Verhaltensformen festlegen, sondern es gäbe eine Vielfalt von Modellen in einer Welt, die endlich jedem Individuum zugestehen, den seinen Fähigkeiten und Neigungen entsprechenden Weg einzuschlagen.

Der Unterschied zwischen Imitation und Identifikation besteht genau in der Tatsache, daß die Nachahmung eine ständige Wiederholung von Verhaltensweisen ist, die selten eine emotionale Resonanz zeigt (ein Kind, das ein anderes auf einem Dreirad sieht, möchte auch auf einem Dreirad fahren), während bei der Identifikation ein gefühlsmäßiges Band zu der anderen Person besteht, man will so sein wie sie. Die Identifikation strukturiert das Kind nach dem Bild des anderen. Alles hängt davon ab, wie der andere ist, denn dieses komplexe Phänomen kann für das Kind auf schreckliche Weise reduzierend wirken. Das kleine Mädchen wird durch die tiefe gefühlsmäßige Bindung an die Mutter, durch seine Identifikation mit ihr als ein ihr ähnliches Wesen dazu angehalten, sich selbst getreu dem Vorbild der Mutter zu formen. Das Verhalten der Mutter, ihre Reaktion, ihre Beziehung zu den einzelnen Mitgliedern der Familie, ihre Beziehung zum kleinen Mädchen selbst sind ein Hinweis darauf, auf welche Werte die Mutter anspricht.

Über den unbewußten Identifikationsprozeß wird die Essenz der Mutter in das kleine Mädchen umgefüllt, und von ihm verinnerlicht. Da die Dinge so liegen, kommt alles darauf an, wie diese Mutter ist. Aber so außergewöhnlich und wunderbar sie auch sein mag, sie bleibt doch immer eine Frau, der ein gesellschaftlich geringerer Wert zugestanden wird als dem Mann, der Aufgaben zweiten Ranges zugeordnet sind. Wenn dies das Modell ist, das das kleine Mädchen verinnerlicht, dann gibt es für sie keinen Grund zur Heiterkeit.

Vom zweiten bis zum dritten Lebensjahr wird der Druck auf das kleine Mädchen besonders stark. Von allen Seiten wird es näher zu seiner einzigen Bestimmung geschoben, nämlich der allmählichen Annäherung der Weibchen-Rolle, die ein ganz bestimmtes Verhalten verlangt. Der Erziehungsdruck wird immer schwerer und präziser und drängt das kleine Mädchen in das Verhaltensmodell, das es in seiner Umgebung beobachten kann, nämlich das der Mutter. Das ganze wird noch wirkungsvoller dadurch, daß es nun ja auch die Sprache der Erwachsenen verstehen kann, die vollgepfropft ist mit Befehlen, was „man macht" und „was man nicht macht".

Es ist kein Zufall, daß die schwersten Konflikte zwischen Mutter und Tochter so um die 18 Monate ausbrechen, denn in dieser Zeit fängt man damit an, von dem noch undifferenzierten, aktiven, „männlichen" kleinen Mädchen bedingungslos das angemessene Benehmen zu verlangen. Es wird abgelehnt, bekämpft, bestraft, wenn es dem Idealmodell nicht entsprechen will, in ihm selbst findet ein heftiger Kampf zwischen dem Drang nach Identifikation mit der Mutter und seinen eigenen überschäumenden Energien statt, die dadurch keineswegs ausgeschaltet werden, sondern für die es verzweifelt nach einem Ventil sucht. Das kleine Mädchen kämpft lange und widersprüchlich mit sich selbst und mit seiner Umwelt und dabei gehen seine wertvollen Energien unwiederbringlich verloren. Es ist eine tapfere Kämpferin aber es trifft immer nur auf Feinde. Der Nachteil, den das kleine Mädchen im Gegensatz zum Jungen hat ist, daß sein Identifikationsmodell, die Mutter, immer zuhause ist, zu jeder Zeit verfügbar, sie kann immer beobachtet und nachgeahmt werden, ist immer voll da, was für das Mädchen letzten Endes zur großen Misere wird.

Wer aus der Tür geht und sie hinter sich schließt, läßt eine ganze Flut von Neugierde und leidenschaftlichen Fragen zurück, wo er wohl hingegangen ist und was er dort wohl macht. Ihn hinausgehen zu sehen, erregt schmerzlich den Neid des Kindes, aber auch Erregung, Hoffnung, die Erwartung seiner Rückkehr, was er wohl aus dieser aufregenden Außenwelt mit zurückbringen wird, die für das Kind so voller Faszination ist, weil es davon ausgeschlossen ist. Die Fantasie nährt sich an diesem Ausgeschlossensein, der Wunsch etwas zu wissen wird durch die Vorstellung besänftigt, welche fantastischen Abenteuer derjenige erlebt, der hinausgeht, wenn er die Tür hinter sich zumacht. Jungen und Mädchen beneiden den Vater, der arbeitet, aber erstere mit unverhohlenem Stolz, weil sie wissen, daß sie wie der Vater sind, daß auch auf sie dieses Abenteuer einmal wartet, während kleine Mädchen Zuschauerinnen eines Ereignisses bleiben, an dem sie nie teilhaben werden. „Was arbeitet dein Papa?" „Mein Papa arbeitet" erwiderte ein kleiner Junge voller offensichtlichem Stolz. „Und deine Mama?" „Sie ist zuhause."

Im Gegensatz zum Jungen ist die Welt des kleinen Mädchens das Haus, die Wohnung. Es ist alles da, ohne Geheimnisse, ohne Faszination: eine Reihe von armseligen Hausarbeiten die sich ständig wiederholen, die sich selten ändern, immer wieder von neuem anfangen, sie sind immer gleich, engen die Fantasie ungeheuer ein, sie sind finster, frustrierend, einsam und von Schwermut belastet. Und sie werden immer im Dienst anderer gemacht. Diese Rituale, denen jedes Geheimnisvolle fehlt, produzieren sich unter den Augen des kleinen Mädchens. In der frühen Kindheit gelingt es ihm noch, sie auszumalen und interessant zu finden und der gefühlsmäßige Drang zur Nachahmung der mütterlichen Handlungen wird stärker (dies geschieht gleichermaßen bei Jungen und Mädchen), aber dieses Stadium geht ziemlich schnell vorbei. Während der Wunsch anfangs stark ist, die mütterlichen Aktivitäten nachzumachen, dies zu der Zeit aber von ihr verhindert wird, weil das Mädchen noch zu klein ist, wird es nach und nach dazu gezwungen Hausarbeit zu machen, sozusagen als Lehrzeit für seine spätere Funktion als Hausfrau, die der Gesellschaft und der Familiengemeinschaft zu Diensten stehen muß.

Der Fall der kleinen Laura ist symptomatisch. Als ich anfing, sie zu beobachten und mir über sie Notizen zu machen, war das Mädchen 18 Monate alt. Sie war stämmig, dynamisch, sehr aktiv, wach und an allem interessiert, sehr gesellig, sie ging täglich in eine Kinderkrippe und hatte zur Kindergärtnerin das beste Verhältnis. Die Beziehung zur Mutter, die das Kind nicht gewollt hatte, war scheinbar ungetrübt bis zu dem Zeitpunkt, an dem das Mädchen Laufen lernte, dann jedoch wurde sie angespannt und schwierig aufgrund der Lebhaftigkeit des Kindes. Die Mutter achtete geradezu besessen auf sich selbst und die Wohnung, sie duldete weder im Haus noch an sich selbst oder ihrem Mädchen die geringste Spur von Schmutz, den kleinsten Fleck. Wenn sich das Kind die Knie, die Hände, das Gesicht, seine Kleider beschmutzte, wurde es angeschrien, manchmal wurde es auch bestraft, zum Beispiel indem es in sein Zimmer gesperrt wurde und eine Mahlzeit überspringen muß te, wenn es vom Kindergarten oder von einem Spaziergang schmutzig nach Hause kam. Aber der Sauberkeitswahn der Mutter artete geradezu gewalttätig aus, wenn die Kleine ihre Hose näßte oder beschmutzte. Die Mutter beschuldigte sie dann, nicht aufpassen zu wollen, es mit Absicht zu tun, sie beschimpfte sie ein Dreckschwein und schlug sie in diesem Fall auch. Es kam vor, daß die Kleine lange in ihrem Bettchen liegen mußte, während die Mutter ihrem Sauberkeitsfimmel Genüge tat, und dann in die Hose machte und weil sie nichts zu tun hatte, mit ihrer Kacke spielte und sie überall herum verstreute. In diesem Fall reagierte die Mutter ausgesprochen jähzornig.

Das Kind hatte bemerkenswerte Eßschwierigkeiten, sie aß sehr wenig und wollte lieber zwischen den Mahlzeiten, außerhalb dem Essensritual, an irgendetwas herumknabbern.

Ungeachtet der dramatischen Beziehungen zur Mutter, die von dem kleinen Mädchen eine unmögliche Perfektion erwartete, gelang es ihm doch, im Kindergarten zum Ausgleich etwas Ruhe zu finden, wo es ja den größten Teil des Tages verbrachte, und hier war sie auch sehr aktiv. Allerdings verfolgte sie kleinere Kinder mit Stößen und Schlägen, manchmal traktierte sie diese auch mit Bissen in die Hand oder in die Backe. Sie näherte sich den Kleinsten, liebkoste sie mit verführerischem Lächeln, streichelte sie, küßte sie, aber kaum fühlte sie sich unbeobachtet, stürzte sie sich mit Klauen und Zähnen auf sie, entlockte ihnen die gräßlichsten Schmerzensschreie und sagte dann unschuldig: „Der Arme, hat sich wehgetan!" In der Krippe wurde sie deshalb aber nicht ausgescholten, sondern man versuchte, sie abzulenken, ihr andere Aktivitäten anzubieten, die sie interessieren könnten, aber gleichzeitig versuchte man auch, die kleinen Opfer vor ihren Angriffen zu schützen. Die Kleine regte sich furchtbar auf, wenn ein anderes Kind in die Hose machte und trat sofort in Aktion, sie rannte zur Kindergärtnerin, um es zu melden und schimpfte selbst den Schuldigen aus. Offensichtlich imitierte sie ihre Mutter, in deren Haltung, wenn sie selbst in die Hosen gemacht hatte, wenn sie ihr Gesichtchen in tausend kleine Falten legte und voller Abscheu sagte: „Wie eklig!" Wenn sie selbst in die Hose machte, lief sie zur Kindergärtnerin um sich das Höschen wechseln zu lassen und ruhte nicht, bis sie nicht völlig umgezogen und sauber war und die Kindergärtnerin ihr Mißgeschick kommentiert hatte. Auf der Straße war sie immer sehr fasziniert von Hundescheiße, an die sie sich heranschlich, sie lange beobachtete, oft auch versuchte sie zu berühren oder gar in die Tasche zu stecken und nach Hause mitzunehmen. Es war sehr schwierig, sie davon abzuhalten und sie von der magischen Anziehungskraft abzulenken, die jede Art von Exkrementen auf sie offensichtlich hatte. Im Kindergarten spielte sie gern und ausdauernd mit Plastillin. Um ihre Angst zu lindern, die durch die Unfähigkeit, ihren Stuhlgang zurückzuhalten oder den Drang, rechtzeitig mitzuteilen entstand, bzw. durch die Strafe, die die Mutter ihr deshalb zufügte, wurde im Kindergarten ein Experiment mit Plastillin gemacht: man zeigte ihr, wie man Plastillin so formen kann, daß es aussieht wie ihre Kacke und sagte ihr: „Das ist die Kacke von Laura." Als sie das zum ersten Mal sah, strahlte sie und wiederholte immer wieder: „Das ist die Kacke von Laura!" wollte es aber nicht berühren und verlangte von der Kindergärtnerin, es zu berühren. Diese Episode schien sie sehr zu erleichtern, sie vertiefte sich noch mehr in das Spiel mit Plastillin oder mit nassem Lehm, auch schien sie ihre Beziehung zu der Kindergärtnerin zu vertiefen, die ihr geholfen hatte, ihre Probleme zu verstehen. In dieser Zeit ließ auch ihre Aggressivität gegenüber kleineren Kindern nach. Aber die Schwierigkeiten mit der Mutter dauerten an: die Mutter wurde der Kleinen gegenüber immer fordernder, sie verlangte von ihr, daß sie sich selbst saubermachte, wenn sie schmutzig war, daß sie aufhob, was ihr herunterfiel, daß sie alles in Ordnung brachte, was unordentlich war, daß sie anständig auf dem Stuhl saß, keine Schimpfwörter gebrauchte. Sie durfte nicht schreien, mußte länger schlafen als notwendig war, durfte andere Kinder nicht schlagen, mußte sich sauber halten und so weiter. Trotzdem war Laura immer voller Enthusiasmus und Neugierde für alles und alle. Sie hatte sich mit zwei Mechanikern angefreundet, die in der Nähe ihrer Wohnung eine Autowerkstatt hatten und sie hielt sich dort stundenlang auf, beobachtete die Männer bei der Arbeit und stellte tausend Fragen. Sie liebte Autos, spielte leidenschaftlich gern mit Nägeln, mit einem Hammer, einem Stück Holz, mit Schraubenziehern und Zangen, mit Schrauben und Muttern, die sie sich haufenweise in die Tasche steckte. Mit 22 Monaten wandte sie sich an die beiden Männer sehr korrekt (für die sie eine Vorliebe hatte) indem sie sie „Signore" nannte. Zu den Frauen sagte sie artig „Signora". Sie wußte, daß sie selbst ein Kind war und konnte dies auch ausdrücken. Sie wußte — weil sie es gesehen hatte — daß Jungens einen Pimmel haben, das erregte sie anfangs sehr und machte sie neugierig, aber das Interesse ließ bald nach. Nach etwa dem 22. Monat veränderte sich ihr Verhalten. Während sie bis dahin „ein kleiner Junge" war, besser, ein undifferenziertes kleines Wesen, fing sie an, typisch weibliche Verhaltensweisen anzunehmen. Sie setzte sich zum Kämmen vor den Spiegel und während sie sich früher mit energischen Handbewegungen auf's Geratewohl die Haare gebürstet hatte, ohne dabei dem eigenen Aussehen die geringste Aufmerksamkeit zu schenken, fing sie nun an, einen Gesichtsausdruck des Wohlgefallens aufzusetzen, wie sie das offensichtlich bei der Mutter und bei der Kindergärtnerin gesehen hatte. Sie runzelte die Augenbrauen, klapperte mit den Augenlidern, lächelte sich an, betrachtete sich von weitem im Spiegel, näherte sich mit dem Gesicht dem Spiegel und entfernte sich wieder etwas, um sich besser sehen zu können. Einige Tage darauf kam sie im Kindergarten mit lackierten Nägeln an und zeigte sie allen voller Stolz. Sie wurde selbstgefälliger, gezierter. Sie wollte, daß man ihre Schuhe, ihr Kleidchen betrachtete. Im Kindergarten hatte sie immer sogenannte praktische Tätigkeiten gern gemacht, Sachen gewaschen, Tische, Kacheln oder Türen abgewischt, am Fußboden herumgewischt, wie alle anderen Kinder, sie machte es auf ihre eigene Art: schnell, improvisiert, ohne besondere Mühe oder Form. Plötzlich fing sie an einem bestimmten Punkt an, in dieselbe Tätigkeit neue Elemente mit hineinzunehmen, indem sie bestimmte Verhaltensformen ihrer Mutter annahm. Sie hatte plötzlich Bewegungen, die niemals ihre Art gewesen waren, aber dafür typisch für ihre Mutter. Diese „Verweiblichung" nach dem Beispiel ihrer Mutter verstärkte sich und wurde offensichtlicher, als sie eines Tages eine Tischplatte und einen Türpfosten mit einem eingeseiften Lappen putzte: während sie vorher mit großzügigen, zufälligen Gesten herumgewischt hatte und man sah, daß es ihr dabei nicht um die Sauberkeit, sondern um die Betätigung an sich ging, nahm sie nun manische, enge, besessene Bewegungen auf, die in allem den Bewegungen der Mutter ähnelten. Sie machte Jagd auf kleinste, praktisch unsichtbare Flecken, auf Schmutzspuren die kaum auffielen, und gab keine Ruhe bis nach unendlichem Hin- und Hergeputze auch der kleinste Fleck verschwunden war. Ihre Lippen waren dabei schmal und streng, ihre Stirn gerunzelt, sie arbeitete in der qualvollen Bemühung, alles sauber zu machen, angesteckt von dem phobischen Perfektionismus der Mutter und ihrer pathologischen Liebe zur Sauberkeit.

Gleichzeitig veränderten sich auch andere Verhaltensweisen bei Laura: während sie sich früher gegen Angriffe größerer Kinder wild entschlossen und ohne Angst verteidigte, tat sie das nun nicht mehr und nahm die Angriffe passiv hin. Zum ersten Mal reagierte sie nicht, als sie von einem anderen Kind eine Ohrfeige bekam, sondern weinte nur, von diesem Tag an verstärkte sich ihre Opferhaltung, nur an ihren Angriffen kleineren Kindern gegenüber änderte sich nichts. Auch in diesem Fall konnte man das Verhalten der Nachahmung der mütterlichen Handlungsweise zuschreiben (die Mutter weinte aus nichtigsten Anlässen).

Während ihr Weinen früher wütend und kurz war, weinte sie nun sehr lange, als ob sie daran ein Vergnügen fände. Sie wurde weniger aktiv, weniger überschäumend, ruhiger und verhaltener, auch schwermütiger. Nun war sie ein kleines Mädchen geworden. Ihr Verhalten konnte man nun als typisch weiblich einstufen. Sie war gezähmt. Die Verhaltensnormen hatten über sie triumphiert.

Dieses allmähliche Übergehen der Aggressivität nach außen zur Aggressivität gegen sich selbst, etwa im Alter von zwei Jahren, konnte ich auch in vielen anderen Fällen feststellen.

Ich erwähne in diesem Zusammenhang den Fall zweier kleiner Schwestern, eine im Alter von drei Jahren, die andere ungefähr zwei Jahre alt. Als ich sie das erste Mal beobachtete, zeigte die Größere bemerkenswerte Aggressionen gegen sich selbst: wenn man etwas gegen sie hatte oder sie angriff, verteidigte sie sich nicht, sondern brach in lautes hohes Weinen aus, fing an, sich Haare auszureißen, das Gesicht zu zerkratzen und ihre Wut steigerte sich allmählich so, daß sie sich schließlich auf den Boden warf und ihren Kopf wiederholt gegen den Boden schlug und sich hin- und herwälzte, bis sie sich schließlicht langsam beruhigte. Ihr ganzer Körper war von Schluchzen geschüttelt, dann beruhigte sie sich langsam. Diesen Ausbrüchen folgte dann ein Zustand der Erschöpfung, der Apathie und sie war schrecklich traurig und schwermütig.

Die Kleinere hatte bis ungefähr 22 Monate eine völlig andere Verhaltensweise, sie griff andere Kinder an, das Gesichtchen angespannt, feindselig und böse, sie wiederholte ihre Angriffe, bis das andere Kind anfing zu weinen. An diesem Punkt hörte sie auf, und setzte eine triumphierende Miene auf. Wenn es zufällig jemandem einfallen sollte, sie anzugreifen, reagierte sie sofort und sehr gewalttätig, auch wenn das andere Kind viel stärker war. Natürlich mußte sie auch viel einstecken, aber das kümmerte sie nicht viel: sie biß die Zähne zusammen und griff wieder an.

Langsam veränderten sich aber ihre Reaktionen und wurden denen ihrer Schwester ähnlich, bis sie schließlich fast identisch waren. Sie reagierte nicht mehr auf Angriffe anderer mit Aggressivität, sondern warf sich weinend zu Boden, verweigerte jeden Trost oder Hilfe.

Die Mutter war offensichtlich das Beispiel, das beide Mädchen nachahmten und mit dem sie sich identifizierten. Unzufrieden, weinerlich, ungeduldig und hart gegen ihre beiden Mädchen, wies sie jede Anregung von sich, wie sie ihre schwierige familiäre Situation verbessern könnte, die sie ständig laut bejammerte, aber nichts dazu tat, sie zu verändern. Die beiden Schwestern hatten exakt ihr Verhalten reproduziert, eine nach der anderen und genau in dem Moment, wo bei beiden der Identifikationsmechanismus einsetzte.

Die direkten Eingriffe

Es ist wie ein konzertierter Angriff auf allen Fronten: die Nachahmung des Erwachsenen, die Identifikation mit dem wichtigsten Erwachsenen und schließlich die direkten erzieherischen Maßnahmen. All dies drängt das Kind in eine bestimmte Richtung: ob es nun allgemein den Erwachsenen nachahmt, oder sich mit einem bestimmten Erwachsenen identifiziert, immer findet es das Modell eines Erwachsenen, das den Wertvorstellungen unserer Kultur in Bezug auf das Rollenverhalten entspricht.

Ich möchte hier wahrheitsgetreu ein Beispiel einer banalen Konversation zwischen einer Mutter und ihrem kleinen Mädchen wiedergeben, das alle vorhergesagten Elemente enthält: Imitation, Identifikation verraten sich bei vielen Einzelheiten (das Täschchen, der Spiegel, die Mimik, die gleichen Gesten wie die Mutter usw.). Die erzieherischen Eingriffe braucht man gar nicht zu kommentieren, da sie ohnehin typisch sind.

Vorgeschichte: Die Mutter kommt mit ihrem 27 Monate alten Mädchen zu mir um mit mir über sie zu sprechen. Sie beklagt sich über einige Sachen, die nicht so laufen, wie sie das will, und nennt sie in der Reihenfolge ihrer Bedeutung für sie:
— Das kleine Mädchen wurde zehn Tage lang in einen Kindergarten mit Nonnen gebracht, aber die Mutter mußte immer bei ihr bleiben, weil die Kleine verzweifelt anfing zu weinen, sobald sich die Mutter auch nur einen Schritt entfernte. Nach zehn Tagen brachte sie die Kleine gar nicht mehr hin, weil es schien, als ob sie dabei zuviel leiden müßte (und auch die Mutter selbst gibt zu, gelitten zu haben), und sie will es auch gar nicht mehr versuchen, auch nicht in einem besseren Kindergarten, wenigstens bis zum nächsten Jahr.
— Die Kleine ist aggressiv zu den anderen Kindern, sie will nicht mit ihnen spielen und beißt sie, wenn sie sich nähern. Die Mutter schimpft sie deshalb und hält sie von den anderen fern.
— Die Kleine macht noch manchmal ihre Hosen naß, was die Mutter sehr irritiert. Einige Frauen im öffentlichen Park haben ihr gesagt, daß ihre eigenen kleinen Kinder schon alles ins Töpfchen machen, seit sie acht oder neun Monate alt sind, warum also ist ihre Kleine nicht so tüchtig?
— Die Kleine ißt praktisch nichts, sie läßt sich zwar füttern, behält die Nahrung aber dann stundenlang im Mund, es geht ihr dabei aber gut und sie hat ein durchaus normales Gewicht: wie kann man es anstellen, daß sie mehr ißt?
— Das kleine Mädchen schläft nachts 13 Stunden und tagsüber zwei, aber das macht der Mutter nichts weiter aus, weil sie so ihre Ruhe hat. Die Mutter wollte diese Probleme in einer Woche, höchstens aber bis in 14 Tagen lösen.
Die Aktion: Sie kommt herein, die Hand des kleinen Mädchens fest

in ihrer eigenen falls irgendwelche Gefahren in Sicht kommen. Wir bieten der Kleinen einen Platz auf einem Kindersofa mit zwei Plätzen an, man setzt sie vor einen kleinen Tisch und sie bekommt einen Kasten mit Plastikperlen verschiedener Größen und Farben die man zu einer Kette aufreihen kann. Sie ist darüber sehr glücklich und fängt sofort an, sich selbst zu beschäftigen und nach kurzer Zeit ist sie von ihrem Spiel völlig gefangen. Die Mutter ist sauer, daß sich das Kind so schnell vom Spielen fesseln läßt, weil sie zeigen will, wie gut sie ihre Kleine erzogen hat; das heißt, sie möchte gern vorführen, wie folgsam sie ist. Sie beginnt eine Störaktion und enthüllt damit die sanfte unbeugsame Repression, der das kleine Mädchen unterworfen ist.

Konversation: Die Mutter wendet sich an die Tochter, mit einem kindischen dai-dai-dai-Ton, den fast alle Erwachsenen mit kleinen Kindern benutzen, sie setzt ein unbewegliches künstliches Lächeln auf, eine „feminine" Mimik, um es genauer zu sagen.

Mutter: Betta, willst du nicht dein Mäntelchen ausziehen?
Betta: (antwortet nicht, lächelt aber)
Mutter: Willst du das Mäntelchen anlassen?
Betta: Ja.
Mutter: Das ist ein schönes Spielzeug, nicht wahr?
Betta: (antwortet nicht, lächelt aber)
Mutter: Also willst du dir jetzt dein Mäntelchen ausziehen?
Betta: (antwortet nicht, lächelt)
Mutter: Soll die Mama dir das Mäntelchen ausziehen?
Betta: (antwortet nicht)
Mutter: Sag's der Mama, wenn du Pipi machen mußt!
Betta: Ja.
Mutter: erhebt sich plötzlich und stürzt sich auf die Kleine. Komm ich geh schnell mit dir Pipi machen!
Betta: (schüttelt den Kopf) Ich muß nicht.
Mutter: Bist du sicher, daß du nicht mußt?
Betta: (antwortet nicht)
Mutter: Paß' auf, daß dir die Spielsachen nicht auf den Boden fallen.
Betta: (antwortet nicht)
Mutter: Also die Spielsachen gefallen dir, nicht wahr?
Betta: Ja.

In der Zwischenzeit bin ich aufgestanden und gehe an Betta vorbei, die ihre Augen nach oben wandern läßt, mich ansieht und lächelt

Betta: Wo gehst du hin?

Ich: Auf die Toilette, ich muß Pipi machen (das ist die reine Wahrheit).

Betta: lächelt vergnügt

Ich (komme aus dem Bad): Darf ich mich neben dich setzen?

Betta: Willigt glücklich ein und macht mir Platz, wir reden nicht, wir schauen uns stumm an und gefallen uns.

Mutter: Wer ist diese Dame?

Betta: (antwortet nicht, sie schaut mich an und lächelt).

Mutter: Gefällt dir diese Dame?

Betta: Ja (sie lächelt mich offen an).

Mutter: Hast du der Dame gesagt wie du heißt?

Betta: (antwortet nicht).

Mutter: Warum zeigst du der Dame nicht dein schönes Täschchen?

Betta: (folgt)

Mutter: Was ist in deinem Täschchen drin, Betta?

Betta: Der Spiegel.

(Kurze Pause).

Mutter: Sagst du der Dame wie du heißt?

Betta: (schweigt)

Mutter: Warum willst du dieser Dame nicht sagen wie du heißt?

Betta: (schweigt)

Mutter: Diese Dame ist nett, nicht wahr?

Betta (schweigt)

Mutter (zu mir gewandt): Komisch, wenn sie wüßten, was sie sonst für eine Schwatzbase ist! (Zu Betta): Weißt du, daß das Spielzeug dieser Dame gehört?

Betta (schaut mich an, schweigt aber).

Mutter: Betta, du sollst nicht einen Fuß über den anderen stellen, da gehen ja die neuen Schuhe kaputt!

Betta (folgt)

Mutter: hast du der Dame gesagt, wie alt du bist?

Betta (macht ein Zeichen mit den Fingern: zwei).

Ich: Dann bist du ja schon ein großes Mädchen.

Mutter: Ja, aber manchmal macht dieses große Mädchen noch Pipi in ihre Hosen!

Ich (tu so, als hätte ich das nicht gehört).

Mutter: Mußt du nicht Pipi machen, Betta?

Betta: Nein.

Mutter: Magst du dein Brot essen?

Betta (schüttelt den Kopf)

Mutter: Also willst du das Mäntelchen nun anbehalten?

Betta (schweigt).

Dieses Bombardement hat nur wenige Minuten gedauert, aber man darf annehmen, daß Bettas Tage ausschließlich von solchen mütterlichen Interventionen ausgefüllt sind, dazu kommen noch die der Großmutter, der Betta oft anvertraut wird.

Das oben angeführte Gespräch ist insofern typisch, als es sich nie zwischen Mutter und Sohn abgespielt haben könnte. Die Eltern haben ein fixes Modell im Kopf, wie die Kinder sich entsprechend ihrem Geschlecht anpassen müssen. Über eine Reihe unzähliger ausgesprochener Vorschriften, übermittelt der Erwachsene dem Kind Wertvorstellungen, denen es entsprechen soll, da es andernfalls gesellschaftlich nicht akzeptiert wird. Diese Gesetze werden auch bei den Altersgenossen, bei den Spielkameraden bestätigt, mit denen das Kind zusammenkommt: auch sie haben von ihren Eltern gelernt und bestehen darauf, daß diese Regelungen eingehalten werden. Der ganze Erziehungsprozeß dreht sich um diese Differenzierung: die Forderungen des Erwachsenen an das Kind tragen stets ihre Spuren. Wir geben hier eine Reihe von Beispielen, wie differenziert die Forderungen an die Kinder sind: es stört uns, wenn kleine Mädchen pfeifen lernen, aber bei kleinen Jungen kommt es uns ganz normal vor. Wenn ein kleines Mädchen unbekümmert lauthals lacht, greift die Mutter ein, aber bei einem kleinen Jungen ist es okay. Bei einem Mädchen toleriert man nicht, wenn es ungezogen ist, aber bei einem Jungen erwartet man es im Stillen und akzeptiert es. Ein kleines Mädchen soll nicht schreien, nicht laut sprechen usw., bei einem kleinen Jungen finden wir es normal. Bei einem kleinen Mädchen zucken wir entsetzt zusammen, wenn es flucht oder Schimpfwörter gebraucht, bei einem kleinen Jungen muß man lachen. Wenn ein kleiner Junge nicht Bitte und Danke sagt, entschuldigen wir uns für ihn, wenn es ein kleines Mädchen nicht sagt, sind wir böse mit ihr. Wenn wir einen kleinen Jungen bitten, uns etwas zu holen und er tut es nicht, scheint es uns, daß er sogar im Recht ist, tut das dagegen ein Mädchen, so ist es für uns offene Rebellion. Wir tolerieren viel eher, wenn ein kleiner Junge die Gespräche der Erwachsenen unterbricht, als wenn ein Mädchen das tut! Ein Junge darf sich bei Tisch auch mal schlecht benehmen, ein Mädchen dagegen muß artig essen. Wenn ein Mädchen mit kleineren Kindern nicht lieb ist, kommt es uns wie ein schreckliches Monster vor, bei einem kleinen Jungen erwarten wir aber geradezu, daß er die Kleineren piesackt, es käme uns komisch vor, wenn er zärtlich und liebevoll zu ihnen wäre. Nimmt ein kleiner Junge einem anderen Kind ein Spielzeug weg, erwarten wir es im Stillen schon, aber wenn ein Mädchen das tut, sind wir entsetzt. Wenn ein kleines Mädchen seine Katze oder seinen Hund schlecht behandelt, sehen wir in ihm schon ein perverses Geschöpf, einem Jungen verbieten wir das zwar auch, aber es kommt uns normaler vor. Ein Junge, der Angst hat, wird ausgelacht, bei einem Mädchen dagegen ist es klar. Wenn ein kleines Mädchen weinerlich ist, sagen wir ihr zwar, daß es lästig ist, aber wir wissen, ,,daß es so sein muß", einen kleinen Jungen verspotten wir dagegen, er sei wie ein Mädchen. Ein kleiner Junge wird dazu angehalten, Krieg zu spielen, auf Bäume zu klettern, und sich körperlich zu trainieren, bei einem Mädchen verhindern wir es, wenn sie dasselbe tun möchte. Wenn ein kleines Mädchen Fußball spielt, lernen wir ihr, daß es besser ist, mit der Hand ballzuspielen, dem Jungen dagegen sagen wir, er soll es doch mal mit den Füßen probieren. Es stört uns, wenn ein kleines Mädchen unordentlich, schmutzig und unachtsam ist, wenn es sich die Kleider herunterreißt, bei einem Jungen akzeptieren wir es. Wenn sich ein kleines Mädchen gegen unsere unerwünschte Hilfe bei irgendeiner schwierigen Situation wehrt, drängen wir diese Hilfe trotzdem auf, bei einem kleinen Jungen erheitert uns derart viel Selbständigkeit, weil er uns dann wie ein kleiner Mann vorkommt. Wenn kleine Jungens so tun, als rauchten sie, müssen wir lachen, bei einem Mädchen berührt es uns unangenehm. Wenn wir einen kleinen Jungen dabei überraschen, wie er mit seinen Geschlechtsteilen spielt, sagen wir ihm, er soll damit aufhören. Überraschen wir ein kleines Mädchen, sagen wir das auch, können aber unseren Ekel dabei nicht verbergen.

Man könnte diese Reihe beliebig weiterführen. Der Erwachsene macht eine echte automatische Auswahl der Erziehungsmaßnahmen je nach Geschlecht des Kindes.

Während eines Besuches bei einer Frau, Mutter eines kleinen Jungen und eines Mädchens, beide fast gleichaltrig, bat sie ihren Jungen, mir die Garage zu öffnen, während sie dem Mädchen auftrug, mir ein Glas Milch zu holen. Sie hätte niemals das Mädchen gebeten, mir die Garage zu öffnen, oder den Jungen, mir Milch zu bringen! Die Befehle eines Erwachsenen werden nach einem bestimmten Kodex ausgewählt, dessen sich dieser gar nicht bewußt ist, aber dieser Kodex entspricht genau dem Gesetz, daß Aufgaben mit höherem Prestige, oder die wenigstens höher eingeschätzt werden, immer Jungen zugedacht werden. Beide der oben genannten Kinder waren selbstverständlich in der Lage einerseits die Garagentür zu öffnen, andererseits mir ein Glas Milch zu bringen, aber es ist ja kein Zufall, daß für das eine Kind die ,,männlichere" Aufgabe und das andere die ,,weibliche" bestimmt wurde. Sogar die Kinder selbst hätten wahrscheinlich die Aufgabe weniger bereitwillig ausgeführt, wenn sie umgekehrt angeordnet gewesen wären, denn selbst sie sind bereits so konditioniert, um ganz bestimmte Aufgaben einem bestimmten Geschlecht zuordnen zu können.

Man spricht immer noch vom Penisneid

,,Ich hab ihn, und du nicht", ist immer noch eine Realität, der man nicht widersprechen kann. Aber man kann wohl darüber diskutieren, ob der ,,Penisneid" ein Element der weiblichen Psychologie ist, wie die Psychoanalyse behauptet, das seine Wurzel in dem anatomischen Unterschied der beiden Geschlechter hat, oder ob dieser Penisneid nicht etwa gesellschaftliche Ursachen hat. Also kann man einfach sagen, Mädchen beneiden Jungen, weil sie einen Penis haben, oder beneiden sie sie, weil die Tatsache einen Penis zu haben, unzählige Privilegien mit sich bringt, die Mädchen eben nicht haben?

Eibl-Eibesfeldt sagt:
Gegen die Hypothese, daß das Inzesttabu dem Menschen angeboren sei, stellen sich verschiedene Psychoanalytiker, die sexuelle Wünsche der Kinder den Eltern gegenüber und der Eltern ihren Kindern gegenüber wahrzunehmen glauben. Der Knabe habe sexuelle Wünsche der Mutter gegenüber, was Angst vor dem möglicherweise strafenden Vater erwecke, die als Kastrationsfurcht durch die Literatur geistert. Nun ist sehr vieles, was Freud und seine Schüler als sexuell deuten (Streicheln, Küssen und dergl.) primär nicht sexuell, sondern vom Brutpflegeverhalten abgeleitet. Einem Sohn, der sei-

ne Mutter umarmt und küßt, sexuelle Begierde zu unterstellen, ist einfach falsch. Bei allen anerkannten Verdiensten der Psychoanalyse muß man hier doch einigen Vertretern den Vorwurf unwissenschaftlichen Vorgehens machen. Eine plausible Deutung wird allzu leicht als kausale Erklärung hingenommen, und man baut auf Ödipuskomplex, Kastrationsfurcht und den Penisneid der Mädchen, als wären das alles erwiesene Tatsachen. Nichts dergleichen ist erwiesen. Fest steht, daß hin und wieder ein Mädchen gerne ein Junge sein möchte und daß ein Sohn frühzeitig Konflikte mit seinem Vater erlebt. Diese lassen sich aber außerhalb des sexuellen Bereichs ebenso plausibel als heranreifende Rangdispute deuten. (9)

Auch wenn ein kleines Mädchen eine Mutter haben sollte, die den Vater beherrscht, wird es doch feststellen, daß diese Herrschaft über die familiäre Gemeinschaft, über die eigenen vier Wände nicht hinausgeht. Jede dominierende Frau hat außerhalb der Familie eine zweitrangigere Position als auch noch der größte Pantoffelheld. Niemandem macht es Spaß herauszufinden, daß er ein Individuum zweiter Klasse ist. Diese Entdeckung löst Leiden aus, schwächt das Selbstbewußtsein, begrenzt die Selbstverwirklichung, schafft Neid gegenüber den Privilegierten und den Wunsch, wie sie zu sein. Diese ständige Konfrontation der kleinen Mädchen mit den Jungen, den Trägern und Nutznießern all jener Privilegien, die sie selbst nie haben werden, löst in ihnen eine beachtliche Reduzierung des Selbstbewußtseins aus, das aber unbedingt zur Selbstverwirklichung und zum Kampf des Kindes mit sich selbst und seiner Umwelt notwendig ist. Kleine Mädchen und Frauen zweifeln auch in höherem Maß an sich selbst als Männer. Ihre Unsicherheit und niedrige Selbsteinschätzung ist stärker, wie auch der Wunsch, sich der geforderten Mode anzupassen. Wir machen ungeheure Anstrengungen und passen scharf auf, welche Erwartungen an uns gestellt werden, um ihnen entsprechen zu können: je angepaßter wir sind, um so mehr Sicherheit haben wir, akzeptiert und geliebt zu werden.

Auch kleine Jungen stellen Forschungen dieser Art an. Für Kinder ist der eigene Körper der wichtigste Bezugspunkt. Sie können sich nicht vorstellen, daß ein anderer Körper von ihrem eigenen abweichen könnte und diese Tatsache erfüllt sie mit Staunen und Ungläubigkeit, bis sie es nicht selbst gesehen haben. Sie wollen unbedingt einen Beweis dafür. Die Entdeckung kann sie auch überrumpeln, aber es wird nur eine kurze Zeit dauern, bis sie sie akzeptieren, wie sie vorher wichtige Entdeckungen akzeptiert haben und auch nachher akzeptieren werden.

Die Entdeckung der anatomischen Unterschiede zwischen den Geschlechtern gleicht der nach dem Unterschied der Hautfarbe. Wenn kleine Kinder zum ersten Mal einen Farbigen sehen, sind sie sehr beeindruckt. Aber sie verdauen diese Erfahrung schnell und leicht, weil sie nichts mit gesellschaftlichen Machtverhältnissen zu tun hat, das heißt, weil der Farbige keine dominierende Rolle spielt. Das farbige Kind dagegen, das diesen Unterschied entdeckt, das entdeckt, daß es weiße Menschen gibt, die die Macht haben, die einen gesellschaftlich höheren Wert haben als die Farbigen, wird einen Neid auf den Weißen empfinden, besonders in den Ländern, in denen Farbige ständig gesellschaftlich unterdrückt werden. Die weiße Haut wird hier wie der Penis zum Symbol der Macht und zum Gegenstand des Neides. Wenn kleine Mädchen die Entdeckung machen, daß sie im Vergleich zu Jungen etwas „zu wenig" haben, kann ihnen niemand den Wert ihres eigenen Geschlechts versichern, weil keiner daran glaubt. Der Vater glaubt nicht daran und noch viel weniger die Mutter. Die Männer glauben nicht daran, aber noch viel weniger sind die Frauen von diesem Wert überzeugt. Tatsächlich gibt es zwischen den Frauen nicht die stolze Solidarität, die bei Männern sehr wohl existiert: während „wir Männer" einen stolzen Triumph ausdrückt hat das „wir Frauen" stets den klagenden Unterton der Unterdrückten. Die Entdeckung der kleinen Mädchen, daß sie keinen Penis haben, wird durch nichts kompensiert. Ich habe ein kleines Mädchen von drei Jahren gesehen, das ganz zufrieden wegsprang, um den Spielkameraden und der Kindergärtnerin zu erzählen, daß eine Assistentin auf ihre Klage „warum hab' ich denn keinen Pimmel? " ihr versichert hatte, sie hätte dafür andere wichtige Dinge.

Keine Frau, auch nicht die „Ausnahmen", die „männlichen" Frauen, möchte ernsthaft gerne ein Mann sein und einen Pimmel haben, aber der Großteil der Frauen möchte die Privilegien und Möglichkeiten besitzen, die mit dem Besitz des Pimmels verbunden sind. Die Psychoanalyse hat es geschafft, in Frauen ein Schuldgefühl zu erzeugen, die nicht „weiblich" sind, wenn sie hartnäckig darauf bestehen, kein Individuum zweiter Klasse sein zu wollen. Das Fehlen des „Penisneids" soll tatsächlich die „weiblichen" Frauen kennzeichnen, diejenigen, die völlig angepaßt und mit ihrer Situation zufrieden sind. Danach wären echte Frauen nur diejenigen, die sich mit ihrer unterlegenen Situation glücklich abgefunden hätten. Und das ist ganz entschieden ein männlicher Standpunkt.

Dr. Bernard Muldword sagt: „Es ist nicht das Fehlen des Penis, das die Frau bedauert, sondern ihr zweitrangiger Platz in der gesellschaftlichen Produktion. Aber dieser zweite Platz in der gesellschaftlichen Produktion wird der Natur, der Biologie zugeschrieben, die nicht am Ursprung der gesellschaftlichen Produktionsweise stehen, sondern ganz im Gegenteil von ihr geformt und nach ihr ausgerichtet sind, anstatt ihn seiner wirklichen Ursache zuzuordnen, nämlich der gesellschaftlichen Organisation, der Differenzierung des gesellschaftlichen Ganzen in antagonistische Klassen." (10)

3. Kapitel

Spiel, Spielzeug und Literatur für Kinder

„Die Mama hat gesagt, daß sie mir keinen Besen kauft".
„Und warum kauft sie dir keinen?" „Weil ich ein Jun-
ge bin!"
(Gespräch zwischen einem zweieinhalbjährigen Jungen
und seiner Kindergärtnerin)

Die Tendenz im Kind zu spielen, ist sicherlich angeboren, aber die
Art, wie sich dieses Spiel ausdrückt, seine Regeln und die Gegenstände, mit denen gespielt wird, sind zweifellos das Produkt einer
bestimmten Kultur. Das spielerische Erbgut wird von Generation
zu Generation weitergegeben, von den Erwachsenen an die Kinder,
von den größeren an die kleineren Kinder, und die Abweichungen
sind (in diesem Prozeß) sehr begrenzt.
Die erfundenen Spiele sind sehr selten und sehr vergänglich. Mei-
stens beschränkt sich eine Veränderung im Spiel auf unwillkürliche
Abweichungen von den Spielregeln bei den Kleinen und auf Ver-
änderungen beim Spielablauf; bei Kindern im Alter von zwölf und
mehr Jahren kommt das überhaupt selten vor. Es ist die Gruppe,
die den Ablauf der Bewegungen und Dialoge im Spiel bestimmt.
Nun wird aber dieser Spielablauf zum größten Teil von den Er-
wachsenen festgelegt. Wir finden oft in unserer eigenen Vergangen-
heit, aber auch bei primitiven Volksstämmen die Spiele, die auch
unsere Kinder spielen. (1)
Wenn die Erwachsenen versichern, daß die Kinder ihre Spiele selbst
auswählen, denken sie gar nicht daran, daß man, wenn man

bestimmte Spiele bevorzugt, diese Vorliebe von irgendjemandem gelernt und übernommen haben muß. Und derjenige hat eben für sich schon eine Auswahl getroffen, zum Beispiel die, welches Spielmaterial er zur Verfügung stellt und welche Möglichkeiten zu Spielen dadurch überhaupt dem Kind angeboten werden.

Insgesamt kann man sagen, daß Spiele und Spielsachen Ergebnis und Ausdruck einer ganz bestimmten Kultur sind, deren reiche Auswahlmöglichkeit in Wirklichkeit ziemlich eingeschränkt ist. Die Differenzierung nach Geschlechtern ist auf diesem Gebiet besonders offensichtlich. Der Großteil der im Handel befindlichen Spielsachen ist ganz streng nach Vorstellungen von männlich und weiblich aufgeteilt, entsprechend den verschiedenen Rollen und den Erwartungen, die an die jeweiligen Kinder später gerichtet werden. Das Problem, welches Spielzeug man schenken soll, stellt sich vom frühesten Alter des Kindes an. Da das Kind bis zu vier oder fünf Monaten kein Spielzeug in der Hand halten kann, konzentriert sich die Aufmerksamkeit der Erwachsenen auf visuelle Anregung. Wir haben schon von der verschiedenen Ausstattung der Kinderzimmer für Mädchen und Jungen gesprochen. Seit neuester Zeit ist es üblich, dem Neugeborenen ein Mobile ins Zimmer zu hängen. Das sind Konstruktionen aus Papier, Metall, Holz oder Plastik, die von Stangen gehalten werden und an einem Nylonfaden hängen. Sie bewegen sich beim kleinsten Lufthauch und ziehen die Aufmerksamkeit des Babys auf sich. Da gibt es beispielsweise Vögel, Tiere, abstrakte Formen, Schiffchen, Blumen usw. Ich war sehr oft dabei, wenn diese Mobiles ausgesucht wurden, die eine nützliche Anregung für Babies ab eineinhalb Monaten sind, und ich habe festgestellt, daß die Auswahl nach zwei Kriterien erfolgte: einmal nach der lebhaften Farbe und zum anderen nach dem, was die Figuren des Mobiles darstellen. Während die Farbe bei der Überlegung, ob ein Mobile für einen Jungen oder ein Mädchen passend war, kein Problem darstellte (außer dem für Jungen verbotenen Rosa natürlich), war die Form stets eine Quelle endloser Diskussionen. Schiffchen, Autos, Pferde, abstrakte Formen verschiedener Farbe und Dimensionen wurden ausschließlich für Jungen genommen; Vögel, Entchen, Störche, Fische, Gänse, Zirkustiere, verschiedene Kugeln, bunte geometrische Figuren wurden für beide Geschlechter ausgesucht; Blumen, Engelchen, Schneeflocken, Püppchen wurden ausschließlich für kleine Mädchen ausgewählt. Der provokatorische Vorschlag, zum Beispiel für ein neugeborenes Mädchen ein Mobile aus einer Schiffsflotte zu kaufen, wurde stets energisch zurückgewiesen und die Erklärung dafür war einfach und sicher, von der Art, die keinen Widerspruch duldet: Es paßt nicht für ein Mädchen. Die verschiedenen Ringe und Glöckchen usw., die man dem Kind gibt oder die man über dem Stubenwägelchen aufhängt, folgen dem Gesetz von rosa und blau. Wenn man dann zu den Püppchen aus Gummi oder Stoff kommt, wird die Wahl noch rigoroser vorgenommen. Die richtigen Puppen, die unverkennbar weibliche Züge tragen, sind den kleinen Mädchen vorbehalten. Sowohl Jungen als auch Mädchen gibt man Stofftiere, manchmal kommt es auch vor, daß Jungen Puppen bekommen, aber es sind dann Puppen, die eher männlich wirken. Eine richtige Puppe ist für Jungen schon von Anfang an verboten.

Wenn man einem kleinen Mädchen eine kleine Puppe oder ein Tier aus Stoff oder Gummi gibt, so ist es mit dem einfachen Geben nicht getan. Man schaut nicht einfach, was die Kleine damit macht, sondern zeigt ihr auch, wie man die Puppe hält und sie liebhat. Diese Demonstration „elterlicher Liebe" macht man aber bei einem gleichaltrigen Jungen nicht, denn Kinder herzen und liebhaben gehört nicht zu den väterlichen täglichen Aufgaben und so auch nicht zum gefühlsmäßigen Ausdruck eines kleinen Jungen. Man kann deshalb kleine Mädchen von elf, zwölf Monaten sehen, die schon diesen anerlernten Reflex „Puppe-wiegen" haben und kaum gibt man ihnen eine Puppe in die Hand, ziehen sie sie an sich und wiegen sie. Die Erwachsenen vergessen, daß dies das Ergebnis ihrer Instruktion ist und rufen hingerissen von diesem „biologischen" Wunder: So klein, und hat schon einen mütterlichen Instinkt! Das Phänomen erfüllt sie mit Zufriedenheit, weil sie es als beruhigendes Symptom des Normalseins ansehen. Es ist interessant zu beobachten, daß kleine Jungen dieses Alters, die nicht geschult wurden wie Mädchen, dieselben Puppen im Arm halten, aber viel gleichgültiger, zufälliger. Sie halten die Puppen zum Beispiel senkrecht und nicht auf dem Arm liegend, oder sie klemmen sie sich unter den Arm oder packen sie am Kopf. Jedenfalls kommt es kaum vor, daß sie die Puppe liebevoll im Arm wiegen. Ziemlich häufig möchten Kinder zum Einschlafen gern eine Puppe oder einen Bären oder sonst irgendein weiches Tier, das sie besonders lieben, mit ins Bett nehmen. Während Mädchen oft mit Puppen ins Bett gehen, wird dies kleinen Jungen meistens nicht erlaubt. Wenn sich Jungen schon etwas mit unter die Decke nehmen, dann muß es wenigstens dasselbe Geschlecht haben, ob es nun ein Tier oder eine Puppe ist.

Mit der Zeit wird man darauf drängen, daß Mädchen anfangen, mit Puppen zu spielen, weil es sie auf ihre zukünftige mütterliche Aufgabe vorbereitet, während man eine derartige Tendenz bei kleinen Jungen sofort abblockt. Er wird dazu angehalten, aggressivere Spiele zu spielen, den Wettbewerb mit anderen Jungen zu suchen. Wenn in einer gemischten Gruppe von Mädchen und Jungen ein Junge mit einer Puppe spielen will, toleriert man das, weil er in diesem Fall ja den Vater, oder den Ehemann oder den Sohn spielen kann, alles männliche Rollen, die ja auch für einen Jungen passend sind. „Spielen wir, daß ich der Vater sein soll und du die Mutter" oder „ich soll das Kind sein und du die Mutter!" In diesem sehr freien und unkontrollierten Spiel werden die Puppen ausgeschimpft, herumgezerrt, geschlagen, bestraft, kurz, die Kinder gehen mit den Puppen so um, wie sie es selbst von ihren Eltern gewöhnt sind.

Bis zum Alter von etwa fünf bis sechs Jahren lieben es Jungen und Mädchen gleichermaßen, „Haushalt" zu spielen, das heißt, die Aktivitäten der Mutter zuhause zu imitieren und auch selbst der Mutter zu helfen, denn die dabei verwendeten Elemente üben eine besondere Faszination auf Kinder aus: das Wasser, das Feuer, die Lebensmittel; das Gemüse, das gewaschen, geschnitten, durchpassiert, gekocht wird, das seine Beschaffenheit verändert, wenn es kocht; anschließend das Essen, das vermischt und verkocht wird, das gewürzt und mit Zutaten vermengt wird: all das sind Tätigkeiten, die auf das Kind anregend und anziehend wirken. Während das kleine Mädchen, ohne sich dessen bewußt zu werden, vom Spiel langsam in die wirkliche ernste Teilnahme an der mütterlichen Hausarbeit hinüberrutscht und stolz und glücklich darüber ist, daß die Mutter ihre Fähigkeiten benötigt (wobei immer noch genug Spielraum für das Spiel bleibt) wird der kleine Junge Schritt für Schritt aus dieser Tätigkeit ausgeschlossen, und dieses Spiel verschwindet eines Tages aus seinem Repertoire.

Nach fünf bis sechs Jahren trennen sich die Wege der beiden Geschlechter grundsätzlich: die kleinen Jungen betrachten die Hausarbeit nunmehr verächtlich, als etwas, was minderwertig ist und niemals ihre Welt sein wird, die kleinen Mädchen dagegen werden an die Hausarbeit gebunden, einmal durch die mütterlichen Forderungen und zum anderen durch ihre Identifikation mit der Mutter. Dem kleinen Mädchen wird ihre zukünftige Aufgabe ständig vor Augen gehalten: sie wird Kinder haben, einen Haushalt versorgen müssen, einen Ehemann, der bedient werden muß. Denn würde man ihnen ihren freien Willen lassen, so würden sie die Hausarbeit sicherlich genauso verachten und ablehnen wie die kleinen Jungen. Es handelt sich deshalb hier nicht um eine einfache „Lehrzeit" der Hausarbeit und gewisser Handlungsabläufe, sondern um eine echte Konditionierung des kleinen Mädchens, die nur dem einen Zweck dient, ihm gewisse Tätigkeiten so einzuprägen, daß sie automatisch ablaufen. Tatsächlich würden wenige Monate Lehrzeit vor der Hochzeit genügen, um die Arbeit im Haushalt zu lernen, wenn die Absicht der Erwachsenen nicht eben die obengenannte wäre. Die Hausarbeit ist so banal, daß jeder sie in kurzer Zeit lernen könnte. Aber die Erwachsenen wissen ja auch ganz genau, daß es sehr wichtig ist, einem Mädchen die Pflicht der Hausarbeit anzuerziehen, wenn man nicht mit der Konditionierung bereits in einem Alter beginnt, in dem eine Rebellion gegen diesen Drill sehr unwahrscheinlich, praktisch unmöglich ist. Die ehernen Familiengesetze wie auch die Gesetze unserer Gesellschaft verlangen es, daß eine Frau bereit sein muß, sich die gesamte Hausarbeit aufhalsen zu lassen. Ihre Verweigerung würde nicht nur die männliche Kaste, die es ja gewohnt ist, bedient und umsorgt zu werden, in eine Krise stürzen, sondern auch die gesamte Struktur einer Gesellschaft, die es ablehnt, die Kosten zu tragen für die Hausarbeit oder für eine gesellschaftliche Einrichtung, die die Arbeit der Frau im Haus ersetzen würde.

„Richtige" und „falsche" Spielsachen

Die Spielwarenhändler wissen genau, daß Kunden, die Spielzeug kaufen, immer das Geschlecht des Kindes im Kopf haben. Und auf die allgemeine einleitende Bitte: „Ich möchte gern ein Spielzeug für ein Kind von zwei Jahren" folgt stets die Frage: „Soll es für einen Jungen oder für ein Mädchen sein?" Es gibt tatsächlich sozusagen neutrale Spielsachen, das heißt, Spielsachen, die man sowohl Mädchen als auch Jungen geben kann. Meistens sind sie nicht besonders geformt oder strukturiert, wie zum Beispiel Mosaiks, Puzzles, Baukästen, Steckspiele, formbares Material wie Fimo oder Plastillin, Farben zum Zeichnen und Malen oder Musikinstrumente (wobei Trommeln und Trompeten ausschließlich für Jungen gekauft werden).
Wenn man dagegen den Bereich der ganz konkreten Spielsachen be-

trachtet, wird die Differenzierung eindeutig. Für kleine Mädchen gibt es eine reichhaltige Auswahl an Miniaturen aus dem Haushalt, wie alle möglichen Küchengeräte und Schönheitsköfferchen, Krankenschwesternausrüstung, ganze Einrichtungen für Bad, Wohnzimmer, Schlafzimmer, Kinderzimmer, kleine elektrische Haushaltsgeräte, Nähausstattungen, Bügeleisen, Teeservice, Puppenwagen und dann natürlich Puppen samt aller Arten von Ausstattung. Für kleine Jungen ist die Spielzeugauswahl völlig anders: Transportmittel für Erde, Wasser und Luft, Kriegsschiffe, Flugzeugträger, Raketen, Raumschiffe, jede Art von Waffen von der perfekt nachgemachten Cowboypistole bis zu den finstersten Schnellfeuergewehren und MGs, die sich von den scharfen Waffen nur durch ihre geringere Gefährlichkeit unterscheiden, Spaten, Säbel, Pfeil und Bogen, Kanonen — ein ganzes militärisches Arsenal.

Zwischen diesen beiden Gruppen gibt es keine Kompromisse, kein Nachgeben und keine Toleranzgrenze nach beiden Seiten. Nicht einmal Eltern mit dem besten Willen, ihrem Kind das gewünschte Spielzeug zu schenken, würden einwilligen, einem Mädchen ein Maschinengewehr oder einem Jungen einen Geschirrkasten zu kaufen. Es wäre ihnen unmöglich, sie würden es als Sakrileg empfinden. Abgesehen davon würde ein Abweichen von der normalen Differenzierung beim Spiel von Mädchen und Jungen nach dem fünften oder sechsten Lebensjahr bedeuten, daß das Mädchen oder der Junge seine Rolle nicht akzeptiert hat und daß deswegen irgendetwas schiefgelaufen ist.

Auch wenn es sich um „neutrale" Spielsachen handelt, also für Mädchen wie Jungen benutzbar, wird die Entscheidung, ob sie nun mehr von Jungen oder von Mädchen benutzt werden, stark beeinflußt durch die Bilder, die die Verpackungen der jeweiligen Spielsachen verschönern. Typisch sind in diesem Zusammenhang die Verpackungen von LEGO, auf den Legoschachteln sind nämlich ausschließlich kleine Jungen abgebildet, die Wolkenkratzer, Türme, Panzer, Häuser usw. bauen. Lego hat jedoch auch an die kleinen Mädchen gedacht: seit neuestem werden im Verkauf Baukästen für Mädchen angeboten, in denen man zur Abwechslung Bausteine findet, mit denen man ganze Küchen-, Schlaf-, Wohnzimmereinrichtungen aufbauen kann, einschließlich Kühlschrank, Geschirrspülmaschine, Waschmaschine usw. In diesem Fall ziert die Verpackung natürlich ein kleines Mädchen — die zukünftige Konsum-Mutter und -Ehefrau.

Auf der Tüte einer bekannten Kartoffelchips-Firma erscheint seit einiger Zeit neben dem Bild eines kleinen Mädchens die Aufschrift: Für Mädchen! und auf der Rückseite wird erklärt: Mädchen! Diese Tüte enthält eine Überraschung. Ihr könnt Pfannen, Töpfe, kleine Bestecke, Haarkämmchen, Armreifen, Ringe, Puderdosen, kleine Kämme, Bügeleisen, kleine Puppenwägelchen, Püppchen und viele andere schöne Sachen finden!
Die beiden grundsätzlichen Elemente zur Erziehung der kleinen Mädchen werden in der Liste der angebotenen Spielsachen restlos respektiert: Hausarbeit und Schönheitspflege. Auf der entsprechenden Tüte für Jungen kann man lesen: Für kleine Jungen! Jungens, aufgepaßt! Diese Tüte enthält eine Überraschung für euch. Ihr könnt kleine Soldaten, Flugzeuge, Panzer, Modelle antiker Autos und Schiffe, Flohhupferl-Spiele, Wasserpistolen, Pfeifen, Züge, Fußballspieler, und viele andere schöne Spielsachen finden."
Alles im Rahmen der Norm, wie man sieht!
Die meisten Eltern behaupten, daß es ihre Kinder selbst seien, die sich Spielsachen passend zu ihrem Geschlecht und Alter aussuchen, indem sie ganz präzise Wünsche ausdrücken. Es kommt ja ziemlich häufig vor, daß ein Kind vor dem Schaufenster eines Spielwarenladens fast in hysterische Krämpfe ausbricht, weil es unbedingt ein Auto, ein Flugzeug oder ein kleines Schiff von seinen Eltern haben will. Die Eltern lehnen diesen Wunsch oft ab und geben dabei die verschiedensten Gründe an (es ist zu teuer, du hast doch schon so viele Spielsachen usw.), aber sie sagen beispielsweise einem Jungen nicht, dieses Spielzeug sei für ihn nicht passend. Die Fixierung des Kindes auf bestimmte Spielsachen kommt also daher, daß es die Sicherheit hat, das hier ist ein Spielzeug für mich (in unserem Fall für einen Jungen) auch wenn ich es im Moment nicht haben kann. Diese Sicherheit des Kindes ist nur eine Folge von unendlich vielen Geschenken und Angeboten eben dieser Art von Spielzeug und der Ablehnung jener, die eben nicht zu einem Jungen passen. Der Wunsch des kleinen Jungen, gerade dieses Spielzeug haben zu wollen, ist also nur scheinbar seine eigene Wahl, in Wirklichkeit aber nichts anderes als die bereits von den Eltern viel früher getroffene Auswahl. Früher oder später wird der Erwachsene dem „passenden" Wunsch schon nachgeben, aber es ist unwahrscheinlich und sehr selten, daß er nachgibt, wenn das Kind auf einer seiner Meinung nach falschen Richtung liegt.
Ich habe einmal im Supermarkt eine Mutter mit ihrem Sohn von et-

wa fünf Jahren beobachtet. Der Kleine drängte während der ganzen Einkaufsrunde der Mutter darauf, ein Stück Kernseife zum Waschen zu kaufen. „Wann darf ich einmal waschen? " fragte er immer wieder. „Du kannst nicht waschen" antwortete die Mutter ebenso unbeirrt , „du bist doch ein Junge!" „Aber ich will auch mit der Seife waschen!" beharrte der Kleine immer wieder. Die Mutter gab ihm einfach keine Antwort mehr, bis er schließlich einfach ein Stück Seife in den Korb legte. Die Mutter wurde sauer, legte die Seife wieder an ihren Platz und begann das Kind zornig auszuschimpfen, bis es weinte. Die Mutter blieb unbeirrbar. Man kann sicher sein, daß der Junge nach dieser bedeutenden und unbeirrbaren Ablehnung nicht wieder um ein Stück Seife bitten wird, sondern seine Wünsche auf die Sachen hin orientieren wird, von denen er weiß, daß sie akzeptiert werden.

Eine junge Frau erzählte mir, daß sie sich immer noch genau an die schrecklichen Schuldgefühle erinnert, die sie als kleines Mädchen empfand, weil sie nicht mit Puppen spielen wollte. Sie hatte einmal belauscht, wie ihre Mutter ganz unglücklich einer Freundin erzählte, daß ihre kleine Tochter Puppenspiele nicht mag. Von diesem Moment an zwang sie sich dazu, um jeden Preis den Erwartungen ihrer Mutter zu entsprechen, weil sie ihr gefallen wollte, von ihr akzeptiert und geliebt werden wollte. Trotzdem liebte sie im Stillen immer noch wilde Spiele im Freien.

In Kindergärten, in denen die Kinder ihre Spielsachen frei auswählen können, hatte ich oft die Gelegenheit festzustellen, daß kleine Mädchen bis zu ca. drei Jahren genausogern mit Autos, Flugzeugen und Schiffen usw. spielen, wie Jungen. Ich habe Mädchen von ca. 18 bis 20 Monaten beobachtet, die stundenlang Autos, Schiffe, kleine Spielzeugzüge, Hubschrauber auf dem Teppich herumschoben, nachdem sie sie entzückt aus einem Sack gefischt hatten; sie spielten mit derselben Freude und Konzentration wie kleine Jungen. Und ich habe auch kleine Jungen gesehen, die mit Feuereifer Taschentücher wuschen, Tische abwischten, Schuhe putzten usw. Später verschwindet dieses Phänomen. Die Kinder haben gelernt, das „richtige" Spielzeug zu verlangen, weil sie wissen, daß ihnen das „falsche" verweigert wird.

Eine Kindergärtnerin, die dieses Problem besonders beschäftigte, erzählte mir, daß sie einmal einen Baukasten mit Schrauben, Muttern, Zangen, Schraubenziehern usw. mit in ihre Gruppe gebracht hatte. Ein kleines Mädchen, das Gesichtchen rot vor Aufregung und Freude, hatte sich die Konstruktion geschnappt und bahnte sich nun einen Weg zu einem Tisch, ganz stolz auf ihre Eroberung, als ein Junge von etwa vier Jahren auf sie zustürzte und ihr das Spielzeug aus der Hand reißen wollte. Die Kindergärtnerin griff ein und sagte dem Jungen, er könnte es später haben, wenn das kleine Mädchen damit fertig wäre. Der kleine Junge sagte daraufhin empört: „Aber es gehört mir, das ist doch ein Spiel für Buben!" Die Kindergärtnerin klärte ihn auf, daß es keine Spielsachen für Jungen oder für Mädchen gebe, sondern daß alle Kinder mit allen Spielsachen spielen könnten. Der Kleine starrte die Kindergärtnerin an, als ob sie verrückt wäre und strich dann eine ganze Weile um das kleine Mädchen herum, sein perplexer Gesichtsausdruck verriet sehr gut seine Gefühle: er verstand die Welt nicht mehr. Vor seinen Augen wurde ein ehernes Gesetz verletzt, das ließ ihm keine Ruhe mehr. Es wäre nur wünschenswert, wenn solche Eingriffe sowohl von Eltern als auch von Kindergärtnern öfter vorgenommen würden. Wenn die Kindergärtnerin in diesem Fall nicht ihren Standpunkt geklärt hätte, hätten sowohl der kleine Junge, als auch das Mädchen eine Bestätigung dessen bekommen, was sie ohnehin schon wußten: daß es Spielsachen für Jungen und Spielsachen für Mädchen gibt und daß es in diesem Zusammenhang auch eine ganz bestimmte Diskriminierung gibt. Das Mädchen wäre abgeblockt und in ihre unterlegene Situation zurückgedrängt worden, während der kleine Junge eine Bestätigung seiner Überlegenheit bekommen hätte.

Die kindlichen Spiele und die gesellschaftliche Realität

In den Spielen der Kinder und im Gebrauch, den sie von ihren Spielsachen machen, wird es offensichtlicher denn je, wie Kinder die Realität, in der sie leben, im Spiel reproduzieren. Charles Bried schreibt dazu:

Einige amerikanische Untersuchungen haben ermöglicht, eine Liste von Spielsachen, klassifiziert nach ihrem „männlichen oder weiblichen" Inhalt, aufzustellen. Im einen Extrem dieser Aufstellung findet man Puppen und Spiele mit den Inhalten der Hausarbeit, auf der anderen Seite Konstruktions- und Bauspiele und die Benutzung von Geräten und Instrumenten, also noch einmal Aktivitäten, die den charakteristischen gesellschaftlichen Tätigkeiten jeweils im Er-

wachsenenalter entsprechen. (2)

Dieses Phänomen ist so klar, daß es erstaunt, wenn Erikson (3) zu einem unwahrscheinlichen biologischen Konzept greift, dem „inneren Raum", um den unterschiedlichen Gebrauch von Spielsachen bei einer Gruppe von Kindern im Alter von zehn bis zwölf Jahren zu erklären. Die Kinder waren aufgefordert worden, „aufregende Szenen aus einem imaginären Film" nachzubauen, und durften dafür beliebiges Spielzeug in beliebiger Anzahl aussuchen.

Erikson gesteht, er habe, während sich das Spiel Schritt für Schritt unter seinen Augen entwickelte, eine gewisse Erwartungshaltung aufgebaut, nämlich daß sich die Spiele der Mädchen ganz eindeutig von den Spielen der Jungen unterscheiden sollten, was punktuell auch wirklich der Fall war. Tatsächlich bauten die Mädchen Familienszenen auf, die sich in einem geschlossenen Kreis von Spielzeugmöbeln abspielten, während die Jungen Wolkenkratzer, Türme, Straßen mit viel Verkehr usw. aufbauten. Erikson interpretiert diese verschiedenen Spiele der Jungen und Mädchen im „genitalen" Sinn, das heißt, er sieht in dem geschlossenen, nach innen gerichteten Aufbau der Mädchen einen Zusammenhang mit der Tatsache, daß die Sexualorgane des Mädchens „innen" liegen, und in dem offenen, nach außen gerichteten Bau der Jungen den Zusammenhang mit dem Penis, der außen liegt, sich aufrichtet, eindringt. Es bleibt noch zu beweisen, daß sich Mädchen im Alter von zehn bis zwölf Jahren genau über ihre Sexualorgane im klaren sind, was bei Jungen offensichtlich der Fall ist. Außerdem wäre nachzuweisen, daß diese unbewußte „biologische Kenntnis" zu den oben genannten Spielen den Ausschlag gegeben hat! Erikson berücksichtigt, allerdings in untergeordneter Bedeutung, auch den gesellschaftlichen Hintergrund dieser Spiele: der Junge ist aggressiv, drängt zur Verwirklichung seiner Ideen, er will sich in der Welt einen guten unabhängigen Platz erobern. Das Mädchen konzentriert sich auf das Interesse an ihrer natürlichen Aufgabe, sich um den Haushalt zu kümmern und Kinder aufzuziehen." Eriksons grundsätzliche und wichtige These jedoch bleibt das „räumliche" Konzept, das bei Jungen und Mädchen verschieden ist und sich nach der jeweiligen anatomischen Eigenheit richtet.

Nicht einmal bei einer Episode mit einem kleinen Negerjungen geht ihm ein Licht auf, der seine imaginäre Szene, obwohl er ein Junge ist, unter dem Tisch baut, statt auf dem Tisch. Kommentiert Erikson: „Auf diese Weise gibt er eine vielsagende Auskunft über die Bedeutung seines lächelnden Sich-Zurückziehens: er weiß, wo sein Platz ist!"

Das Negerkind weiß, daß es gleichzeitig ein Junge und von der schwarzen Rasse ist: aus seiner Familie und seiner Umgebung hat er eine doppelte Information mitbekommen, nämlich die der verschiedenen Geschlechtsrollen, aber auch die, daß die schwarze Rasse minderwertig und der weißen Rasse untergeordnet ist.

Auch die kleinen Mädchen zeigen mit ihrem Aufbauen der geschlossenen Familienszenerie, an die sie gewöhnt sind, ganz deutlich, daß sie sehr gut begriffen haben, wo ,,ihr Platz" ist.

Mädchen und Jungen, der kleine Negerjunge eingeschlossen, machen nichts anderes als die Erwartungen der Erwachsenen, Erikson inklusive, zu erfüllen.

Es mag ja möglich sein, daß kleine Jungen von zehn bis zwölf Jahren sich ihres ,,aufgerichteten, eindringenden" Geschlechtsteils bewußt sind und deshalb Wolkenkratzer und Türme bauen, die diesem ähnlich sind. Und es kann auch möglich sein, daß kleine Mädchen auf irgendeine Weise ,,wissen", daß sie irgendwo in sich selbst einen Raum haben, der Vagina heißt, aber es steht doch sehr in Zweifel, daß Kinder gerade auf diese körperlichen Tatsachen sensibler sein sollen, als auf ihre täglichen erlebten Erfahrungen, daß männlich-aktiv nach außen gerichtet bedeutet, wie weiblich eben passiv und nach innen gerichtet zu sein hat.

Die Spiele der kleinen Mädchen, die sich ja meistens zwischen den vier Wänden der Wohnung abspielen, werden oft durch mütterliche Forderungen nach Hilfe bei der Hausarbeit unterbrochen, was bei kleinen Jungen selten vorkommt, die deshalb auch mehr Zeit zum Spielen haben. Während sich nun bei kleinen Jungen die Überzeugung entwickelt, daß sie ein Recht auf Spielen haben, begreifen die kleinen Mädchen, daß sie erst dann ein Recht darauf haben, wenn sie ihre Pflicht — sich nützlich zu machen — erfüllt haben. Von kleinen Mädchen wird beim Spielen mehr Selbstkontrolle, mehr Ordnung verlangt, sie müssen mehr auf andere achten.

Es stimmt, daß es immer mehr Familien gibt, die auch von kleinen Jungen bestimmte Hausarbeiten verlangen. Aber auch hier wird meistens darauf geachtet, daß es sich um Tätigkeiten handelt, die einem Jungen mehr entsprechen, die seine ,,Würde" als Mann nicht verletzen, außerdem werden Jungen weit weniger zu solchen Aufgaben herangezogen. Wenn ein Junge die ihm aufgetragene Aufgabe verweigert, wird er auch nicht mit Schuldgefühlen beladen, wie ein Mädchen, dem man oft genug sagt: „Ja was machst du denn, wenn du groß bist, wenn du nicht schon jetzt eine brave kleine Frau wirst?" Der entsprechende Satz an einen Jungen: „Was machst du denn, wenn du groß bist, wenn du nicht schon jetzt ein tüchtiger kleiner Mann wirst?" hat eine völlig andere Bedeutung, vorausgesetzt, die Eltern benutzen ihn überhaupt: der tüchtige Mann ist der, der aus dem Haus geht, Geld verdient, damit es der Familie gut geht, aber nicht der, der seiner Mama hilft, abzuwaschen oder den Tisch zu decken.

Sobald diese Art von Hausarbeit kein Vergnügen mehr ist, sondern zu einer langweiligen Pflicht wird, lernt der kleine Junge sehr schnell eine Taktik, um sich dagegen zu wehren, und er kann sicher sein, daß er nicht bestraft wird. Tatsächlich wundern sich die Erwachsenen ja viel mehr, wenn ein kleiner Junge im Haus hilft, als wenn er sich der Hausarbeit entzieht.

Zu dem größeren Respekt den Spielen der Jungen gegenüber kommt noch der größere Respekt vor ihrer Faulheit. Die sogenannte Faulheit bei Kindern ist oft das Bedürfnis, das ja auch der Erwachsene kennt, seinen Gedanken in Frieden nachzuhängen. Seiner Fantasie freien Lauf zu lassen, die Kommunikation zu sich selbst wiederherzustellen. Gerade aus diesen Pausen zieht das Kind seine neuen Energien, bereit, sich wieder kopfüber in neue Erfahrungen zu stürzen. Der Respekt des Erwachsenen vor der kindlichen Faulheit (die ja keine Faulheit ist) zeigt die unterschiedliche Achtung der beiden Geschlechter. Der Respekt vor der Faulheit des kleinen Jungen ist auch später im Erwachsenenalter viel größer. Der Moment, in dem der Vater sich nach der Arbeit abends ausruht, ist der ganzen Familie heilig: die Ehefrau, die auch den ganzen Tag gearbeitet hat und wahrscheinlich oft erschöpfter ist als der Mann, vierteilt sich, damit die Ruhe des Vaters von den Kindern respektiert wird.

Die verschiedenen Arten zu spielen

Jungen und Mädchen unterscheiden sich nicht nur in der Wahl der Spiele und der Spielsachen, sondern, wie Charles Bried (4) beobachten konnte, auch im „spielerischen Stil". Beim Jungen größere Aggressivität, Muskelanstrengung, die Suche nach intensiver Aktivität, bei Mädchen dagegen verbale aber ruhige Aggressivität, Stabilität beim Spielen, „Vorliebe für Spielriten und Zeremonien, was sich später als demütige und fast gewollte Unterwerfung unter eine ständige Nötigung durch Monotonie und Formalität äußert." Kein Mensch kann leugnen, daß es diese Unterschiede gibt und daß sie ganz offensichtlich sind. Man braucht nur Gruppen von Kindern beim Spielen zuzusehen, um sich zu überzeugen. Aber wieder einmal wird hier das „biologische" Element strapaziert, das durch nichts bewiesen ist, um das zu erklären, was eigentlich eine plausible Erklärung im „sozialen" Element findet.

Die tägliche Unterdrückung der Aggressivität beim Mädchen die bis ins Kleinste durchgezogen wird, zwingt das Mädchen, sich Spielarten auszusuchen, die akzeptiert werden. Die Gruppe von kleinen Mädchen selbst kontrolliert diese Entwicklung, ein besonders aggressives Mädchen wird aus der Gruppe ausgestoßen.

Wir haben gesehen, wie auch beim Spiel der Unterschied zwischen Mädchen und Jungen in den ersten Jahren sehr gering ist, aber mit der Zeit immer stärker ausgeprägt wird. Bekannt sind auch die sich ständig wiederholenden Rituale bei kleinen Mädchen, die besonders massiv unterdrückt werden, weil sie sehr lebhaft, neugierig, mobil sind — übertrieben, wie die Eltern meinen. Der Fall, der von Brunet und Lezine angegeben wird (siehe S. 38-39) gibt einen Hinweis darauf, wie Eingriffe, die sich gegen die Vitalität kleiner Mädchen richten, phobische Verhaltensweisen zur Folge haben können.

Könnte es denn nicht sein, daß diese rituellen, sich ständig wiederholenden, einengenden Spiele der kleinen Mädchen, deren Schwerpunkt darauf liegt, einzelne Spielvorgänge zu verfeinern und zu perfektionieren, aber auch zu begrenzen, tatsächlich phobische Verhaltensweisen auf einer rituellen, besessenen Grundlage sind? Daß sie ein allgemeiner Aspekt dieses angstvollen Perfektionismus sind, der an die Stelle der Aggressionen tritt, die sich nicht manifestieren dürfen und daher verdrängt werden müssen?

Die Seilspiele sind in diesem Zusammenhang typisch, ob sie nun in Gruppen oder allein gespielt werden. Man springt dabei auf einem oder auf zwei Beinen, mit den verschiedensten Variationen, man braucht eine beachtliche Koordinierungsgabe der Bewegungen, manche Mädchen bringen es zu einer unglaublichen Virtuosität. Diese Art von Seilspringen ist kleinen Jungen unbekannt; sie geben sich mit sowas gar nicht ab, weil sie es verächtlich als „Weiberspiele" bezeichnen.

Ein anderes, rituelles Spiel, das bis zur Besessenheit gespielt wird, ist das Ballspielen gegen die Wand. Auch in diesem Fall gibt es außer

dem Grundspiel „Ball gegen die Wand" eine außergewöhnliche An-
reicherung von Variationen: man wirft den Ball unter dem Knie
durch, der Ball wird nach einer ganzen Drehung gefangen, der Ball
wird rückwärts geworfen usw. das ganze wird von einem Geplapper-
schwall von Sprüchlein begleitet.

Es wäre leicht, die Wahl dieser Art von Spielen bei kleinen Mädchen irgendwelchen mysteriösen biologischen Gründen zuzuschreiben, wenn man sie nicht auch bei kleinen Jungen fände, die mit
der Zeit eine mehr weibliche Identifikation entwickelt haben (obwohl sie biologisch Jungen sind) und deshalb durch Imitation auch
weibliche Verhaltensweisen. Umgekehrt ist es bei kleinen Mädchen,
die lebhafter sind oder die einfach mehr Spielraum haben und viel
draußen spielen selten, daß sie solche stumpfsinnigen, sich ständig
wiederholenden Spiele wählen. Sie tun es nur dann, wenn sie mit
gleichaltrigen Mädchen zusammen sind, um in der Gruppe akzeptiert zu werden. Sie sind aber bei diesen Spielen nie so virtuos wie
die anderen, dafür sind sie im Bäumeklettern, Mauernüberspringen
usw., also bei „männlichen" Spielen besser.

Seit es üblich ist, auch kleinen Mädchen lange Hosen anzuziehen,
haben sie mehr Bewegungsfreiheit, und „männliche" Spiele die früher für Mädchen völlig verpönt waren, sind kleinen Mädchen immer
mehr zugänglich geworden. Das hat auch den Kodex beachtlich verändert, von was „sich schickt" und was nicht, was „man tut" als
kleines Mädchen und was nicht. Mit einem Rock und gespreizten
Beinen zu sitzen, galt als skandalös, in Hosen jedoch ist es durchaus akzeptiert. Die „Grazie", dieses mysteriöse weibliche „biologische" Flair erweist sich als brüchiges Element, wie auch andere typisch weibliche Verhaltensweisen, wenn sie die gesellschaftlichen
Voraussetzungen verändern. Es kommt auch oft vor, daß Mädchen,
die an Hosen gewöhnt sind, sich mit Röcken ebenso unbekümmert
bewegen. Aber was auch die Kleidung betrifft, dürfen sich Mädchen
nie voll ausleben. Vor ihren Augen schwebt immer ein ideales Vorbild, dem sie zu entfliehen versuchen, aber in das sie immer wieder
hineingedrängt werden; das bringt sie in einen ständigen Widerspruch mit sich selbst und ihrer gesellschaftlichen Rolle. Mädchen,
die meistens Hosen tragen, träumen immer von Kleidern mit Rü-
schen und Spitzen, mit denen sie sich richtig weiblich fühlen können. Eben genau von den Kleidern, mit denen sie sich nicht schmu-
zig machen dürfen, die sie nicht kaputtmachen, verkrumpeln dürfen und mit denen sie sich ständig graziös bewegen müssen, um zu

den Kleidern zu passen.

Die Bewegungsspiele

In den täglichen Beziehungen zwischen Erwachsenen und Kindern ist die häufigste Redensart „halt doch still". Für das Kind ist diese Forderung völlig unverständlich, denn Bewegung ist nicht seinem Willen unterworfen, sondern ein so starker Impuls wie zum Beispiel essen. Es käme niemanden in den Sinn, einem Kind eine Mahlzeit zu verweigern, weil man weiß, wie wichtig ausreichende Ernährung für die körperliche Entwicklung des Kindes ist. Was nicht akzeptiert wird, ist der Zusammenhang zwischen Bewegung und psychischer und physischer Entwicklung. Die Erwachsenen finden es merkwürdig, daß ein Kind, bis es ein sitzender Mensch geworden ist, wie alle anderen, eine lange Phase der Bewegung und der Unruhe durchmachen muß. Selber in tägliche monotone Rhythmen gezwungen, geht ihnen die ständige Unruhe und Quecksilbrigkeit der Kinder auf die Nerven, am liebsten hätten sie es, daß Kinder ohne Übergangsphase gleich zu kleinen Erwachsenen werden. Sie sollten im Gleichschritt aus der Wiege in die Reife marschieren, also in den Zustand der völligen Unbeweglichkeit und Selbstkontrolle. Die Eltern haben meistens nicht sehr viel Verständnis für die Bewegungsspiele, sie können sie nicht tolerieren, und so wird der Befehl „gib doch Ruhe", „halt dich doch einmal still" oder „spiel doch weiter weg" zum täglichen Brot der Kinder.
Die Motorik des Körpers verlangt eine Reihe von perfekt koordinierten neuromuskulären Bewegungen und eine intensive Gehirntätigkeit. Je mehr sich das Kind bewegt, desto mehr kriegt es von seiner Umwelt mit, desto mehr entwickeln sich seine Gehirnzellen und seine Intelligenz. Die Bewegungsfreiheit des Kindes einzuschränken heißt, seine Neugierde, seine Erfahrungen und deshalb auch seine Intelligenz zu begrenzen. Ein Kind, das nicht viel Bewegungsfreiheit hat, entwickelt seine geistigen Fähigkeiten viel weniger als ein Kind, das in einer an Eindrücken reichen Umgebung lebt und dessen Umwelt ihm gegenüber toleranter ist. Die Unterdrückung der Bewegungsfreiheit des Kindes heißt, das Kind als solches abzulehnen. Dies geschieht intensiver und häufiger bei kleinen Mädchen, weil man um jeden Preis erreichen will, daß sie sich gemäß dem Idealmodell entwickeln sollen. Das heißt, daß bei kleinen Mädchen die Neugier

und das Bedürfnis, Erfahrungen zu machen, weniger befriedigt werden, daß sie weniger angeregt werden. Es heißt auch, daß man Mädchen weit weniger die Möglichkeit gibt, von den Anregungen um sie herum Gebrauch zu machen und dadurch auch ihre Intelligenz zu entwickeln.

Simone de Beauvoir beschreibt die Gefühle kleiner Mädchen, die daran gehinert werden, sich an schwierigen Unternehmungen zu versuchen. Auch wenn es sich bei ihrem Beispiel um Mädchen von vor mehr als 20 Jahren handelt, ist es doch noch so gültig wie heute:

Sie beneiden doppelt die Aktivitäten, über die die kleinen Jungen ihre Persönlichkeit erobern. Sie haben den spontanen Wunsch, ihre eigene Macht über die Welt zu bestätigen und sie protestieren gegen die Inferiorität, in die sie hineingesperrt werden. Sie leiden darunter, daß sie nicht auf Bäume klettern können oder auf Treppen oder auf Dächer. Adler hat festgestellt, daß die Dimensionen hoch und tief eine große Bedeutung haben, denn der Gedanke von räumlicher Höhe impliziert auch geistige Überlegenheit, wie man am Beispiel vieler Helden sehen kann. Einen Gipfel zu besteigen heißt, die Welt als übergeordnetes Objekt zu erobern. Das kleine Mädchen, dem solche Unternehmungen nicht gestattet sind, und das am Fuß eines Baumes oder einer Mauer stehen muß, sieht über sich den triumphierenden Jungen und sie fühlt sich unterlegen, körperlich und geistig. Das gleiche empfindet sie, wenn sie bei einem Wettlauf zurückbleibt oder einfach wenn sie festgehalten wird. (5)

Was verbietet den kleinen Mädchen, sich untereinander oder mit den Jungen in diesen Spielen zu messen, bei denen Kraft und körperliche Fitness eine Rolle spielen? Wenn ihr Wunsch, es zu tun, so groß wäre, würden sie es auf die Probe ankommen lassen und sich in diese Spiele stürzen, die sie so anziehen, und aus denen sie sich ausgeschlossen fühlen. Tatächlich übertragen sie ihre Konditionierung, die ihnen sagt, daß dies ein anomales Verhalten ist, auf ihre Impulse. Kinder ertragen es nicht, sich anders zu fühlen als ihre Altersgenossen, denn dieser Unterschied veranlaßt die anderen, sie als „komisch" einzuordnen, sie abzulehnen, sie zu kritisieren. Konformismus ist für Kinder notwendig, weil sie Regeln und Vorbilder brauchen, um sich absichern zu können.

Eine Kindergärtnerin aus einer Kleinstadt erzählte mir den Fall eines kleinen Mädchens von etwa fünf Jahren, die regelmäßig mehrmals täglich von ihrem Bruder angegriffen wurde, der ca. sechs Jahre alt war. Da das Mädchen groß und stämmig war und deshalb durchaus in der Lage, ihrem Bruder die Stirn zu bieten und ihn zu besiegen, schlug die Kindergärtnerin vor, sie solle ihn doch zurückhauen, aber die Kleine sagte, ihre Mutter wolle das nicht, weil „er ein Junge ist und nur Papa ihn anrühren darf". Nicht einmal die Mutter wagte es einzugreifen, sie beschränkte sich darauf, der Kleinen zu helfen, sich in ihrem Zimmer einzuschließen oder sich den Angriffen des Bruders zu entziehen. Die Kleine fand es ganz natürlich, daß das so war, denn auch ihre Mutter wurde vom Vater geschlagen und reagierte nicht. Sie hatte sich ihrer Rolle als Frau und der speziellen Frauenrolle, die in ihrer Familie üblich war, so angepaßt, daß sie nicht einmal mehr den Impuls verspürte, sich gegen die Angriffe des Bruders zu wehren.

Eine junge Frau erzählte mir, sie habe als kleines Mädchen immer mit Jungen gespielt und deren Unternehmungen als bewundernde Zuschauerin verfolgt. Die Jungen ließen sie es oft spüren, daß sie sie als Mädchen verachteten, weil sie schwach war. Sie zwickten sie in den Arm, um ihr zu zeigen, daß Mädchen nichts wert seien, weil sie keine Muskeln hätten, und sie war durch diese Auseinandersetzungen sehr gedemütigt. Bis eines Tages ein kleiner Junge sie angriff, und sie sich wie eine Furie auf ihn stürzte, ihn attackierte und kämpfte, bis sie schließlich siegte, indem sie ihn mit den Schultern auf den Boden drückte, das Ganze vor den Augen der Gruppe. Sie war unheimlich stolz, aber das dauerte nicht lange, denn sowohl der Besiegte wie auch die ganze Gruppe, anstatt sie zu bewundern, wie man hätte erwarten können, fanden nun umso mehr Möglichkeiten, sie zu demütigen, indem sie ihr sagten, sie sei ja kein Mädchen sondern ein Junge, denn Mädchen kämpfen nicht gegen Jungen. Dieses Erlebnis schockierte sie sehr und raubte ihr viel Selbstsicherheit. Von dem Moment an wußte sie nie mehr, wie sie sich in der Gruppe der anderen verhalten sollte. Sie wollte als kleines Mädchen akzeptiert werden und ließ sich darum nicht mehr auf körperliche Auseinandersetzungen ein, aber der Schlag gegen ihr Selbstbewußtsein verlangte nach Rache, und sie fand sie im Verbalen. Sie begann, die Jungen mit Sarkasmus und Beleidigungen anzugreifen. Sie fing so einen Wettbewerb an, der nichts mehr mit Spielen zu tun hatte, sondern mit intellektueller Überlegenheit, was ihr, weil sie die Intelligenteste in der Gruppe war, so gut gelang, daß sie schließlich der Kopf der Gruppe wurde. Sie erfand die Spiele, sie setzte durch, was gespielt wurde, sie dirigierte die Spiele. Sie entwickelte damals eine schwierige Beziehung zu Jungen, mit der sie bis heute nicht fertiggeworden ist.

Das lebhafte kleine Mädchen, voller Energien, kreativ, empfindet unterschwellig immer Schuldgefühle und Unbehagen, wenn es sich mit Jungen körperlich mißt. Unterschwellig weiß sie, daß sie nicht akzeptiert wird, daß sie die Erwartungen der anderen nicht erfüllt, und sie hat ständig das Modell eines kleinen Mädchens vor Augen, das sie nie sein wird. Kein Mensch freut sich drüber, wenn sie mutig, kampflustig, unabhängig ist, man möchte, daß sie demütig, konformistisch, falsch und ängstlich ist, alles andere an ihr wird getadelt.

Die Entwicklung des Mädchens kann man als permanente Frustration bezeichnen.

Es ist unerläßlich, daß sich die gesellschaftliche Persönlichkeit eines jeden Individuums so entwickelt, daß sie dem biologisch festgelegten Geschlecht entspricht; das heißt, ein Junge muß das Verhalten eines Jungen, ein Mädchen das eines Mädchens haben. Diese Typisierung versucht, die Kinder auf ihre spätere Elternrolle festzulegen. Sie entwickelt sich, obwohl sie offensichtlich im biologischen Sinn vorbestimmt ist, aus den noch nicht festgelegten Verhaltensweisen in der frühesten Kindheit. Zum Beispiel lernen die kleinen Jungen, daß sie sich nicht mit ihren Schwestern raufen sollen, sondern mit dem eigenen Geschlecht, wenn sie nicht als „Weiber" bezeichnet werden wollen. Ein Mädchen muß lernen, daß eine wohlerzogene junge Dame nicht auf Bäumen herumklettert, auch wenn die Jungen das tun. Die Jungen müssen lernen, daß ab einem gewissen Alter ein Mann nicht mehr mit Puppen spielt, auch wenn er es früher getan hat. Sie lernen, daß Tränen nicht die richtige Reaktion auf eine Konfliktsituation sind, während dies bei Mädchen gefördert wird. Mädchen müssen lernen, beim Sitzen ihre Beine zusammenzuhalten, während man bei Jungen keinen Wert auf solche Einschränkungen legt. Man könnte diese Liste beliebig fortführen, aber es genügt uns, ausgeführt zu haben, wie die Veränderungen der Verhaltensweisen, die verlangt werden, um eine geschlechtsspezifische Typisierung zu erreichen, in größerem oder geringerem Maß Frustrationen darstellen. In manchen Fällen sieht man bei Erwachsenen noch Tendenz zur Rebellion gegen das Verbot von primitivem Verhalten. (6)

Dolland scheint uns in seiner Analyse etwas zu hastig zu sein, und wir haben einige Einwände zu machen: Die Typisierung der Ge-

schlechter hat nicht die Funktion, die Kinder auf ihre zukünftige Elternrolle vorzubereiten, sondern die, kleine Mädchen auf ihre Rolle als Hausfrau und Mutter, kleine Jungen aber auf ihre Rolle als Machthaber vorzubereiten. Die Typisierung, die im biologischen Sinne schon vorbestimmt ist, bezieht sich ausschließlich auf die Fortpflanzung. Der ganze Rest ist Kultur (bis jemand den Gegenbeweis erbringen kann). Aus der kurzen Aufstellung von gesellschaftlichen Vorschriften geht eindeutig hervor, daß die Frustration, die durch die geschlechtsspezifischen Zwänge bedingt ist, für Mädchen zweifellos erheblich größer ist. Was soll das für einen Jungen für eine Frustration sein, sich nicht mit Mädchen schlagen zu dürfen, im Vergleich zu der Frustration, überhaupt keine Hand rühren zu dürfen? Wenn Frustration, wie Dollard sagt, Aggression erzeugt, müßten die sehr viel mehr frustrierten Mädchen in größerem Maß Aggressionen entwickeln. Wahrscheinlich ist es auch so, nur daß hier ein Hindernis zum anderen kommt, denn Mädchen dürfen ja wiederum ihre Aggressionen nicht zeigen und ausleben. Ihr Zustand wäre untragbar, fänden sie nicht eine andere Art, die Aggressionen zu sublimieren: Aggressionen gegen sich selbst, verbale Angriffe (Beleidigungen, Zynismus, Verklagen, Verleumdungen, Tratsch), wenn nicht gar negative körperliche Reaktionen wie sich selbst Verbote auferlegen, stereotypes Verhalten (wie zum Beispiel die rituellen Ball- und Seilspiele), angstgetriebener Perfektionismus, Widersprüchlichkeit.
Aber damit noch nicht genug: im Austausch für ihre verlorene Selbstbestimmung wird kleinen Mädchen zur Kompensation die Förderung ihres Äußeren angeboten, die sich schließlich erst recht als Einschränkung ihrer Selbstverwirklichung als Individuum erweisen: Die Überbewertung der Schönheit, die übertriebene und peinlich genaue Pflege des äußeren Erscheinungsbildes, die Ermutigung zum Narzißmus, größere Möglichkeiten, die eigenen Gefühle auszudrücken. All dies hat wenig echtes unter der Oberfläche. Insgeheim bleiben alle Mädchen machtlose Rebellinnen, die jeden Moment abwägen müssen, ob sie nun ihrem Drang nach Auflehnung nachgeben sollen oder sich der Abhängigkeit unterwerfen. Die lebhafteren Mädchen kämpfen länger und der Kampf ist für sie schmerzhafter als für die anderen, aber das Dilemma wird das ganze Leben nicht aufhören und hält die Frauen in einem ewigen Zustand der Unerfülltheit und der Erwartung.

Literatur für Kinder

Eine Gruppe von Feministinnen der Universitätsstadt Princetown, New Jersey (7), hat ein Jahr lang 15 Serien von Kinderbüchern sowie 144 Texte aus Schulbüchern für Volksschulen analysiert. Ihre Studie enthüllt, daß kleine Jungen in 881 Erzählungen die Hauptrolle spielen, Mädchen nur in 344, daß Jungen in Camps Baumhäuser bauen, Höhlen erforschen, dem Vater helfen, während die kleinen Mädchen lächeln, mit Puppen und Kätzchen spielen und Torten backen. Die Feministinnen von Princetown ziehen in einer kürzlich herausgebrachten Veröffentlichung ihre Schlüsse. Sie zeigen auf, ,,daß schon von frühester Kindheit an unsere Kinder lernen, daß Jungen dominieren, während Mädchen die Passiven sind.''
In den 144 Texten aus Volksschulbüchern sind die Mütter in der Küche, in Wirklichkeit arbeiten in Amerika 40 % aller Mütter in Fabriken und Büros.

Die Feministinnen von Princetown haben sich mit einer Gruppe von Frauen in New York zusammengeschlossen, um eine nationale Vereinigung zu schaffen zum Thema ,,sexuelle Vorurteile, die durch Kinderbücher genährt werden''. In diesen Büchern zeigt sich stets ein Schema:
die aufregenden Tätigkeiten bleiben Jungen vorbehalten; Frauen dagegen sind immer köstlich unfähige Wesen oder edle Wohltäterinnen.

Alix Schulman, eine New Yorker Autorin, beweist, daß die häufigste Figur in Kinderbüchern die typische Mutter ist, die in der Küche arbeitet. In den Fällen wo die Mutter außer Haus arbeitet, sind ihre Tätigkeiten völlig nebensächlich, unbedeutend, eben die, die schon aus Tradition für weiblich gehalten werden: Stenotypistin, Zimmermädchen, Krankenschwester, Lehrerin. Ein einziges Buch hat als Hauptperson eine Mutter, die Wissenschaftlerin ist, aber hier ist der Ehemann ein Superwissenschaftler und auch in diesem Fall wird das Gesetz des Untergeordnetseins der Frau respektiert.

Auch das Komitee der Feministinnen hat eine eigene Untersuchung über Kinderromane gemacht, eine richtige ,,Schwarze Liste'' von ,,verbotenen'' Büchern aufgestellt und sie an alle Bibliotheken, Schulen, Lehrer- und Elternverbände in den Vereinigten Staaten geschickt. Von 1 000 Büchern kamen nur 200 durch, die restlichen 800 wurden als ,,unverbesserlich vermännlicht'' oder ,,hoffnungslos sexistisch'' abgelehnt.

Diese Initiative hatte ein bemerkenswertes Echo in der darauffolgenden Versammlung des Verbandes der Schriftsteller und Herausgeber zur Folge. Einige von ihnen verteidigten sich, indem sie erklärten, mehr Bücher für Jungen zu veröffentlichen, weil Mädchen alles lesen, während Jungen keine Bücher für Mädchen lesen wollen. Die Initiative der Feministinnen hatte zur Folge, daß Verleger eine Buchserie über mehr oder weniger bekannte Frauen in Auftrag gaben, und mehr Bücher, bei denen Mädchen die Hauptrolle spielen.

In der französischen Zeitschrift „L'Ecole des parents" ist eine Untersuchung von m.J.de Lauwe „Das Kind und sein Leitbild" (8) abgedruckt worden, in der die kindlichen und erwachsenen Hauptfiguren der französischen Kinderliteratur und des französischen Kinderfilms analysiert wurden, ebenso wie „die Aufnahme und der Gebrauch dieser imaginären Personen durch die Kinder, für die sie geschaffen worden waren".

Diese idealisierten Persönlichkeiten verkörpern die Vorstellungen von Erwachsenen, der eigenen Werte und der Kultur, der die Kinder unterworfen werden. Sie bieten die Möglichkeit, der Realität zu entfliehen, indem sie die Zwänge kompensieren, die durch die Umwelt und die eigene Persönlichkeit ausgeübt werden. Da sie dem Alter des Lesers entsprechen, geben sie ihm die Möglichkeit, sich mit ihnen zu messen und zu identifizieren. Diese Persönlichkeiten wurden von den Erwachsenen mit der Absicht geschaffen, sie selbst zu vertreten und ihre eigene Konzeption von Kindheit, ihre Vorstellung davon, wie Kinder sein sollen, zu vermitteln.

Unter den analysierten Texten enthielten die für Jungen ausschließlich männliche Hauptpersonen, die für Mädchen enthalten zu 57 % männliche Hauptpersonen und 43 % weibliche. In den Büchern, die für beide Geschlechter bestimmt sind, überwiegen massiv die männlichen Hauptfiguren. Gleichzeitig werden die weiblichen Persönlichkeiten in der Familie immer weniger, die den Haupthelden durch das Buch begleiten. Väter werden häufiger, Mütter verschwinden immer mehr.

„Der schlimme Zustand der Gesellschaft in Bezug auf die Frau enthüllt sich in diesen Erzählungen. Die kleinen Mädchen finden sich einer Welt gegenübergestellt, aus der die Frauen praktisch ausgeschlossen sind. Die wenigen Frauenpersönlichkeiten, die überhaupt vorkommen, sind zweitrangig, reine Komparsen, die kein Gewicht haben, die ausschließlich für irgendwelche Dienste da sind. Auch

wenn Gruppen von Kindern vorkommen, haben sie immer eine autoritäre Struktur, und der Boß der Gruppe ist nie ein Mädchen, sondern immer ein Mann. (Hier könnte man als Anmerkung für ein positives Beispiel die „Rote Zora" nennen, die aber am Schluß auch „ein richtiges Mädchen" wird!).
Das Verhältnis Mutter-Tochter kommt selten vor, die Mutter-Sohn-Beziehung noch seltener. An der Seite der Hauptpersonen beider Geschlechter kommt meistens noch ein Onkel vor, der eine wichtige Rolle in der Geschichte spielt. Diese Summe von Fakten beweist nur die Unsicherheit über das Bild der Frau in unserer Gesellschaft, und sie kann erklären, wenigstens zum Teil, welche Schwierigkeiten kleine Mädchen haben, ihr Geschlecht zu akzeptieren und sich mit ihm zu identifizieren. Tatsächlich haben zahlreiche Untersuchungen zu diesem Thema ergeben, daß viele Mädchen lieber Jungen wären, während das Gegenteil kaum der Fall ist.
Der Zwiespalt der kleinen Mädchen im Hinblick auf ihr Geschlecht wird noch bestätigt durch die Auswahl ihrer Lieblingsfiguren: 45 % der Mädchen wählen als Lieblingsfigur, als Persönlichkeit die man bewundert, mit der man sich identifiziert, einen Jungen. Nur 15 % der Mädchen gaben als Lieblingsfigur ein Mädchen an. Als dann im Rahmen der Untersuchung die Kinder beiden Geschlechts gefragt werden, ob sie gern die eine oder andere männliche Hauptperson wären, antworten 95 % der Kinder mit ja, darunter ein Drittel der Mädchen. Die Autoren von Kinderbüchern beschränken sich darauf, die Modelle zu wiederholen, die dem Kind von seiner Familie und seiner Umwelt schon angeboten wurden. Die Kinderliteratur hat deshalb keine andere Funktion, als die bereits verinnerlichten Modelle der Kinder zu bestätigen. Die Übermittlung von kulturellen Werten wird zu einem starken Chor ohne Mißklänge.
Ein Autor von Theaterstücken für Kinder erzählte mir, er habe einmal versucht, ein Stück zu schreiben, in dem die Hauptperson ein quirliges, lebhaftes, mutiges Mädchen, ein „Boß" sein sollte, ganz gegen jede Tradition; aber er habe Schwierigkeiten gehabt, eine geeignete Sprache für sie zu finden. Der Text war schließlich widersprüchlich, wenig überzeugend, wenig repräsentativ. Für ihn heißt das, daß es besonders für einen Mann sehr schwierig ist, über den Schatten der gesellschaftlichen Realität zu springen, dem wir unterworfen sind, und neue Werte zu schaffen. In diesem Fall beschränkte er sich darauf, zu einer weiblichen Persönlichkeit das hinzuzufügen, was man als männlich bezeichnet.

Die Autoren von Kinderbüchern machen nicht nur keine Anstrengungen, neue Werte zu vermitteln, sondern sie hinken mit ihren reaktionären Vorbildern sogar oft der Wirklichkeit hinterher.

In der bereits genannten französischen Zeitschrift „L'Ecole des Parents" (9) ist eine Untersuchung von Michelle de Wilde erschienen, in der sie die typischen Frauenrollen in Frankreich und in Amerika vergleicht. In Bezug auf die Kinderliteratur berichtet die Autorin, daß es in New York seit neuestem einen Katalog für Kinderbücher gibt, aufgeteilt in zwei Kategorien: Bücher für Jungen, Bücher für Mädchen. Das Vokabular, das diese Titel durch den Katalog begleitet, ist reichhaltig und vielsagend: Kleine Jungen „entziffern und entdecken" demnach, sie lernen und bilden sich aus, sie besiegen etwas oder jemanden. Die kleinen Mädchen „kämpfen" „überwinden Schwierigkeiten", „fühlen sich verloren", „helfen etwas zu lösen". Die eine oder andere lernt, „sich mit der Wirklichkeit auseinanderzusetzen" oder „überwindet Anpassungsschwierigkeiten". Die Texte, die zum Lesen- und Schreibenlernen angeboten werden, zeigen den Kindern die typische amerikanische Familie: eine Mutter, die nicht berufstätig ist, ein Vater, der außer Haus arbeitet, zwei Kinder, von denen das Älteste stets ein Junge ist, zwei Tiere, Katzen oder Hunde, die jeweils das Geschlecht der beiden Kinder haben. In diesen Büchern bauen die Jungen immer Hütten, steigen über Zäune usw., während die kleinen Mädchen einkaufen gehen, der Mutter beim Kochen helfen, feine Damen spielen, mit Puppen spielen, ihr Zimmer saubermachen oder anderen zu Hilfe eilen, die sich in knifflige Situationen gebracht haben. Die Verschen, die die Mädchen betreffen, verdeutlichen oft ihre Unfähigkeit zum Beispiel Schlittschuhzulaufen oder Pony zu reiten. Man darf hier vielleicht darauf hinweisen, daß sehr viel kleine Mädchen sehr wohl Schlittschuhlaufen oder auf einem Pony reiten können, aber es werden immer nur diejenigen erwähnt, die es eben nicht können. Völlig im Widerspruch zur Realität, die sehr wohl Gegenbeispiele kennt, werden kleine Mädchen immer noch als unfähig und zerbrechlich geschildert. Die Erwachsenen schaffen es einfach nicht, vom Mythos des Ewig-Weiblichen herunterzukommen. Sie sind völlig blind gegenüber der Tatsache, daß sich die Situation der kleinen Mädchen glücklicherweise verändert hat, wenn auch weniger, als man sich wünschen möchte; und sie hören einfach nicht auf, kleinen Mädchen nostalgische und idealisierte Bilder von einer unwahrscheinlichen Kindheit vorzugaukeln. Dieses Phänomen ist

so allgegenwärtig, daß es schon programmiert wirkt. Die Kinderliteratur hat durch die Kristallisierung der Autoren immer weniger
die Funktion, die Normen der Gesellschaft zu durchbrechen, und
den Kindern neue Wertvorstellungen und eine reichere Auswahl an
Lesestoff zu vermitteln. Kleine Mädchen, die zum Beispiel sehr
sportlich sind, und nun in allen Büchern mit dem Bild der kleinen
Mädchen konfrontiert werden, wie sie „eigentlich zu sein haben",
nämlich zerbrechlich, unfähig, sanft, werden zwangsläufig in den
Konflikt kommen, den jeder verspürt, wenn er nicht weiß, welchem
Bild er eigentlich nun entsprechen soll.

Auch in Italien fängt man langsam an, die Texte der Schulbücher und
und Kinderbücher zu analysieren und zu kritisieren — ihre Inhalte sind ungeschichtlich, anachronistisch und in Bezug auf die Geschlechter diskriminierend, chauvinistisch. Allerdings sind bisher
nur die feministischen Gruppen sensibel auf diesem Gebiet, nur
wenige Zeitungen und Publizisten nehmen es auf, diejenigen aber,
die sich mit der kindlichen Erziehung befassen, kümmern sich
überhaupt nicht darum, wie zum Beispiel Eltern und Lehrer.

Die Tageszeitung „Il Giorno" (10) hat eine Untersuchung über die
Schulbücher in unseren Schulen veröffentlicht, auch über die Art,
wie dort die typisch männliche und die typisch weibliche Rolle dargestellt wird. Der Artikel wurde auf der Seite für die Frau gebracht,
was verhindert, daß Männer diesen Artikel lesen, und sich darüber
Gedanken machen, denn man weiß ja, daß sie es als degradierend
empfinden, die Seite für die Frau zu lesen. In dem untersuchten
Test-Buch folgt die typische Familie einem ganz bestimmten Schema: Vater, Mutter, zwei Kinder, von denen das Ältere immer ein
Junge ist. Kein Unterschied zu Amerika. Wenn alle zusammen zuhause sind, liest der Vater die Zeitung, völlig gleichgültig gegenüber
seinen Kindern und seiner Frau, die Mutter näht einsam vor sich
hin, da ihr offensichtlich Nichtstun oder Lesen nicht zugestanden
werden, der kleine Junge ist mit Bauelementen, Schrauben und
Zangen bewaffnet und baut an seiner Konstruktion herum. Und
dann das kleine Mädchen: im klassischen Blümchenkleid spielt sie
mit einer traurigen und trostlosen Puppe, die genauso aussieht wie
sie selber.

Oder die Mutter beschäftigt sich gerade mit dem Neugeborenen, in
diesem Fall auch ein Junge, während das kleine Mädchen sie bewundernd beobachtet und sich nichts sehnlicher wünscht, als sie
nachzuahmen. Es ist zu vermuten, daß dieser kleine Junge ihr sehr

bald auch anvertraut wird, nach der Schule zum Beispiel, da es sich schon so eifrig über seinen eigenen Puppenwagen beugt und der Puppe zu essen gibt und sie versorgt wie eine „kleine Mutter". Es kommt weder eine Mutter vor, die arbeitet, noch eine, die eine verdiente Ruhepause einlegt oder sich in irgendeiner Weise vergnügt. Wenn sie wirklich einmal ruhig in einem Sessel sitzt, kann man sicher sein, daß sie dabei entweder strickt oder stickt, während ihr kleines Mädchen, artig, wohlerzogen, lautlos dasitzt und ihr zuschaut, um etwas zu lernen.

Wenn die Kinder spielen, liegt der Junge sicherlich quer über dem Teppich, die Ärmel hochgekrempelt, einen Schuh hat er in eine Ecke, den anderen irgendwoanders hingeschleudert, auf dem Kopf sitzt ein verwegenes Mützchen, man sieht, er ist in seinem Element, zwischen Baukästen, einem Lastwagen, einem Ball. Das kleine Mädchen hat an diesen aufregenden Spielen keinen Anteil. Es benimmt sich immer sehr wohlerzogen, sitzt perfekt frisiert und untadelig herum, die ewige Puppe im Arm. Offensichtlich denkt es immer über seine Zukunft als Frau und Mutter nach.

Die Mutter macht alles im Haus mit einem feinen Lächeln, aus Liebe, stets fröhlich, es kostet sie offenbar überhaupt keine Mühe, obwohl sie sich immer noch in Stücke reißt, wenn der Vater schon gemütlich mit Pantoffeln und Zeitung in seinem Sessel hockt. Sie macht natürlich alles umsonst, und nicht genug, „sie macht allein, wozu man woanders viele Personen benötigt"; was vom System besonders geschätzt wird. Man hütet sich jedoch sehr davor, dies allzu offen anzuerkennen, damit sich die Frau ja nicht über ihre ungeheure Ausbeutung klar wird. Es scheint in diesen Büchern sogar ganz richtig, daß die Frau all diese kostenlose Hausarbeit macht, denn dumm wie sie ist, könnte sie ja ohnehin nichts anderes machen. Der Papa dagegen wird völlig anders geschildert: er sorgt nicht nur für den Unterhalt der Familie sondern ist auch ihr geistiger und moralischer Führer. Der Vater lehrt hohe Künste wie: sich nicht beklagen, nicht weinen, Haltung zu haben, den Schmerz verachten; das, was nur Verklemmtheit und Härte ist, wird als edle Haltung, als Stolz verkauft. Er lehrt die Kinder auch Dinge, die man später im Leben brauchen kann, aber diese Unterrichtsstunden sind den Jungen exklusiv vorbehalten. Kleine Mädchen sind davon ausgeschlossen, sie können ruhig dumm bleiben oder sich mit den mütterlichen Aufgaben zufriedengeben. Sie haben dafür die Ehre, dem Vater die Pantoffeln zu bringen oder auch die Zeitung, wenn er „müde von der Arbeit nach hause kommt."

Aus einer Untersuchung der Textbücher an italienischen Schulen, die von Marisa Bonazzi (11) durchgeführt wurde, geht ein erschreckend böses Bild des Prototyps der Familie und des Familienlebens hervor, wie es den Kinden präsentiert wird. Die Mutter ist eine demütige und unermüdliche Figur, sie ist stets unterwürfig und Vater und Kindern zu Diensten. Zusammenarbeit in der Familie gibt es überhaupt nicht. In einem Verslein wird der Vater als „Häuptling des Stamms" bezeichnet (ein Wort, das der Mama so gut gefällt). Er geht aufs Rathaus, um dort einiges zu erledigen, dann geht er zur Krankenkasse, wegen der Medizin, er zahlt die Rechnung beim Drogisten, und wenn er Nachtschicht hat (er arbeitet in einer Autofabrik) kauft er noch den ganzen Vormittag im Supermarkt ein. Angesichts soviel ungebremster Energien wirkt die Großmutter, die strickt, geradezu lächerlich. Die Mutter aber wird überhaupt nicht erwähnt. Das Interesse des Vaters richtet sich ganz auf den Jüngsten, einen Sohn natürlich: „Er schaut ihn stundenlang an, er hält ihn im Arm und drückt ihn an sich."

In einem kleinen Gedicht amüsiert man sich darüber, daß im Haus eines Bauern kein Wasser ist, so als ob das etwas poetisches wäre, wenn man das Wasser im Brunnen holen muß und wenn die Ehefrau gar nicht mehr in den Spiegel schaut, weil sie nämlich völlig abgearbeitet und todmüde ist. Ein anderer Vers singt ein Loblied auf die Hände der Mutter, die „nützlich und demütig, unermüdlich und liebevoll sind. Sie sind nützlich, weil sie so viel arbeiten, demütig, weil sie nie einen Dienst verweigern, unermüdlich, weil sie immer aktiv sind." Die Beschreibung einer perfekten Sklavin eines mittelalterlichen Bauern.

In den Schulbüchern der Volks- und Mittelschulen ist die Frau, die arbeiten geht, die Ansehen genießt und die Verantwortung trägt, völlig unbekannt. Sie wird ausschließlich als Frau-Mama beschrieben, die masochistisch ist und alles aus Liebe tut. Auf Anschnauzer und Beleidigungen antwortet sie mit einem demütigen, sanften Lächeln.

Einige klare Beispiele

Wenn man sich auf die mühselige Suche nach Kinderbüchern macht, die neue männliche oder weibliche Charaktere zu schildern versuchen, dann stürzt man sich damit in eine Unternehmung, die einen in Erstaunen versetzt. Wir wollen hier zwei neuere Beispiele dieser Art anführen. Herausgebracht wurden sie von einem Verleger, der sich auf psychologische, pädagogische und didaktische Publikationen spezialisiert hat, und von dem man sich eine bessere Auswahl von Kindertexten erwartet hätte. (12) Es lohnt sich, diese Bücher genauer zu untersuchen.

In dem ersten Buch „Meine Familie" werden zwei Kinder vorgestellt, Paolo Doni und Lucia Monti, die am Schluß heiraten und Zwillinge bekommen, Sergio und Luisa, die dann die Hauptpersonen im nächsten Buch „Ich" sind. Kindheit und Pubertät von Paolo verlaufen folgendermaßen: er spielt mit kleinen Autos, am Meer mit Eimer und Schaufel, „in der Schule hat er fleißig gelernt", dann „hat er einen Beruf erlernt" und „er trifft sich mit Freunden".

Lucia dagegen hat ihre Kindheit und die Jungmädchenzeit so verbracht: sie ißt eine Banane, spielt mit dem Papa, natürlich spielt sie auch mit der Puppe und mit Stofftieren, sie geht zur Schule, aber nicht allein natürlich, sondern „mit ihrem Bruder und einer Freundin", „sie bekommt ein kleines Schwesterchen, und „weiß schon, wie man es pflegt", es macht ihr Spaß „sich schön zu machen" (und man sieht sie auf dem Bild tatsächlich vor dem Spiegel wie sie sich intensiv schminkt), sie „macht einen Ausflug mit Freunden".

Wie treffen sich nun die beiden? „Paolo kannte viele Mädchen (einem Jungen gesteht man das auch zu) aber er dachte: am liebsten ist mir, glaube ich, Lucia." Von dem, was sie dachte, ist nicht die Rede, ihr wird offensichtlich nur das Privileg gestattet, auserwählt zu werden. Es wird auch tatsächlich nicht gesagt, „daß Lucia viele Jungen kannte", weil es vorgesehen ist, daß sie nur einen kennt und den dann auch heiratet. „Paolo und Lucia haben sich oft getroffen. Paolo hat sich gesagt: ja, ich mag Lucia am liebsten von allen. Ich liebe sie." Wir wollen mal sehen, warum er sie liebt: „Lucia lacht oft, sie ist im Haus sehr tüchtig, sie hat einen sanften Charakter." Damit es sich die Mädchen auch gut merken: sie werden nicht geliebt, wenn sie liederlich, überschwenglich, leidenschaftlich und eigenwillig sind — es reicht, wenn sie einfach leben — sie müssen nur sanfte Nullen sein. Lucia hat sich, wie wir sehen, das Problem anscheinend gar nicht gestellt: sie wurde auserwählt, und sie akzeptiert, ohne Konflikte zu haben. „Lucia hat sich gesagt: ich liebe Paolo sehr. Paolo hat einen guten Beruf, Paolo ist lieb, Paolo versteht mich." Sie hat sich auch schon eine biedere kleine Rechnung gemacht: Leidenschaft scheint in dieser Verbindung nicht viel zu zählen. Sie verloben sich, sie bereiten sich auf die Hochzeit vor. Sie heiraten, alles nach Plan und Regel. Nach der Hochzeit „geht Paolo jeden Tag arbeiten und Lucia bleibt zuhause." Hier hat der Verfasser ein passendes Sternchen gesetzt, das auf die Seite verweist, wo der Psychologe Hubbard gütigst eine Randbemerkung angebracht hat: „Man kann hier erklären, daß offensichtlich nicht viele Ehefrauen arbeiten."

Zwillinge werden geboren, Sergio und Luisa, die Hauptpersonen des Buches „Ich". Schon etwas größer geworden, schaut Luisa bei ihrer Puppe, wo die Kinder herkommen. Sergio denkt wahrscheinlich bereits, daß das Weiberkram ist. Während Papa Sergio ein Buch vorliest, zeigt die Mama Luisa, wie man Teller wäscht. So lernt der eine was und der andere bleibt unwissend!

Bei der Ankündigung, es käme bald ein Brüderchen, sehen beide Kinder ihre Welt in Gefahr: Luisa hat Angst, daß die Mama sie dann nicht mehr so lieb hat, während Sergio sich fragt, ob Papa dann noch Zeit haben wird, ihm vorzulesen. Das Brüderchen ist geboren: es ist natürlich klar, daß Luisa ihn im Arm hält, wie es auch klar ist, daß sie den Gästen bei der Taufe die Süßigkeiten und das Gebäck anbietet, während Sergio alles egal ist und er dem Hund einen Keks gibt.

Als ob diese Horrorgalerie von überholten Personen und brutalen, diskriminierenden Situationen noch nicht reichen würde, wird zu allem Überfluß noch die Tante Elena vorgestellt, die „eigentlich heiraten wollte, aber nie einen Mann gefunden hat, der ihr wirklich gefallen hätte." Da sie nun nicht verheiratet ist, schreibt man ihr nicht etwa einen freien, unabhängigen Beruf zu, sondern es wird gesagt, daß sie Lehrerin ist, ein ausgesprochen weiblicher Beruf, bei dem sie natürlich auch viel Zeit für andere hat.

Das zweite Buch „Ich" regt die Kinder zu einer Reihe von Gedanken über sich selbst an, über den eigenen Körper, über die Beziehungen zu anderen. Die Hauptpersonen Luisa und Sergio sind immer rosa und blau angezogen. „Du bist die Mutter", wird auf der zweiten Seite gesagt, „mach was zu essen" (sie ist mit schweren Tüten vom Supermarkt beladen) „versorge mich" (sie legt das Kind ins Bett) „sprich mit Papa". In der vielsagenden Zeichnung dazu sitzt der Papa mit übereinandergeschlagenen Beinen, mit Pantoffeln, Zei-

tung und Pfeife im Sessel. Er scheint die Mutter wohlwollend an-
zuschauen, die schüchtern und unsicher vor ihm steht.

„Ich bin ein Kind" ist das nächste Kapitel, und man sieht zwei
Kinder, die miteinander Ball spielen, aber in der folgenden Illustra-
tion werden schon die verschiedenen Bestimmungen angeführt,
denn das kleine Mädchen sagt: „Ich trockne ab" und der kleine
Junge, der mit Heften und Büchern am Tisch sitzt sagt: „Ich ler-
ne". Die Botschaft ist deutlich: die kleinen Mädchen arbeiten im
Haus, die Jungen studieren.

„Sergio ist ein Junge" steht auf der nächsten Seite, folglich hat er
eine Pistole in der Hand und ist von anderen Erkennungszeichen
seines Geschlechts umgeben: ein Fußball, ein Lastwagen, ein Fahr-
rad. „Wenn ich groß bin, bin ich ein Herr. Ein Herr kann auch Vater werden" und man sieht den Vater wie er Sergio eine Werkbank
mit Schreinerutensilien zeigt, Symbol seiner späteren Berufstätigkeit.

„Luisa ist ein Mädchen" wird auf der nächsten Seite festgestellt:
sie hat auch die Puppe in der Hand mit einem rosa Kleidchen, da-
neben sitzt eine andere Puppe an einem Kindertischchen, dann
steht da noch eine Waage mit Kirschen drauf, die Summe dessen,
was es heute immer noch bedeutet, ein kleines Mädchen zu sein.
„Wenn sie groß ist, wird sie eine Dame sein, eine Dame kann Kinder haben" hier sieht man sie einen Kinderwagen schieben, in
dem ein kleines Mädchen drin ist und an der Hand führt sie einen
kleinen Jungen.

Ihr zukünftiger Beruf wird nicht erwähnt. Im ganzen Buch, auch
wenn andere Kinder vorgestellt werden, sind die älteren Kinder in
einer Familie immer Jungen.

„Um zu wachsen" fährt der Text fort, „muß ich mich bewegen,
muß atmen, denken, schlafen. Ich muß auch etwas lernen." Und
tatsächlich sieht man den kleinen Jungen an einem Tisch sitzen
und sein Gehirn mit einem Bauspiel schulen. „Um zu wachsen, muß
ich im Haus helfen": hier sieht man eine Szene, wie ein kleines
Mädchen mit umgebundener Schürze das oben beschriebene illu-
striert, indem sie mit Besen und Schaufel den Schmutz aufkehrt.
Man kann daraus folgern, daß die biologische Wachstumsentwick-
lung bei Jungen und Mädchen völlig verschieden läuft: der Junge
muß das Gehirn ernähren, indem er lernt, das Mädchen dagegen
soll so ignorant wie möglich bleiben, dafür muß es putzen lernen.
„Um zu wachsen, müssen Sergio und Luisa auch spielen" fährt das

Buch fort. Und hier spielen zum Glück beide mal, aber sie mit ihrer ewigen Puppe, der Junge mit dem Lastwagen; ,,und schlafen": hier setzt sich das Rosa und Hellblau der Kleidung beim Schlafanzug bzw. Nachthemd fort, wie auch bei der Bettdecke, den Hausschuhen usw. Sergio schläft mit einem großen roten Luftballon neben sich am Bett, Luisa hat die Puppe, die scheinbar ihr einziges Spielzeug überhaupt ist, mit einem Teddybären vertauscht.

Immer noch um zu wachsen ,,brauche ich Liebe und muß ich selbst lieben". Hier ist die Botschaft subtiler. Wer muß lieben und wer läßt sich lieben? Der Junge fährt ernst und beinahe grimmig auf dem Roller davon, das Mädchen lächelt melancholisch, winkt ihm und schaut ihm nach, offensichtlich ist sie es, die liebt und zurückbleibt. Im ganzen Buch lächeln die Jungen selten genug, die Mädchen immer.

Außer dem Bedürfnis nach Liebe, muß man, um wachsen zu können, auch ,,mit den anderen sprechen", in diesem Fall sind es die Jungen, die miteinander sprechen. So ist das Bedürfnis nach Kommunikation ,,männlich", während Frauen nur plappern und quasseln! Was hätten sich ein Junge und ein Mädchen auch zu sagen, bedenkt man, daß er mit den verschiedensten Sachen liest, lernt, spielt, alleine fortgeht, sie dagegen nicht liest, nicht lernt, nur mit der Puppe spielt, zu Hause bleibt, und eigentlich nur Teller abtrocknen kann?

,,(...) schöne Sachen sehen": Hier ist die ganze Familie vor dem Kamin versammelt, der Vater sitzt da und raucht die Pfeife, die Mutter sitzt und strickt wieder einmal, offensichtlich ist es nicht vorgesehen, daß sie auch endlich einmal herumsitzt ohne was zu tun. Die Haltung der Eltern wird von den Kindern getreulich nachgemacht: der Junge liegt quer über dem Teppich in den Anblick des Feuers versunken, während das Mädchen geschäftig im Feuer stochert.

,,(...) schöne Sachen zu machen": der Junge malt, das Mädchen stickt. ,,Ich muß auf das, was ich mache stolz sein", das Mädchen bügelt die Wäsche, der Junge hackt auf dem Salat herum. Eine Aktion, die als schwierig hingestellt wird, die Kraft und Geschicklichkeit erfordert, zeigt als Beteiligte den Vater und den Sohn, sie versuchen eine Büchse zu schließen, dazu werden die Frauen offensichtlich als zu blöd eingeschätzt. Die Reihe der Botschaften schließt mit ,,manchmal bin ich zufrieden" und man sieht einen kleinen Jungen mit einer großen Torte, ,,stolz": hier sieht man das Mädchen, das auf dem Arm einen Stapel fein gefalteter Handtücher trägt. „Manchmal bin ich sauer", natürlich ist es der Junge, das Mädchen lächelt ja immer. Dafür: „manchmal habe ich Angst" für das Mädchen, nach den gesellschaftlichen Regeln hat das Mädchen eben Angst zu haben, „manchmal wundere ich mich sehr": hier sieht man den kleinen Jungen wieder vor einem Aquarium mit einem roten Fischlein. Offenbar werden Gefühle emotionaler oder intellektueller Art Mädchen nicht zugestanden.

In der Serie „Erste Abenteuer" von Mondatori in dem Buch „Erste Abenteuer in der Welt der Wörter" von A.Hol sickert der Sexismus der vorhergehenden Bücher durch, wenn auch weniger stark. Seite 32 kann man lesen: „Als wir nach Hause kamen, haben wir einige Personen in den verschiedensten Aktivitäten gesehen: Männer, die Mauern bauten, Kinder, die spielten, ein Bauer, der auf dem Feld arbeitete, eine Dame, die spazierenging. Was tun Damen sonst, als spazierengehen? Eine Arbeit für Frauen außerhalb der häuslichen vier Wände scheint es nicht zu geben. Seite 37: „Du kannst viele Dinge tun, die Tiere nicht können, du kannst dich anziehen" und man sieht einen Jungen, der das tut, „du kannst der Mama helfen" und pünktlich ist das Mädchen zur Stelle, das der Mama hilft. Aber bei „du kannst malen" ist es der Junge, der malt. Seite 48 gar: „Wörter helfen der Mutter bei ihrer Arbeit" und man sieht die Mutter in der Küche, die den Rat des Kochbuchs einholt. Aber dieselben Wörter „bringen dem Vater die neuesten Nachrichten", und hier ist er schon und liest die Zeitung, sodaß die Kinder sich's gleich hinter die Ohren schreiben: Mädchen sind halbe Analphabeten, an Literatur nur interessiert, wenn Kochrezepte dabei rausspringen, während die Männer, mit vielen Interessen ausgestattet, sich mit den Wörtern über die Welt informieren. •

In einem anderen Band, „Die Welt der Formen und Zeichen" von Thoburn und Reit, zeigt eine Seite viele Kinder — Jungen — die im Park spielen gehen, während die Mädchen in stummer Betrachtung herumstehen. Ein Junge ist auf einen Baum geklettert und ein Mädchen am Fuß des Baumes betrachtet ihn voller Bewunderung, am Fuß eines anderen Baumes sitzt ein Junge und liest, und er hat auch schon seine brave kleine Freundin, die vor ihm steht und ihm zuschaut. Ein anderer Junge kauft sich einen kleinen Ball und auch ihm folgt ein verdattertes kleines Mädchen auf Schritt und Tritt.

Im nächsten Band „Erste Abenteuer in der Welt der Gedanken" von Holl bauen zwei Jungen mit ihrem Vater ein Baumhaus, von

Mädchen keine Spur. Auf einer anderen Seite klauben die Jungen
Äpfel auf, die Mädchen pflücken nach alter Tradition Blumen.

Ein Junge träumt davon, Lokführer, Feuerwehrmann, Pirat, Astro-
naut, Cowboy, Indianer, Fußballspieler zu werden, aber ähnliche
Träume von Mädchen gibt es nicht. Es ist beabsichtigt, daß kleine Mädchen nicht von ihrer Zukunft träumen, wenn man ihnen
Träume zugesteht, dann sind es Träume von Liebe, von Mutter-
glück, von Häusern, die sie dann bewirtschaften dürfen.

Die Träume der Zukunft, die ein kleines Mädchen träumen darf,
werden in einem Büchlein geschildert, das in den Vereinigten Staaten herausgebracht wurde. (13) Wir glauben, es lohnt sich, einen Teil
des Textes hier abzudrucken, um über die klare Aussage nachzu-
denken, die er enthält:

„Pfeif Mary, pfeif", empfiehlt eine Mutter mit dem ausgestreckten
Zeigefinger, „und du bekommst eine Kuh". „Ich kann nicht pfeifen", antwortet Mary, „ich weiß nicht wie das geht." „Pfeif Mary,
pfeif und du bekommst ein Schwein". „Ich kann nicht pfeifen
Mutter, ich bin noch nicht groß genug". „Pfeif Mary, pfeif, und du
bekommst ein Schaf". „Ich kann nicht pfeifen, ich schlafe schon".
„Pfeif Mary, pfeif und du bekommst eine Forelle". „Ich kann nicht
pfeifen Mutter, ich habe einen Zahn verloren. ' „Pfeif Mary, pfeif
und du bekommst eine Ziege." „Ich kann nicht pfeifen, ich habe
Halsschmerzen." „Pfeif Mary, pfeif und du bekommst eine Torte."
„Ich kann nicht pfeifen Mutter, ich habe einen trockenen Mund".
„Pfeif Mary pfeif, dann bekommst du den Mond." „Ich kann nicht
pfeifen Mutter, ich habe kein Gehör." „Pfeif Mary, pfeif, und du
bekommst einen schönen jungen Mann." „Ja, jetzt kann ich pfeifen."

Das Ziel, auf das Mädchen, wie auch Mary, hinarbeiten sollen, ist
ja klar: nicht auf die Reize der Welt, die durch Tiere dargestellt
werden, nicht auf die Süßigkeiten, nicht auf den Mond. Sie sparen
sich ihre Energien auf für den Zeitpunkt wo es sich lohnt, nämlich
um sich einen Mann zu erobern.

Zwischen Mary die sich weigert zu pfeifen und den verschiedenen
Schneewittchens, Aschenputtels und Dornröschens ist nicht viel Unterschied. Die Methoden wechseln, und die nicht besonders gravie-
rend, aber die weiblichen Hauptfiguren sind immer dieselben passiven, hilflosen Wesen, ohne Ziele und Ideale, außer, sich einen Mann
zu jagen, „der sie ein ganzes Leben lang glücklich macht".

Wenn in der Kinderliteratur eine Frau vorkommt, die nicht völlig passiv und willenlos ist, kann man sicher sein, daß diese Figur übertrieben wird bis zur Hexe (siehe die diversen Märchen und Sagen).

Ugo d'Ascia (14) hat in Bezug auf die negativen Rollen in Märchen folgendes beobachtet: „Hinter den perfiden Matronen, Hexen, Mannweibern, von denen die Märchen voll sind, steht immer ein schwacher Mann, der der Frau die undankbarsten Aufgaben und Entscheidungen aufhalst.

Die alten Märchen

Wenn man die weiblichen Figuren aus der zeitgenössischen Kinderliteratur mit denen in den alten Märchen vergleicht, merkt man, daß kaum ein Unterschied besteht. Die alten Märchen präsentieren sanfte Frauen, die ständig mit ihrer Schönheit beschäftigt sind, ausdruckslos, passiv, unfähig und hilflos. Dagegen sind die männlichen Figuren stark, mutig, aktiv, redlich, intelligent. Heute erzählt man Kindern fast keine Märchen mehr, weil diese durch Fernsehen und besondere Kinderbücher ersetzt wurden, aber einige haben doch überlebt und alle kennen sie.

Rotkäppchen ist die Geschichte eines kleinen Mädchens am äußersten Rand der Zurechnungsfähigkeit, das von einer verantwortungslosen Mutter in einen dunklen Wald geschickt wird, der von Wölfen heimgesucht ist, nur um der kranken Großmutter Kuchen und Wein zu bringen. Bei diesen Voraussetzungen verwundert ihr Ende überhaupt nicht. Soviel Unbesonnenheit die man einem Jungen nie unterstellt hätte, ruht auf dem festen Glauben, daß im richtigen Moment, zur richtigen Stelle ein mutiger Jäger voller Scharfsinn herbeigeeilt kommt, um die Großmutter und das Enkelkind vor dem Wolf zu retten.

Auch Schneewittchen ist so ein dummes Gänschen, die gleich den ersten Apfel anbeißt, als ob sie nicht genug erlebt hätte, um niemandem mehr zu trauen. Als die sieben Zwerge einwilligen, sie zu bewirten, ordnen sich die Rollen wieder: sie gehen arbeiten, während Schneewittchen im Haus zurückbleibt und Ordnung macht, näht, putzt, kocht und auf ihre Rückkehr wartet. Sie wandert auch mit Scheuklappen durchs Leben, die einzige Qualität, die sie kennt, ist Schönheit, aber da sie ja ein Geschenk der Natur ist, für das sie nichts kann, macht ihr auch dies wenig Ehre. Sie bringt sich immer wieder in knifflige Situationen, aber um sie herauszuziehen, muß wie immer, ein Mann eingreifen, Prinz Wunderbar, der sie dann auch heiratet, ganz wie sich's gehört.

Aschenputtel ist der Prototyp der Haushaltskünstlerin, der Demut, der Geduld, der Unterwürfigkeit, des „unterentwickelten Bewußtseins". (15) Aber sie ist auch nicht viel anders als die Frauen in den neuen Volksschulbüchern und als die Frauen in den neuen Kinderbüchern. Auch sie rührt keinen Finger, um aus ihrer untragbaren Situation herauszukommen, sie steckt Demütigung und Überheblichkeit ein, hat weder Würde noch Mut. Auch sie akzeptiert ihre Rettung, die von einem Mann kommt, und es ist gar nicht sicher, ob er sie besser behandelt als sie vorher behandelt wurde. Diese Frauenideale sind überholt, obwohl in den modernen Kinderbüchern die Mutter immer noch als schwermütige, dienende Kreatur beschrieben wird, die auch noch lächelt, wenn man sie beleidigt.

Die weiblichen Figuren in Märchen gehören zwei verschiedenen Gruppen an: die guten, unschuldigen und die gemeinen, schlechten. Man hat ausgerechnet, „daß in den Märchen von Grimm 80 % der negativen Figuren weiblich sind". (16) Trotz angestrengter Suche wurde keine einzige weibliche Person gefunden, die intelligent, mutig, aktiv, edel ist. Auch die guten Feen greifen ja nicht auf ihre persönlichen Fähigkeiten und Qualitäten zurück, sondern auf eine Zauberkraft, die ihnen irgendwie gegeben wurde, und die logisch nicht zu erklären ist, so wie die Hexen eben böse sind. Die weibliche Figur, die menschlich fühlt und handelt, nach außen gerichtet ist, die eigenständig und mutig selbst entscheidet, wie sie sich verhalten will, fehlt vollständig.

Die starke emotionale Beteiligung der Kinder, die sich mit den Figuren der Märchen identifizieren, gibt diesen die Macht, Dinge zu suggerieren, was noch durch die zahlreichen dazu passenden gesellschaftlichen Botschaften verstärkt wird. Wenn es sich hier um einen längst überlebten Mythos einer früheren Kultur handeln würde, die heute nicht mehr aktuell ist, wäre ihr Einfluß unbedeutend, aber die gegenwärtige Kultur ist von den selben Werten durchsetzt, die die Mädchen verkaufen wollen, wenn auch abgeschwächt und vage.

Diese Analyse der Kinderbücher in Italien ist alles andere als komplett, man bräuchte viel mehr Platz dazu als nur ein Kapitel. Aber die wenigen hier aufgeführten Beispiele sind exemplarisch für die Gesamtsituation und beweisen, daß auch auf diesem Feld ein großer Druck auf kleine Mädchen ausgeübt wird, daß sie sich mit den herkömmlichen Beispielen von „Weiblichkeit" identifizieren.

Unsere Schlußfolgerungen können sich nur denen der Feministinnen von Princetown und den französischen Untersuchungen anschließen. Die wenigen untersuchten Texte reichen aus, um die gesamte Kinderliteratur zu verurteilen, die für einen diskriminierenden, reaktionären, frauenfeindlichen und geschichtsfälschenden Dialog in unserer Gesellschaft verantwortlich sind. Dies ist umso schwerwiegender, als die Geschichten den Kindern untergeschoben werden, ohne daß sie eine Möglichkeit der Kritik hätten. Die Verhaltensmodelle, die von diesen Büchern vorgeschlagen werden, blokkieren das Kind in einer freien Kindheit, anstatt ihm zu helfen, aufzuwachsen und seine Zukunft zu organisieren. Derartige Darstellungen der Kindheit bleiben auch auf die Erwachsenen nicht ohne Folgen — die Eltern, Lehrer, Kindergärtnerinnen usw. — die immer wieder die alten Verhaltensmodelle vor Augen gehalten kriegen, anstatt Bilder von modernen Kindern, von neuen Beziehungen zu diesen Kindern und einen neuen Platz, den sie in der Gesellschaft einnehmen könnten. In diesem Sinn hat die Literatur für Kinder völlig versagt.

4. Kapitel

Die erzieherischen Institutionen: der Kindergarten, die Volks- und Mittelschule

„Ich habe einen Pimmel um Pipi zu machen und einen Platz um Kacka zu machen. Du hast was zum Kacka machen und noch was anderes, was zu nichts gebraucht wird."

Verschen von einem sechsjährigen Jungen einem gleichaltrigen Mädchen gesungen.

Die Schule für Kinder von drei bis sechs Jahren heißt „Scuola Materna" (Mütterliche Schule, wie Kindergarten in Deutschland). Der alte Ausdruck „materna" (mütterlich) ist nicht leichtfertig aus der Mottenkiste wieder herausgeholt worden, sondern nach reichlichen Überlegungen derjenigen, die am 18. März 1968 das Gesetz Nr. 444 verabschiedet haben, das die neue staatliche Schule für Kinder im Vorschulalter eingerichtet hat. Diese Definition wurde von psychopädagogischen Untersuchungen vorgeschlagen, wobei man den Ausdruck „Kinderschule" ablehnte; sie ist ein Gemisch aus stumpfen, ungenauen, unwissenschaftlichen, rhetorischen und melodramatischen Begriffen und Vorstellungen über die Kindheit. Die falsche und klebrige Vision der Mutterschaft wird hier mit einer anderen sentimentalen und süßen Vision der Kindheit gekoppelt. Man sieht das Kind auch weiterhin als kleinen unschuldigen Idioten, immer völlig verdattert und voller Staunen über alles, was um ihn herum vorgeht. „Er ist ja klein, er versteht ja noch nichts." Ein Zuschauer eines Lebens, in dem er nicht Mittelpunkt sein darf, bis er nicht ein bestimmtes Alter erreicht hat.
Aber das Kind ist eine ernsthafte Person. Es ist ein ausgezeichneter,

unermüdlicher, beharrlicher, aufmerksamer, kluger, genauer Arbeiter. Von dem Moment an, wo das Kind auf die Welt kommt, ist es ein unersättlicher, aufmerksamer, neugieriger Forscher, es benutzt seine Sinne und sein Gehirn wie ein Wissenschaftler, und drängt wie er mit allen seinen Energien nach Wissen. Es probiert und probiert wieder, es scheitert und fängt mit unermüdlicher Geduld wieder von vorne an, immer bereit, sich zu exponieren, zu riskieren, in einer Welt von Erwachsenen, die für Erwachsene gemacht ist, und das Kind immer nur hindert, anstatt ihm zu helfen. Es ist ständig ihrem Mitleid und ihrer Barmherzigkeit ausgesetzt, wird immer nur lächerlich gemacht, entweder übervorsichtig oder gleichgültig behandelt. Es steht immer am Rande der Entmutigung und des Versagens und ist sich sicher der eigenen Ohnmacht und Schwäche bewußt. Es muß sich immer mit schwierigen Personen, Situationen und Dingen auseinandersetzen, die für das Kind unproportioniert und furchterregend wirken. Es hat den Instinkt eines Vagabunden, der sich für alles interessiert, alles erleben will und zwar sofort. Es fühlt sich stark zu seinesgleichen hingezogen, ohne jede Diplomatie und Falschheit. Von anderen Kindern wird es magisch angezogen und es nimmt Gefahren, Risiken, heftige Zurückweisung, Streit und harte Kämpfe auf sich, um mit ihnen zusammenzusein. Erschöpfende Eroberungen, die oft nur einen Moment wären. Aber es macht ihm nichts aus, es will sich immer wieder alles von neuem beweisen, es exponiert sich immer wieder, wird schlecht behandelt, geschlagen, gebissen, gekratzt, aber es hat den Mut, den man nur in diesem Alter hat und *den sowohl Jungen als auch Mädchen haben.* Kein Erwachsener würde ähnliches erdulden und machen, nur um soziale Kontakte zu haben, das Kind aber schon. Ein so unerschrockenes Wesen, das mit einer solchen Intensität lebt, hätte Selbständigkeit, Ermutigung, Wohlwollen und rückhaltlose Bewunderung verdient. Man müßte ihm alle Mittel und Materialien für seine Forschungen zur Verfügung stellen, wie man das bei erwachsenen Forschern auch tut. Man müßte ihm auch die Möglichkeit geben, sich von den affektiven Bindungen an die Familie zu lösen, um sich weiteren sozialen Beziehungen öffnen zu können. Stattdessen bleibt das Kind oft in der Gewalt der Eltern, weil sie Angst haben, sich von ihm zu trennen.
Wenn das Kind anfängt, sich von seinen familiären Bindungen, vor allem aber von der Bindung an die Mutter, zu lösen — was ohnehin ein erschöpfendes Unternehmen ist, weil sie das Kind blockiert,

entmutigt und ihm Schuldgefühle suggeriert — wird ihm eine neue Mutter gegeben, gefühlsmäßig ein bißchen weniger engagiert, aber genauso unvorbereitet wie die natürliche Mutter, sodaß sie nicht versteht, mit welch einem genialen, einmaligen, unternehmungslustigen Wesen sie es zu tun hat. Wie die Mutter ist sie die Spenderin der Liebe par excellence und ihre Art zu lieben ist die richtige, weil sie von der biologischen Bindung zum Kind diktiert ist (auch wenn sie oft zum Schaden des Kindes horrende Fehler begeht). Die Kindergärtnerinnen sollen die Aufgabe der Mutter, zu lieben, fortsetzen.

Dabei triumphiert das Prinzip der mütterlichen Liebe, die, wenn man sie genauer untersuchen würde, enthüllen könnte, wie viel Repressivität, Erpressung und Lähmung für das Kind darin liegt. Und auch wenn diese Art von Liebe in der frühen Kindheit wirklich perfekt wäre, ist es doch absurd, sie nach dem Alter von drei Jahren als Prototyp der idealen Beziehung zwischen Kindergärtnerin und Kind darzustellen. Das Kind von drei Jahren braucht Kultur und nicht klebrige affektive Bindungen.

Die einzige Person, die sich mit Kindern dieses Alters beschäftigen kann, ist offiziell die Frau. Das kommt von ihrer weiblichen Natur, die ihr schon von vornherein „natürliche" Gaben mitgegeben hat: Sanftheit, Geduld, Nachgiebigkeit, Verständnis, Ruhe und weil ihre wirkliche oder potentielle Situation als Mutter ihr schon „instinktmäßig" eingibt, wie man Kinder richtig behandelt. Aber sind wir uns da sicher, daß diese Qualitäten die Voraussetzungen schaffen, unter denen sich ein so eifriger Forscher wie ein dreijähriges Kind die Welt erobern kann? Sind wir uns sicher, daß diese „Gaben" die Entwicklung des Kindes anregen, oder sind sie nicht etwa eine Waffe, um das Kind zu bremsen, um es solange wie möglich in seiner ohnmächtigen und abhängigen Situation festzuhalten? Wer sind denn nun wirklich diese Kindergärtnerinnen, denen unsere Kinder anvertraut werden, weil es das Gesetz will; Kinder in einem Alter, das eigentlich die intensivste, nutzbringendste, fruchtbarste Zeit des Lebens ist, in der erzieherische Eingriffe die tiefsten Spuren hinterlassen.

Die Schule, die (in Italien) Kindergärtnerinnen ausbildet, ist die sogenannte „Magistrale" (eine Art Kindergärtnerinnen-Fachschule). Sie dauert drei Jahre und man kann sie nach Abschluß der Mittelschule besuchen. Der Lehrplan wird als sehr leicht eingestuft und ist auch für sehr ungebildete Leute verständlich. Tatsächlich sind die

meisten Absolventen der mittleren Reife an dieser Schule gerade
so durchgerutscht. Mit wenigen Ausnahmen werden die staatlichen
Ausbildungsstätten für Kindergärtnerinnen von der Kirche beherrscht. Viele der Absolventen der Mittleren Reife kommen von
lächerlichen Privatkursen oder Aufbauschulen, wo sie vor der
staatlichen Prüfung vielleicht drei Semester gelernt haben, und wenn
sie 21 geworden sind und sich zur Prüfung für werdende Lehrerinnen melden, haben sie oft nur Volksschulbildung. Leider ist nicht
zu erwarten, daß die fürchterlich schlechte Vorbildung der Lehrerinnen der Scuola Materne (Vorschulkindergärten) ein Phänomen
der letzten Jahre bleibt, sondern sie wird sich ganz im Gegenteil
auf die nächsten Jahre ausweiten. Denn die Abschlußschülerinnen
der letzten Jahre — diejenigen, die aus regulären Schulen kommen, aber auch die „Abenteuerinnen der Privatschulen" — sind so
zahlreich, daß sie nicht nur den Bedarf der bereits bestehenden
Vorschulen sondern auch den sämtlicher geplanter Vorschulen für
die nächsten Jahre decken könnten. Sie werden also auch in neuen
Einrichtungen anfangen zu lehren und das für die nächsten 40 Jahre, bis sie pensioniert werden, weil sie die Altersgrenze erreicht haben (60 Jahre in Italien).

Das Problem der Qualität der Lehrerinnen stellt sich in Bezug auf
das Wissen, und je älter die Schüler werden, desto problematischer
wird es, so daß es passieren kann, daß ein Schüler erst im Gymna-
sium oder an der Universität eine Lehrkraft bekommt, die geistig
höher steht und eine angemessene Ausbildung hat, was jedoch im
frühesten Alter viel notwendiger gewesen wäre, wo sich Mangel an
Bewußtsein und kritischem Verstand für Kinder viel katastropha-
ler auswirkt, als im späteren Alter.

Es ist für Frauen ein gesellschaftlicher und finanzieller Aufstieg,
wenn sie Vorschullehrerin werden, aber nur wenige der von uns Befragten gaben das zu, entweder, weil sie sich dessen nicht bewußt
sind, oder weil sie wissen, daß man für derartige Berufe keine so
gewöhnlichen Motivationen akzeptiert. Tatsächlich sind alle darauf ängstlich bedacht, zu erklären, daß es sich um eine „Berufung"
handelt. Der Ausdruck „Berufung" impliziert eine geradezu mysti-
sche Eingebung der Natur, der man sich nicht entziehen kann, einem Wunsch, der Gesellschaft zu dienen, ein praktisch nicht exi-
stierendes Interesse für die materielle Seite der ausgeübten Tätigkeit, Aufgeschlossenheit und Opferbereitschaft. Vor allem letzte-
res. (Komischerweise wird Opferbereitschaft nur im Zusammen-

hang mit Berufen genannt, die etwas mit Menschen und ihrer geistigen und körperlichen Behinderung zu tun haben: Kinder, alte Menschen, körperlich oder geistig Behinderte, Geistesgestörte usw.). Nun ist Opfergeist immer sehr verdächtig. Es ist nicht einzusehen, wieso eine völlig normale Person spontan beschließt, sich zu opfern, anstatt das Leben zu genießen, so gut es geht, und dies nicht nur in einem Moment des Lebens zu tun, sondern tagtäglich, viele Stunden am Tag, viele Jahre lang, ohne einmal Luft zu kriegen. Wenn das wahr ist, wenn also eine Lehrerin ihren Beruf mit dem wahnsinnigen Ziel, sich selbst in einem endlosen Opfergang zu zerstören und abzutöten wählt, müßte man ihr kurz und bündig erklären, daß sie für diesen Beruf nicht geeignet ist. Berufe sollen deshalb gewählt werden, weil sie uns gefallen, weil sie uns befriedigen, bereichern, Spaß machen, uns anregen, auch wenn es natürlich mal Momente gibt, in denen man einen Appell an die Opferbereitschaft machen muß. Kinder sind anziehende und liebenswerte Menschen. Sie sind körperlich schon so geschaffen, daß sie den Erwachsenen gefühlsmäßig an sich ziehen und ihn anregen, sich mit ihnen abzugeben, wie Eibl-Eibesfeldt (1) behauptet. Sie müßten den Erwachsenen weich machen, ihm gefallen, ihn amüsieren, positive Gefühle der Zuneigung, Interesse, Neugierde auslösen, ihm das Gefühl geben, daß er einer von ihnen ist, ihn anregen, daß er sich mit ihnen identifiziert. Wenn man den erzieherischen Kontakt zu Kindern „Berufung" nennen muß, kann das nur heißen, daß man Kinder nicht mag, oder nicht genug mag, oder nichts mit ihnen anfangen kann. Es ist nichts verwerfliches in der Tatsache, daß einer mit Kindern nicht klarkommt, daß sie manchen Erwachsenen auf die Nerven fallen, das ist eben eine psychologische Störung, wie es auch andere gibt, aber dann sollte man sich auch nicht beruflich mit Kindern befassen. Es gibt viele andere Berufe, bei denen man weniger Schaden anrichtet, als gerade bei Kindern. Ich würde auch außerdem sagen, daß die Bezeichnung „Berufung" die kulturelle, berufliche und menschliche Seite des Lehrberufs auf eine völlig falsche Ebene setzt. Von allen Lehrerinnen, die ich beobachtet habe, hatten die das beste Verhältnis zu den Kindern, die einfach sagten, sie lieben ihren Beruf, weil die Kinder so nett sind und die gar nicht versuchten, das ganze als eine „Mission" auszugeben. Diejenigen, die Kinder eigentlich lästig und laut finden, mußten halt ein Etikett für ihre Berufswahl finden.
Die psychologischen Motive, warum man Lehrer wird, müssen gründ-

lich untersucht werden. Oft handelt es sich um Personen, die im Kontakt mit Erwachsenen Schwierigkeiten haben, die mit ihnen keine stabilen und wichtigen Beziehungen knüpfen und halten können und nun einen einfacheren und weniger frustrierenden Ersatz suchen. Es kommt tatsächlich oft vor, daß psychisch gestörte Personen, die Schwierigkeiten im gefühlsmäßigen, gesellschaftlichen und im Arbeitsbereich haben, ganz natürlich äußern, mit Kindern arbeiten zu wollen, weil sie „das Bedürfnis haben, etwas zu geben", und sich gar nicht im Klaren sind, daß sie eigentlich einen Weg suchen, um nehmen zu können.

Während man in einer Beziehung zum Erwachsenen den anderen berücksichtigen, sich ihm anpassen, einen Pakt mit ihm schließen muß, seine Forderungen offen sagen muß und diese dann auch oft genug zurückgewiesen werden, weil sie übertrieben, verboten oder verdreht sind, kann man bei Kindern (so wie die Struktur der Beziehung Erwachsener-Kind heute ist) selbst bestimmen, was man will. Das Konzept vom Kind als abhängiges Wesen und die Einschätzung seiner Zuneigung bringt den Erwachsenen dazu, eine autoritäre Beziehung zum Kind zu schaffen, in der er ohne große Anstrengung die Macht in der Hand hat. Der Erfolg ist sicher, das Kind wird „Zuneigung" zu ihm empfinden, es hängt von ihm ab, aber den Preis, den es dafür zahlt, sagt es niemandem. Das Bedürfnis ein Machtgefühl aus der Beziehung zu Schwächeren herauszuholen, weil man es woanders nicht schafft, ist nie positiv, aber es wird gefährlich, wenn es sich dabei um Kinder handelt. Eine Lehrerin, die sich in ihren Beruf flüchtet, ob sie sich dessen bewußt ist oder nicht, ist gezwungen, ihre emotionalen Energien in die Arbeit zu stecken, weil sie kaum andere Möglichkeiten hat. Das scheint eine ideale Situation zu sein. Aber in Wirklichkeit steckt sie auch Gefühle und Engagement in ihr erzieherisches Verhältnis zu den Kindern, die damit überhaupt nichts zu tun haben, und die sie anderswo ausleben müßte. Wenn ihr das nicht gelingt, ist sie offensichtlich verschlossen und unterdrückt. Aber Verschlossenheit und Repression sind ein Ballast, den man in der Arbeit mit Kindern nicht gebrauchen kann. Eine Lehrerin dürfte nicht einzelgängerisch, am Rande der Realität leben, sondern sie müßte sich voll ausleben. Sie müßte ein Gefühl der Selbstverwirklichung haben, und sich nicht als Versager sehen, sie müßte Liebe für ihre Mitmenschen empfinden und nicht Feindseligkeit und Groll.

Die Vorschullehrerin ist für den Großteil der Kinder das erste Modell des Erwachsenen schlechthin, außer den Eltern, das sie imitieren und mit dem sie sich identifizieren. Es wäre deshalb umso nötiger, daß sie ein positives Modell ist.

Es ist nun offensichtlich klar, daß Erzieherinnen einer Vorschule von ihrer Ausbildungsstätte die Fähigkeit mitbekommen müssen, sich selbst und die eigenen Verhaltensweisen dem Erziehungsobjekt gegenüber zu verstehen. Die Ängste, die Abwehr, die Reaktion auf Frustrationen, die Bedeutung der Berufswahl, Eifersucht und Bevorzugungen, Aggressivität und manchmal auch der Sadismus müßten genau analysiert und geklärt werden, damit ihr Verhältnis zu den Kindern so klar wie möglich werden könnte, nicht mit persönlichen Problemen belastet und auch nicht mit verkümmerten Erziehungsmethoden, mit denen die Lehrerin selbst erzogen wurde und die sie nun wieder reproduzieren will.

Die pädagogische Praxis verändert sich nur minimal und sehr langsam. Nicht, weil keine neuen Techniken und Methoden erarbeitet und vorgeschlagen würden, sondern weil die Erzieher, Eltern oder Lehrer sich selbst nicht von ihrer Vergangenheit befreien können und deshalb dazu neigen, die Verhaltensweisen ihrer eigenen Erziehung zu wiederholen. Deshalb ist es auch gar nicht so wichtig, die zukünftigen Lehrer anzuleiten, wie man Kinder behandeln muß, sondern wie man sich selbst analysiert und seine erzieherische Verhaltensweise gründlich verändert, die ja grundsätzliche Verhaltensweisen gegen sich selbst und das Leben im allgemeinen sind.

Leider ist es absurd, diese Skrupel von einem Schulsystem wie dem gegenwärtigen zu erwarten und auch eine Reform der katastrophalen Kindergärtnerinnenausbildung wurde nie in Erwägung gezogen.

Warum nicht die Männer?

Es ist auch klar, daß Männer und Frauen in derselben repressiven und autoritären Art aufgewachsen sind, und deshalb in ihrer Funktion auch dieselben Werte wieder vermitteln, die sie selbst mitbekommen haben, aber es ist auch Tatsache, daß diese Art von Erziehung die Frauen mehr belastet hat.

Das männliche Geschlecht genießt mehr Freiheit und gesellschaftliche Achtung und entwickelt deshalb weniger die typischen Defekte, unter denen ein repressiv erzogener Mensch leidet. Warum sollte man also nicht auch dem Mann vorschlagen, als Erzieher zu ar-

beiten und in einer Vorschule zu arbeiten. Das Gesetz vom
18. März 1968 Nr. 444, das die staatliche Einrichtung eines Vor-
schulkindergartens beschließt, spricht nur von Inspektorinnen, Di-
rektorinnen, Lehrerinnen, und allgemeinen Assistentinnen. Auch
die Gesetzgeber, von denen man sich nicht nur einen größeren Weit-
blick, sondern auch den politischen Willen, nach den Erfahrungen
der psycho-pädagogischen Forschungen zu handeln, erwartet, sind
Opfer der Vorurteile — wie der einfache Mann auf der Straße.
Weit davon entfernt, sich gegen sie aufzulehnen, unterstützen sie sie,
teils aus Blindheit, aber zum größten Teil um die Erziehungsinsti-
tutionen so zu erhalten wie sie sind, damit sie weiterhin die erfor-
derlichen Individuen produzieren, die für diese Gesellschaft so nützlich sind.

Während man den „mütterlichen Instinkt" allen Frauen unbesehen
zuschreibt und ihnen deshalb die Erziehung der kleinen Kinder anvertraut, wird der „väterliche Instinkt" dem Vater verweigert. Das
Vorurteil begründet sich darauf, daß der Mann nicht „auf natürliche Weise" zur Vaterschaft kommt, sondern sich diese Sensibilität langsam und mühsam erarbeitet (und das auch nicht immer)
wenn er einmal ein paar Kinder gemacht hat. Sie bleiben ihm allerdings fremd und unverständlich, bis sie sich in einer ihm ähnlichen
Art ausdrücken können und ihm damit die Möglichkeit geben, ei- •
ne Kommunikation mit ihnen zu entwickeln. So wären es also erst
die größeren Kinder, die aus jedem Mann einen Vater machen.
Aufgrund seiner „starken Natur" traut man dem Mann Zärtlichkeit,
den Wunsch zu beschützen und ein allgemeines Interesse an Kindern nicht zu, sondern delegiert ihm nur die Aufgabe, für ihre materiellen Bedürfnisse zu sorgen.

Sicher ist das das Ergebnis einer Konditionierung, die genau gegensätzlich zu der der Frau läuft, und in der die Rolle der Vaterschaft
nie als besonderes Ereignis im Leben eines Mannes präsentiert
wird, sondern wie ein zweitrangiges und rein zufälliges Ereignis,
und dazu noch eine Plackerei. Kindererziehung ist deshalb eindeutig „Frauensache".

Man muß zugeben, daß es sowohl Frauen als auch Männer gibt, die
für die Rolle des Vaters oder der Mutter völlig ungeeignet sind. Wie
es auch Männer und Frauen gibt, die unfähig sind, den Lehrerbe-
ruf auf irgendeine Art und Weise auszuführen, aber es wäre falsch,
a priori Männer aus dem Erzieherberuf für die kleinsten Kinder aus-
zuschließen. Stattdessen wird nicht einmal über die Möglichkeit

nachgedacht, daß es Männer mit den besten Qualitäten, die ein Erzieher braucht, sehr wohl gibt, weil es gesellschaftliche Vorurteile gibt, die ihnen diese Fähigkeiten absprechen. Da die gesellschaftliche und kulturelle Tradition sehr viel bedeuten, hat die Bewertung eines Berufes viel Gewicht, wenn sich ein Jugendlicher für einen Beruf entscheiden will und von seiner Umgebung zurückgehalten oder angespornt wird. In diesem Fall stellt sich die Angst ein, lächerlich zu werden („Frauenarbeit"), die Angst, die eigene Männlichkeit könnte in Frage gestellt werden, das peinliche Gefühl der einzige Mann in einer homogenen Gruppe von Frauen zu sein (wenn eine Frau einen Männerberuf wählt, geht sie zwar mit skeptischer Neugier an die Sache heran, aber es hebt immerhin ihr Prestige, wenn dagegen ein Mann einen Frauenberuf wählt, verringert das sein Prestige, er läuft Gefahr, sich lächerlich zu machen oder das Mitleid anderer zu erregen), das Risiko für extravagant und „nicht normal" gehalten zu werden und für seine Wahl eine Rechtfertigung finden zu müssen und schließlich die Kompensationsmöglichkeit, die für einen Mann dabei zu gering erscheint. Es stimmt aber auch, daß jedesmal, wenn ein Beruf, der als strikt weiblich galt aus verschiedenen Gründen auch von Männern ausgeübt wurde, weil sie darin eine ansehnliche Verdienstmöglichkeit sahen — wie im Fall der Geburtshilfe — haben sie jedesmal gut vorgesorgt, daß der Beruf ein höheres gesellschaftliches Prestige gewinnt, bevor sie selbst ihn ausübten.
Was die Arbeit von Männern im Vorschulkindergarten betrifft, scheint sich eine Möglichkeit aufzutun. Psychologen und Pädagogen verfechten leidenschaftlich diese Möglichkeit und schon allein das hebt das Prestige des Erzieherberufes. Der nächste Schritt, nämlich die finanzielle Höhereinstufung wird pünktlich zur Stelle sein, wenn sich erst genug Männer für den Beruf interessieren.
Im „Giornale dei genitori" (Zeitschrift für Eltern) von März/ April 1972 wurde im Februar 1972 ein Auszug aus der Veröffentlichung eines Informationsdokuments und Erfahrungsberichtes der Vorschule von Modena abgedruckt. Zwei männliche Volksschullehrer wurden offiziell mit der Aufgabe betraut, in der Pestalozzi-Vorschule in der Via Ancona, Modena, den Nachmittagsdienst bei Kindern zwischen drei und sechs Jahren zu machen.
Die beiden wurden beauftragt, stellvertretend die letzten Proben für die Aufnahme an der Schule abzuhalten.
Zum ersten Mal haben wir Grund zu behaupten, daß der Mann in

Italien nun endlich seinen offiziellen Eintritt in die Vorschulen gehalten hat: Damit unterbricht er den jahrhundertelangen, unnatürlichen Ausschluß der Männer aus der institutionalisierten Erziehung von Kleinkindern, der sogar heute noch von vielen verteidigt wird und der mit der Sicht der Psychologie der Kinder und mit einer korrekten, erzieherischen Aufgabe nichts zu tun hat.

Die beiden Lehrer sagen übereinstimmend nach zwei Monaten ihrer neuen Aufgabe aus, daß sie dieses Experiment sehr positiv bewerten:

Wir glauben sagen zu können, daß man mit einem erweiterten Bewußtsein sich nun alle Probleme einer realistischen Einbeziehung von männlichen Lehrern in der Erziehung von Kleinkindern im Vorschulalter stellen muß, nicht indem man sie als Alternative zur weiblichen Lehrkraft stellt, sondern als Vervollständigung, die nicht nur vom Kind selbst verlangt wird, sondern im großen auch von der Gesellschaft. Man darf die männliche Anwesenheit gerade auf dem Erziehungssektor nicht vergessen, bei dem das Kind vorbereitet und zu einer größeren Reife gebracht werden soll.

Daß der Einsatz der beiden Lehrer nur nachmittags erfolgt, ist noch nicht die ideale Lösung des Problems, jedenfalls unserer Meinung nach, eigentlich müßte man ein Erzieherpaar, einen Mann und eine Frau zusammen einsetzen, die dieselben Aufgaben zu erfüllen hätten. Hier muß man allerdings sehr darauf achten, daß sich dies nicht für die Erzieher selbst und die Kinder negativ auswirkt, denn wenn sich eine Arbeitsteilung entwickeln würde, könnten die Kinder daraus wieder schließen, daß Männer die einen und Frauen die anderen Aufgaben haben, wobei die der Männer edler und die der Frauen weniger wichtig sind.

Alles was ein Kind erlebt und erfährt, hat dieselbe Bedeutung. Ob es sich nun um eine kulturelle oder kreative Sache handelt oder nur ein biologisches Phänomen wie das in-die-Hose-machen. Wir glauben, daß durch die Psychologie überzeugend nachgewiesen wurde, wie eng Geist und Körper verbunden sind, und daß das, was dem Körper geschieht, nie rein körperlich ist, so wie man auch alles, was der Psyche geschieht, nie als rein psychisch betrachten kann. Auch banale und ziemlich profane Angelegenheiten wie Essen, Verdauen und Ausscheiden haben einen Anteil an der psychischen Sphäre, sie finden beim Kind eine große emotionale Resonanz und haben einen tiefgreifenden fundamentalen Einfluß auf seine Entwicklung.

Einige der wichtigsten Episoden im Leben eines Kindes ereignen sich auf der Toilette, besonders wenn diese nicht völlig isoliert und nur dazu da ist, sie zu benützen und auf dem schnellsten Weg zu verlassen, sondern, wie es in den Kindergärten wünschenswert wäre, ein Platz, wo man bleiben kann solange man will, mit sovielen Kindern verschiedenen Geschlechts wie man will, und ohne den absurden Befehl der Kindergärtnerinnen einen bestimmten Zeitplan einzuhalten, denn jedes Kind muß zu einem anderen Zeitpunkt. Das dringende Bedürfnis, auf's Klo zu gehen, zu unterdrükken, bedeutet für jedes Kind eine körperliche Qual.

In diesen Klos, die schöner und gemütlicher sein müßten, als die in den jetzigen Kindergärten, machen die Kinder — und das müssen sie auch — ihre ersten Erfahrungen in Bezug auf den Unterschied der Geschlechter, stellen ihre ersten Fragen und sollten eigentlich ihre ersten Antworten von jemandem erhalten, der darauf vorbereitet ist. Gerade hier entscheiden und konsolidieren sich die ersten engen sozialen Bindungen, entladen sich ungeheure Emotionen, entwickeln sich intimste Gespräche zwischen Kindern. Hier entstehen kitzlige Situationen und kommen versteckte Probleme zum Vorschein und gerade hier müßte eine psychologisch geschulte Person zur Stelle sein, um bestimmte Spannungen aufzufangen, Konflikte aufzuzeigen und erklärend und helfend einzugreifen.

Wann wird man endlich einmal verstehen, daß gerade die Haltung des Erwachsenen zum ,,Produkt" des Kindes eine der tödlichsten und fürchterlichsten Waffen der sexuellen Repression in diesem Alter ist? Wann wird man sich endlich klar darüber, daß Kinder von drei Jahren oft zuhause schon unzählige repressive Eingriffe in ihre Intimsphäre hinter sich haben, deren zerstörende Wirkung gerade von einer geschulten Person, also der Kindergärtnerin verhindert oder abgeschwächt werden müßte?

In dem wünschenswerten Fall von einem Kindergärtnerpaar (männlich-weiblich) dürfte es nie vorkommen, daß irgendeine Aufgabe nur dem einen oder anderen vorbehalten ist.

Ein ständiger Austausch der Aufgaben wäre ebenso unerläßlich wie eine Anpassung an die jeweiligen Ereignisse des Tages, und ein rückhaltloses Eingehen auf die Entscheidungen und Bevorzugung der Kinder in Bezug auf eine der beiden Bezugspersonen, denn diese Bevorzugung ist oft der Ausdruck von Bedürfnissen, die das Kind nur auf diese Weise äußern kann. Wenn ein Kind weiß, daß es auch die männliche Bezugsperson bitten kann, von ihm saubergemacht und gewickelt zu werden, wird es ihn bitten, wenn es findet, daß diese Tatsache wichtig ist und seine Bedürfnisse nach der Unterhaltung emotionaler Beziehungen zu einem Mann befriedigt. Wenn die beiden Bezugspersonen dieselbe Arbeit machen, ist es auf jeden Fall zu vermeiden, daß sich automatisch eine Hierarchie entwickelt, weil die Frau bewußt oder unbewußt die weniger qualifizierte oder einfach die „weibliche" Arbeit übernimmt und dem Mann die „besseren" Aufgaben überläßt, der dies ganz natürlich erwartet und akzeptiert. Wenn die alten Regeln gebrochen werden sollen, muß es sofort getan werden. Sonst bekommen die Kinder die Bestätigung der zuhause gemachten Erfahrungen, daß jedes Geschlecht eine bestimmte Rolle hat und daß die des Mannes höher eingestuft wird und wertvoller ist, auch noch in der Schule. Man kann ja anerkennen, daß es keine besonders würdevolle Aufgabe ist, einem Kind die schmutzige Unterhose zu wechseln, wobei wir persönlich nicht dieser Ansicht sind, aber dann ist es für niemanden so, auch nicht für die weibliche Bezugsperson.

In Frankreich wurde ein ähnliches Experiment gemacht. Wir haben es aus einem Artikel der Schuldirektorin Lazarine Bergeret in der französischen Zeitschrift „L'Ecole des Parents" entnommen, in der im November 1971 unter dem Titel „Ein Mann im Kindergarten" veröffentlicht wurde. Der Artikel ist eine lebendige Zusammenfassung eines Studienaufenthalts dreier junger Sozialarbeiter in einem Kindergarten, die sich daraus eine Orientierungshilfe für ihren zukünftigen Beruf versprachen. Die drei jungen Männer blieben jeweils nacheinander zwei Monate lang im Kindergarten und wurden von den Kindern im Alter von zwei bis sechs Jahren begeistert aufgenommen. Vorher hatten die Bezugspersonen schon festgestellt (und jeder der mit kleineren Kindern in Kindergärten Kontakt hatte, kann das bestätigen) daß „bei den Kindern die Anwesenheit von Männern, die aus irgendeinem Grund im Kindergarten zu tun haben, enormes Interesse auslöst": Postboten, die Pakete bringen, Glaser, die zerbrochene Fenster auswechseln, Gärtner, die Bäume bringen, Spengler, die kaputte Wasserhähne oder Klos reparieren, Elektriker, die eine Leitung reparieren, der „Mann vom Kino" der die Filme vorführt usw. Dann wurden „der Schleifer, der Glaser, der Schuhmacher eingeladen, den Kindern ihre Arbeit vorzuführen, ebenso wie Musiker: Klavierspieler, Flötisten, Geiger u.a."

„Für die Schüler in unserem Vorschulkindergarten gehören die Männer, die kommen, immer zwei Kategorien an: sie haben einen Beruf oder sind Väter."

Im Fall der jungen Sozialarbeiter dagegen, hatten diese für sie keinen besonderen Beruf, sie kümmerten sich einfach um Kinder, was diese mit großem Erstaunen und Entzücken registrierten. Die Chronik dieses Ereignisses (2) kann besser als jeder Kommentar den guten und tiefgreifenden Einfluß schildern, den die Anwesenheit von männlichen Bezugspersonen auf die Gemeinschaft von kleinen Kindern hat.

„Allein die Anwesenheit eines Mannes in unserer Gruppe schien die Tatsache zu fördern, daß sich einige Kinder 'öffneten'. Wir mußten uns einfach vorstellen, was geschehen wäre, wenn diese jungen Männer richtig vorbereitete und ausgebildete Bezugspersonen gewesen wären. Vom ersten Tag, von der ersten Frühstückspause an bemerkten wir, daß die Kinder, die tausend Vorwände fanden um den Mann immer wieder zu bestürmen (wie Spielsachen reparieren, Reißverschlüsse zuziehen, Spieltechniken weiterentwickeln usw.), fast alle Halbwaisen ohne Vater, ohne Großväter und Onkel waren. Die Kinder, männlich wie weiblich, von Witwen, ledigen Müttern, geschiedenen Eltern oder aus Familien, in denen der Vater aus dem einen oder anderen Grund nie zuhause ist, ließen von dem Mann nicht ab. Die kleinen folgten ihm stumm überall hin, die größeren berührten ihn, zogen ihn an der Jacke und an der Hose. Sehr bald stürzten sich alle auf ihn, wenn er sich hinsetzte und kletterten auf seine Knie, zuerst mit irgendeinem Vorwand, später ohne jede Zurückhaltung. Sie schienen ein echtes Bedürfnis zu haben, eine dauerhafte Beziehung zu ihm herzustellen und sein Wohlwollen zu ergattern, oftmals wurde dabei kein Wort gewechselt. Die Ruhe des jungen Mannes, seine Klugheit bewirkten, daß sie sogar zu weinen aufhörten, wenn sie sich weh getan hatten oder untereinander stritten. Oder war das nur unsere Illusion? Haben wir es uns vielleicht nur eingebildet, daß die Größeren mit den Kleinen netter und umgänglicher geworden sind, wenn sie merkten, daß der junge Sozialarbeiter sie mahnend ansah?"

Eine völlig andere, aber ebenso überzeugende Erfahrung habe ich selbst in einer Kinderkrippe für Kinder unter zwei Jahren gemacht. Die Anwesenheit jedes beliebigen Mannes, ob das nun ein Besucher oder ein Arbeiter war, wurde mit großem Hallo gefeiert. Mädchen wie Jungen stürzten sich auf ihn, hängten sich an seine Hosenbeine und wollten auf den Arm genommen werden. Ein kleines Mädchen, das keinen Vater hatte, lief aufgeregt herum und schrie: „Ein Herr ist da, ein Herr ist da!" Als einmal der junge Verlobte einer Kindergärtnerin kam, um sie zu besuchen, waren die Kinder gerade dabei, zum Zoo zu gehen, was sie über alles liebten, aber sie wollten um keinen Preis gehen, bis nicht auch der junge Mann gegangen war.

Aufgrund ihrer mangelhaften Ausbildung, aber mehr noch ihrer eigenen psychologischen Strukturen, leben die Kindergärtnerinnen den Kindern beiden Geschlechts immer mehr die Rolle der Mutter vor, was sich behindernd und störend auswirkt und die Kinder in ihrer Entwicklung zur Selbständigkeit hemmt. Mit drei Jahren haben die Kinder die Beziehung zur Mutter satt und brauchen neue Erfahrungen. Ein Mann der immer bei ihnen ist, mit ihnen zusammen etwas macht, befriedigt das nie genug berücksichtige Bedürfnis mit dem eigenen Vater zusammenzusein, der immer weg oder mit anderen Dingen beschäftigt ist. Daß ein Mann mit ihnen spielt, ein in ihren Augen faszinierendes, angesehenes Wesen, regt sie an, erhöht ihr Selbstbewußtsein, macht sie stolz und gibt ihnen deshalb Gleichgewicht. Für kleine Mädchen ist die Anwesenheit eines pädagogisch ausgebildeten Mannes noch viel wichtiger, wenn man die enttäuschende Beziehung des kleinen Mädchens zum Vater bedenkt, die es aus der männlichen Welt völlig ausschließt und es zum tausendsten Mal wieder in seine beschränkte und frustrierte Rolle drängt. Eine männliche Bezugsperson könnte sehr stimulierend wirken und für Energien ein Ventil schaffen, die nie ausgelebt werden durften.

Frau Bergeret fährt fort:

„Aus unseren Erfahrungen gehen viele Fragen hervor. Zum Beispiel: wäre es nicht besser, sogenannte 'scuola materna' (mütterliche Schule) in eine 'scuola paterna' (väterliche) umzuwandeln (beide Ausdrücke stehen für unseren Kindergarten und Vorschulkindergarten, Anm. d. Übers.) und dabei das Hauptgewicht auf die männliche Bezugsperson zu legen? Wäre es nicht vielleicht wünschenswert, ein Gleichgewicht zwischen der Rolle der Frau und der des Mannes zu schaffen, sodaß einigen Männern die Möglichkeit offenstehen würde, in unserem Kindergarten zu arbeiten?

Die Anwesenheit der drei jungen Sozialarbeiter war nicht nur für die Kinder und die Bezugspersonen eine wichtige und nützliche Erfahrung, sondern die drei „erklärten uns auch, daß sie es als 'Glück' empfanden, an dem beruflichen Leben junger Frauen teilnehmen zu können. Sie sagten, daß sie nun unseren leidenschaftlich schönen, aber auch erschöpfenden Beruf kennengelernt hätten und abends gestanden sie, daß sie todmüde waren. Anerkennend äußerten sie sich über die Tatsache, daß sie sich über einige Probleme der Arbeit von Frauen klargeworden waren und ihr eigenes Verhalten in ihrer Familie aufgrund der neuen Erfahrungen reflektierten."

Das zeigt uns, daß — wenn man sich von Vorurteilen befreit — die positiven Konsequenzen, die sich daraus völlig unerwartet und überraschend ergeben, wie ein Ölfleck ausbreiten können. Das sollte all denjenigen eine Mahnung sein, die persönliche Verhaltensweisen analysieren und in einem neuen Licht zu sehen versuchen, auf die Ursache dieses Verhaltens zurückzugehen.

Die Zusammenfassung der Erfahrung an der Schule von Frau Bergéret sollte uns zu gründlichem Nachdenken anregen, wenn sie sagt:

„Die Kinder haben nie die Möglichkeit, die Arbeit einer Frau kennenzulernen, wenn sie sich nicht gerade mit ihnen beschäftigt, wie im Fall der Lehrerinnen, Kindergärtnerinnen, Sozialarbeiterinnen, Hausangestellten oder Verkäuferinnen. Warum habe ich selbst, die ich doch eine Frau bin, den Kindern nur männliche Arbeiter vorgestellt? War das Zufall?" Und es wird vorgeschlagen, berufstätige Frauen in den Kindergarten einzuladen, wie das bei den Arbeitern schon der Fall war.

Es war natürlich kein Zufall, daß die Direktorin, die eine offene und intelligente Frau ist, nur männliche Arbeiter einlud. Auch sie ist durch das Rollenklischee konditioniert, auch sie ist im Innersten davon überzeugt, daß Männerarbeit Arbeit schlechthin ist und daß die Frauenarbeit eine zweitrangige Funktion hat und sie kann auch nicht mehr tun, als ihre eigenen Vorurteile auf die Kinder zu übertragen. Erst wenn sie sich fragt, warum sie das tut, wenn sie ihr Verhalten reflektiert, kann sie es bewußt verändern.

Die Kinder, mit ihrer Fähigkeit, die wirkliche Essenz von Situationen zu erfassen, haben schon seit langem klargelegt, daß die wirkliche 1-a-Arbeit von der die Existenz abhängt, die Männerarbeit ist, während die Frau nicht wirklich produktiv arbeitet, jedenfalls scheint es so, sondern sich um sie kümmert. Der Vater selbst, dessen Autorität und Beziehung zu den Kindern sich auf die Heranschaffung des Geldes beschränkt, verlangt, daß seine Rolle als Ernährer und seine Arbeit für das Wohlergehen der Familie ständig in Erinnerung gerufen wird, um sein Selbstbewußtsein zu steigern.

Auch die Männer zahlen einen hohen Preis für ihre Rolle, aber sie sind nicht in der Lage, sich daraus zu befreien.

In Einklang mit dem traditionellen System der Rollenverteilung haben die Männer das volle Gewicht des Unterhalts für die Familie auf sich genommen. Sie wurden jedes emotionellen Kontakts zu ihren Kindern beraubt und werden von der Verantwortung so sehr unterdrückt, daß sie oft erhebliche physische und psychische Störungen haben. (3) Diese Realität ist für die Kinder schon so selbstverständlich, daß sie sich selten gegen das Fortgehen des Vaters wehren, der „ins Büro" muß, während sie jedoch heftig protestieren, wenn die Mutter fortgeht, weil sie überzeugt sind, daß die Arbeit zum Vater gehört. Die Arbeit der Mutter wird dagegen so gesehen, als raube sie ihr Energien für die Hausarbeit und die Zuneigung zu ihren Kindern, und sie hinterläßt deshalb bei der Frau ein akutes Schuldgefühl. Auf die Einwände eines Kindes, das zuhause gelassen wird, oder in den Kindergarten gebracht wird, reagiert die Mutter fast nie mit einem ruhigen und festen „ich muß doch arbeiten gehen", sondern mit Angst und mit dem Wunsch, die Forderung des Kindes zu erfüllen, weil sie sie für gerechtfertigt hält, denn es wird ihr ja ständig vorgehalten wie wichtig ihre Anwesenheit beim Kind für seine Entwicklung und sein seelisches Gleichgewicht ist (von der Notwendigkeit der väterlichen Anwesenheit spricht man dagegen nicht). Im Kindergarten erhalten die Kinder also eine ständige Bestätigung der sozialen Situation und der Teilung der Rollen, denn wo immer man sich um sie kümmert, sind Männer nicht vertreten. Und wie auch die Arbeit der Mutter, wird die Tätigkeit der Kindergärtnerin nicht als Arbeit aufgefaßt, sondern wie eine mehr oder weniger autoritäre, mehr oder weniger wohltuende Präsenz, auf jeden Fall aber völlig gratis. Diese Identifizierung der Kindergärtnerin oder Vorschullehrerin mit der Mutter ist für kleine Mädchen schädlich, auch weil es sie dahinführt, sich mit dieser ständig zu identifizieren. Aus der selben Situation schließen die kleinen Jungen, daß Frauen zu verachten sind, weil sie nichts Besonderes tun, außer sich um sie zu kümmern, ganz im Gegenteil zur Arbeit des Vaters, die so mysteriös und faszinierend für sie ist und deren Resultat ja das Wohlergehen der Familie, Prestige, Anerkennung innerhalb der Familie und der gesellschaftlichen Klasse ist, der sie angehören.

Die Anwesenheit von Frauen und Männern in Kindergärten und Vorschulkindergärten würde den Kindern ein reales Bild einer wir-

kungsvollen Wechselseitigkeit geben, die automatisch die Polarisie-
rung der geschlechtsspezifischen Rollen verhindern würde.
Es ist sicher, daß Kinder wenigstens bis zu sechs Jahren überzeugt
sind, daß Frauen nichts tun und die, die draußen arbeiten etwas so
Irrelevantes machen, daß es gar nicht der Mühe wert ist, darüber zu
sprechen. Einen Beweis dieser Ansicht über Frauenarbeit habe ich
aus einer Reihe von Kinderzeichnungen aus verschiedenen Kindergärten bekommen, von denen ich später noch ausführlicher berichten werde. In diesen Bildern stellten die Kinder nur Männer dar
die arbeiten, die Frauen waren alle zuhause, um Mutter zu sein.
Nur in einem einzigen von hundert Bildern sieht man eine Frau,
die zur Arbeit geht, aber wohin und was sie da macht, bleibt völlig
unklar. Die Aktivitäten der Männer dagegen sind immer ganz eindeutig beschrieben. ,,Männer machen alle gefährliche Sachen", ruft
ein kleiner Junge aus der Schule von Frau Bergéret bewundernd
aus als er einen Arbeiter beobachtet, der ein Dach repariert. Und
Frauen machen nur unbedeutende Sachen, könnte die Schlußfolgerung weiter heißen, wenn man die Vorurteile betrachtet, mit der
die weibliche und männliche Arbeit beladen ist und die den Kindern beiderlei Geschlechts immer wieder vermittelt werden. Der
Großteil der Kindergärtnerinnen ist aufgrund ihrer Ausbildung und
auch aufgrund ihrer persönlichen Qualitäten am wenigsten dazu geeignet, nicht nur unseren Kindern eine neue Realität aufzuzeigen,
sondern ihnen auch eine neue Selbstverwirklichung, die von den
überlebten Wertvorstellungen abweicht, vorzuschlagen. Sie sind
selbst konservativ erzogen und stolz darauf. Sie sind sich nicht über
sich selbst und die Probleme, mit denen sie umgeben sind im Klaren, genausowenig wie sie sich bewußt sind, was es heißt, mit Kindern zu arbeiten und welche Möglichkeiten sie hätten, aus ihnen
denkende kreative Individuen zu machen. Sie sind weder politisch
noch sozial engagiert, emotionell und sexuell frustriert und unterdrückt, die Arbeit macht ihnen oft keinen Spaß und sie sehen darin
keine Perspektiven und keine Bedeutung. Sie sind leblos und abge-
schlafft, isoliert in einem Ghetto von Frauen, wo nie ein frischer
Wind hineinweht. Sie sind vergessen von denjenigen, die sich um
die Kindergärten, die Schulen und ihre Reform kümmern müßten,
eingeschlossen in ihr farbloses Kindergärtnerinnendasein und verbringen ihre öden Vormittage ausschließlich damit, sich darum zu
kümmern, daß die Kinder möglichst unbeweglich und ruhig bleiben.
Ihre Reaktion auf den Vorschlag, Männer in die Kindergarten- und

Vorschularbeit einzubeziehen, ist Schock und Empörung. Hier ein paar Beispiele ihrer Antworten:

„Das ist keine Arbeit für Männer. Mit Kindern braucht man Geduld und die haben sie nicht" (sagt eine Kindergärtnerin, die ihre Geduld mindestens zehnmal verloren hat und die sogar zugibt, daß in ihrer Familie der Vater viel mehr Geduld mit den Kindern hatte, als die Mutter).

„Das ist ein Frauenberuf, die Männer haben ja eine reichhaltige Auswahl von Männerberufen."

„Frauen haben von Natur aus ganz andere Fähigkeiten, sie sind für Kindererziehung gemacht."

„Die Kinder würden niemals einen Mann als Kindergärtner akzeptieren" (und wer hat sie jemals gefragt?).

„Warum sollten wir uns auch noch diesen Beruf von den Männern wegnehmen lassen?"

„Männer sind autoritärer, sie würden den kleinen Kindern ja Angst machen, Frauen sind viel sanfter, wie ihre Mütter."

Die Kindergärtnerinnen, die diskriminieren

Wie spielt sich diese Beziehung zwischen den Kindergärtnerinnen und den Kindern ab? Verhalten sie sich zu Jungen und Mädchen gleich oder nicht? Und wenn sie Unterschiede machen, sind sie sich dessen bewußt? Was erwarten sie sich von den einen und den anderen? Wie reagieren Mädchen und Jungen auf die Ansprüche der Kindergärtnerinnen?

Was die Beziehung zwischen Kindergärtnerinnen und Kindern betrifft, so ist zu sagen, daß erstere sich weit von den staatlichen Richtlinien für Kindergarten- und Vorschulerziehung entfernt haben.

Die Beobachtung von Kindergärtnerinnen bei der Arbeit erschreckt. Es gibt nicht mal einen Unterschied zwischen Jungen und Alten, die in ein paar Monaten pensioniert werden oder auch den Assistentinnen, die gerade eine Anlernzeit absolvieren.

Eine ältere Kindergärtnerin beobachtet ein kleines Mädchen das am Daumen lutscht; die Kleine fährt trotz der Beobachtung unbekümmert fort, worauf die Bezugsperson zu ihr sagt, wenn du nicht zu lutschen aufhörst, fällt dir eines Tages der Daumen ab. Zu einem kleinen Jungen von dem sie glaubt, daß er lügt sagt sie: „Als

Pinocchio log, wuchs ihm eine sooo lange Nase. Wenn kleine Kinder lügen, kriegen sie einen schwarzen Fleck auf der Stirn." Der Kleine ist ganz besorgt und berührt mit der Hand automatisch die Stirn. Sie wendet sich an die aufmerksam lauschende Klasse und sagt: „Kinder, seht ihr den schwarzen Fleck auf seiner Stirn?" Alle Kinder schauen angestrengt, die Spannung ist unerträglich. Der kleine Junge ist den Tränen nahe, bleibt aber standhaft. „Ich weiß, daß ihr den Fleck nicht sehen könnt, Kinder" sagt sie dann, „weil ihr eben Kinder seid, aber die Lehrerin sieht ihn, sie sieht alles." Sie ist von ihrer pädagogischen Spitzfindigkeit befriedigt und schickt den kleinen Jungen wieder an seinen Platz.

Eine andere Bezugsperson hält einem kleinen Mädchen in meiner Gegenwart alle Ungezogenheiten vor, die sie begangen hat und dann sagt sie zu mir, so laut, daß sie sicher sein kann, daß die Kleine es auch hört: „Wissen sie, daß Lisetta kürzlich zu ihrer Mutter blöde Kuh gesagt hat? Lisetta ist ein sehr ungezogenes kleines Mädchen, sie hat eine sehr lange Zunge und wenn sie so weitermacht, wird ihr die Zunge eines Tages aus dem Mund fallen und dann kann sie gar nichts mehr sagen." Lisetta verkrumpelt unterdessen nervös ihre Rüschchen an der Schürze und wippt aufgeregt von den Fersen zu den Fußspitzen. Ein größeres Mädchen schlingt seinen Arm um ihre Schulter und will sie wegführen, aber die Kindergärtnerin interveniert ungerührt: „Laß' sie nur, sie muß hierbleiben und über ihre Ungezogenheit nachdenken!"

Eine andere Bezugsperson — sie ist noch in der Anlernzeit — an die ich mich wende, ist eine Laienschwester. Sie ist sehr aktiv und lebhaft und bemüht sich, den Kindern immer neue Aktivitäten anzubieten, aber man kann nicht übersehen, daß in dieser Perfektion eine erschreckende Disziplin steckt, die keinen Raum für Freiheit und Spontaneität läßt. Eben diese Anpassung an ein Idealmodell von Kindergärtnerin vermittelt einem die Mühe, die es sie gekostet haben muß, sich selbst so weit zu unterdrücken, um nach außen ein solches Modell darstellen zu können. Es ist eine Sache, eine bestimmte Art zu haben und eine andere, sich zu zwingen, so zu sein. Auf jeden Fall ist ihre Art, nichts erzwingen zu wollen und gleichzeitig doch etwas zu erzwingen, sicherlich ein subtileres Machtinstrument, gefährlicher und auch repressiver als andere autoritäre Methoden, weil sie freie aggressive Reaktionen der Kinder nicht duldet, sondern Unfähigkeit zur Auflehnung und Schuldgefühle herausfordert.

Man könnte die Beispiele endlos fortsetzen. Sie haben fast alle die Definition von „gut" und „böse" gemeinsam. Giulietta ist brav, weil sie unbeweglich dasitzt, Maurizio ist böse, weil er ständig herumrennt und den anderen auf die Nerven fällt. Kleine Mädchen sind brav, weil sie immer zwei und zwei gehen, die Buben sind böse, weil sie ständig die Reihe durcheinander bringen, sich stoßen und knuffen usw. Die Bewertung der Bezugsperson richtet sich nie nach der Sache, die die Kinder machen, sondern nach den Kindern selbst. Also nicht „das hast du gut gemacht, das ist dir gut gelungen" sondern „du warst brav oder nicht brav."

Auf die direkten Fragen nach dem Unterschied zwischen Mädchen und Jungen, antworten die Bezugspersonen einhellig, daß diese Unterschiede existieren, daß sie sehr ausgeprägt sind und alle wiederholen immer dieselben Sachen. Die Jungen sind lebhafter, unordentlicher, aggressiver, streitsüchtiger, weniger diszipliniert und folgsam, sie lügen mehr, sie passen sich weniger an, sie schreiben schlechter und langsamer, sind chaotischer, schmutziger, weniger intelligent. Dafür sind sie selbständiger, haben mehr Bedürfnis nach Zärtlichkeit, Hilfe und Anerkennung, sind selbstsicherer, zu den Geschlechtsgenossen solidarischer, haben mehr Sinn für Freundschaft, verklagen nicht, sind nicht empfindlich und weinen weniger. Mädchen sind sanfter, unterwürfiger, abhängiger, nach dem Urteil der Bezugspersonen sind sie charakterlich schwächer, verklagen viel, sind mit ihren Geschlechtsgenossinnen weniger solidarisch, weniger lustig. Dafür sind sie intelligenter, methodischer, passen sich leichter an, sind ordentlicher, sauberer, folgsamer, hilfsbereiter, stabiler, genauer, disziplinierter.

Die schnelle Bereitschaft, mit der man die Fähigkeiten und Fehler von Jungen und Mädchen aufzählt, zeigt die Gewohnheit, Kinder nach Geschlecht zu klassifizieren und auf einer tiefergehenden Ebene, sie zu diskriminieren. Die korrekte Art, Kinder zu unterscheiden, wenn man frei wäre oder versuchen würde, sich von Vorurteilen zu befreien, wäre die, sie innerhalb der Gruppe als aggressivere, ordentlichere, abhängigere Kinder einzustufen, weil es Mädchen gibt, die zum Beispiel aggressiver sind, als manche Jungen und umgekehrt Jungen, die zum Beispiel ordentlicher sind als manche Mädchen. Aber diese werden aufgrund der Konditionierung der Kinder in bestimmte Rollentypen zu Ausnahmen, Abweichungen von der Norm. Der tiefe und auffallende Unterschied zwischen Jungen und Mädchen, der sich schon in diesem Alter zeigt, läßt darauf

schließen, daß es sich um ein „natürliches Phänomen" handelt, um
Verhaltensweisen, die von biologischen Unterschieden diktiert
sind. Möglicherweise sind einige von ihnen biologisch bedingt,
aber das können wir erst dann feststellen, wenn die anerzogenen
geschlechtsspezifischen Verhaltensnormen verschwunden sind. Auf
die Frage an die Bezugspersonen, von welchen Umständen ihrer
Meinung nach die Unterschiede zwischen Mädchen und Jungen ab-
hängen, antworten sie, daß es sich um „angeborene, natürliche, ver-
erbte" Eigenschaften handle. Sie verraten dabei nur ihre eigene
Verwirrung der Ideen und mangelnde Reflektion über dieses Thema, wenn sie Überlegungen wie die folgenden anstellen: „Vielleicht
werden in hundert Jahren Männer und Frauen alle gleich sein, weil
die Erziehung von Jungen und Mädchen immer ähnlicher wird."
Oder wenn sie gleichzeitig von der Konditionierung durch die familiäre Erziehung und von angeborenem Verhalten reden, geben sie
einerseits zu, daß die Eltern an Jungen und Mädchen verschiedene
Erwartungen stellen, dann sagen sie aber, daß Mädchen von Natur
aus zur Heirat drängen — mehr als die Jungen. Es fällt ihnen auf,
daß in den Gruppen die Jungen lieber bei den anderen Jungen sind
und die Mädchen bei den Mädchen, und sie sehen es als spontane,
natürliche Handlungsweise. Bezugspersonen dagegen, die in anderen Kindergärten in Stadtvierteln mit einem anderen sozialen Um-
feld gearbeitet haben bekennen, daß dieses Phänomen in Kleinstädten und auf dem Land viel gravierender ist, weil die Erwartungen
an die verschiedenen Geschlechter drängender und rigider sind. Sie
machen halt nichts anderes, als ein Phänomen aufzudecken das sich
ohnehin schon in seiner vollen Entfaltung zeigt, aber das führen
sie nicht auf erzieherische Eingriffe zurück und sie sehen auch nicht
die Möglichkeiten, diese zu verändern, auch nicht teilweise, sie versuchen es erst gar nicht, obwohl sie doch die Möglichkeit hätten,
diese Diskriminierung abzubauen.
In offenem Widerspruch sprechen sie gleichzeitig von der „männlichen und der weiblichen Natur" und von familiären Erziehungsmethoden, die Jungen und Mädchen verschieden behandeln, aber die
Eigenverantwortlichkeit lehnen sie ab indem sie erklären: „Ich be-
handle sie alle gleich." Sie zeigen nicht den blassesten Schimmer
von einem Versuch, etwas zu verändern. Für sie geht alles in Ordnung so wie es ist. Sie haben andere Aufgaben, wie zum Beispiel die
Disziplin aufrechtzuerhalten, die Kinder auf die Schule „vorzubereiten" mit dem einzigen Ziel, die Kinder nicht müßig herumsitzen

zu lassen. Über didaktische und methodische Probleme denken sie nur nach wenn es darum geht, brilliantere Ergebnisse bei den Kindern zu erzielen, aber sie haben keine Ahnung davon, wie die Kinder wirklich sind und wie sie sein könnten. Sie sind in jeder Hinsicht konservativ und haben die Tendenz, erzieherische Modelle, Beziehungen, Werte und Hierarchiebegriffe so weiterzugeben, wie sie es selbst gelernt haben, ohne Abänderungen oder nur mit kleinen Variationen, die allerdings die Substanz nicht angreifen.

In den besseren Fällen haben sie moderne didaktische Methoden, versuchen sie, weniger autoritär zu sein und demokratischere Beziehungen zu und unter den Kindern anzuregen, aber bei allem was sie tun, wird das erzieherische Gesamtmodell nicht im geringsten in Frage gestellt, gibt es nicht den leisesten Hauch von Revolutionierung der Kindererziehung. Sie sind die Töchter einer patriarchalischen Gesellschaft, aber sie sind ausgerechnet die, die sich am wenigsten auflehnen, die die Ideologie voll akzeptiert haben, die mitleidig lächeln, wenn man ihnen mit Emanzipation der Frau kommt, denn für sie sind die Beziehungen zwischen Mann und Frau völlig in Ordnung und nur der Gedanke an eine Veränderung erschreckt sie schon. Sie sind verschüchterte Kreaturen, die sich einen Beruf ausgewählt haben, der sie von allem fernhält, was im Leben an Traumatischem so passieren kann (aber auch an Anregendem und Aufregendem).

Gerade im Kindergarten beginnt das Ballspiel zwischen Familie und Lehrerin bzw. Bezugsperson, die sich wechselweise die erzieherische Verantwortung zuschanzen: aber in diesem Austausch von berechtigten oder irrealen Schuldbezichtigungen kommt das Ersticken von Energien, Kreativität und Vitalität der Mädchen bzw. das Stimulieren der Angriffslust und der Konkurrenzmechanismen bei Jungen nicht vor. Welcher Art sind diese Probleme? Waren Männer und Frauen immer völlig unterschiedlich? Sie sind es nicht plötzlich als Erwachsene, sondern schon als kleine Kinder. Und hier geht es von neuem los: ist es naturgegeben, daß sie, um gut miteinander auszukommen, nicht gleich sein dürfen? Wenn sie gleich sind, besteht die Gefahr, daß sie sich nicht mehr mögen. Sie sind ja auch körperlich verschieden, warum sollten sie es psychisch nicht sein? Dann akzeptieren sie, ohne die Widersprüche aufzudecken, jede Art geschlechtsspezifischer Einschränkungen, denen kleine Mädchen unterworfen sind, denn „das hilft ihnen, wenn sie mal selbst eine Familie haben" oder „so sind sie glüc

licher" oder „sie sind schwächer und brauchen mehr Schutz" und
„die Gefahren für kleine Mädchen sind größer als für Jungen"
(welche Gefahren?).
Was einen tatsächlich sofort in Erstaunen versetzt wenn man in eine Vorschule kommt ist, daß die Kinder nach Geschlechtern getrennt an den Tischen sitzen. Sie können sich frei bewegen und
den Platz wechseln, sodaß diese Sitzordnung völlig spontan wirkt.
Auf die Frage, ob sie in irgendeiner Weise suggeriert wurde, antworten die befragten Bezugspersonen eben, daß diese Entscheidung von den Kindern völlig spontan gefällt wurde, daß sie selbst
es begrüßen würden, daß Jungen und Mädchen sich mischen und
miteinander spielen, weil so die Jungen weniger chaotisch und die
Mädchen weniger weinerlich werden könnten. Aber in irgendeiner
Weise suggerieren die Bezugspersonen, daß es nicht gut ist, wenn
sie allzugut zusammenspielen, was nichts anderes ist, als die Angst
und Ablehnung der sexuellen Spiele, die sich daraus ergeben könnten.
Das Ziel der Trennung der Geschlechter wird durch verschiedene
Eingriffe erreicht, der erste ist sicherlich, daß man sie schon als
zwei verschiedene Gruppen sieht, und sie oft im Wettbewerb gegeneinanderstellt und dabei die Betonung auf die unterschiedlichen
Verhaltensweisen stellt: „Heute waren die Buben braver als die Mädchen", „schaut mal wie die Mädchen schön Ordnung gemacht haben", „müßt ihr immer so ein Durcheinander machen, schaut doch
mal wie folgsam die Mädchen sind" usw. Es wird auch versucht,
die Kinder nicht nur in Gruppen ihres Geschlechts zu stecken, sondern sie auch gegeneinander aufzustacheln und ein gegenseitiges
Mißtrauen zu erzeugen, als ob sie Feinde wären und deshalb unfähig, miteinander auszukommen und sich zu verstehen. „Spiel doch
nicht mit den Jungen, du weißt, daß sie dir nur weh tun", „komm
nachher ja nicht und beklag dich, daß sie dich stoßen und zwikken, du weißt ja wie Jungen sind." Die Jungen die dagegen mit
Mädchen spielen wollen, werden noch wirkungsvoller entmutigt,
indem man die Waffe der Lächerlichkeit anwendet. Man gibt ihnen
zu verstehen, daß die Spiele der Mädchen degradierend für einen
Jungen sind, daß Mädchen unterlegene, minderwertige Wesen und
deshalb zu verachten sind. Die Mädchen werden davon natürlich
subtil auch überzeugt. An diesem Punkt ist die Trennung schon vollzogen und nicht wieder gutzumachen. Nur wenige wagen es, die
auferrichteten Barrieren zu durchbrechen, und nicht nur die Kritik

der Erwachsenen trifft sie, sondern auch die der Spielgefährten, die diese Trennung als Naturgesetz anerkannt haben und sich nun auch dafür einsetzen, daß sie von ihnen selbst und auch von den anderen eingehalten wird.

Zwischen den beiden Gruppen gibt es laut Beobachtungen bemerkenswerte Verhaltensunterschiede. Die Gruppen von kleinen Jungen sind eindeutig turbulenter, lauter, wie von ständiger Unruhe durchsetzt, mit der sie sich in die verschiedensten Aktivitäten stürzen. Die Mädchen sind ruhiger, leiser, aber oft sind sie auch einfach geistesabwesend, sie schauen lieber zu, als selbst etwas zu machen. Typisch ist die Reaktion auf meine Anwesenheit in der Klasse. Die Bezugspersonen haben mich als ,,eine Dame, die einige Tage bei uns bleibt" vorgestellt. Während die Jungen mir nur kurze Aufmerksamkeit schenkten, ohne etwas zu fragen, mich zu beobachten usw. und dann gleich wieder in ihre Spiele versunken waren, ging bei den kleinen Mädchen ein Wispern und Flüstern los, eine aufgeregte Neugier, die nur mühsam zurückgehalten wurde, eindringliche Blicke trafen mich und wandten sich schnell ab, wenn sie meinem begegneten, es wurden Bemerkungen und Spekulationen angestellt über meine Kleidung, mein Aussehen und das, was ich hier wohl mache. Die klassische Situation der Frau, die aus dem Fenster lugt. Einige hörten sogar mit dem Spiel auf, das sie gerade machten und stützten das Kinn auf die Handfläche um mich zu betrachten, andere wanderten ziellos im Raum herum um mir schließlich immer näher zu kommen, und mich von nahem zu betrachten, aber auch um meine Aufmerksamkeit zu erregen. In diesem Fall war der Unterschied zwischen Jungen und Mädchen der, daß sich erstere in keiner Weise darum kümmerten, ob sie mir gefallen oder ob ich auf sie aufmerksam werde, während die Mädchen dazu getrieben wurden, alles was sie gerade taten liegen und stehen zu lassen (außer einigen Ausnahmen, die sich später eben als ,,anders", also entschieden weniger ,,weiblich" herausstellten, die intelligenter und autonomer waren), um meine Aufmerksamkeit und Anerkennung zu gewinnen. Sie versuchten, mir zu gefallen und von mir eine Selbstbestätigung zu bekommen. Ihr Verhalten ging konform mit der Frage: ,,Welche Wirkung habe ich? "

Bei den Kindern der Vorschulen in der Peripherie sind die geschlechtsspezifischen Verhaltensweisen noch viel stärker ausgeprägt als in der Stadt, die Jungen drohen zum Beispiel den Mädchen, machen Armbewegungen, die die Mädchen einschüchtern sollen, die

Mädchen dagegen wackeln beim Gehen mit den Hüften, schütteln ihre Haare, legen die Hände auf die Hüften und verbringen Stunden damit, sich gegenseitig zu frisieren und in komplizenhafter Weise miteinander selbstgefällig über Kleidung, schönen Schmuck usw. zu reden, woraus sie offensichtlich ein narzistisches Vergnügen ziehen. Sie haben längst gelernt, ihre Energien nicht an die Außenwelt zu verschwenden, sondern sie auf ihr Äußeres und auf ihre eigene Person zu konzentrieren, wie sie ja auch längst gelernt haben, daß das äußere Erscheinungsbild, die Schönheit für Mädchen wichtig ist. Auch ihr Interesse an Personen ist ja nicht eine wirkliche Neugier, sondern von dem Wunsch durchsetzt, neue Anregung zur Nachahmung zu finden und ihr Auftreten zu testen. Auf jeden Fall ist es eine Demonstration von Unsicherheit derjenigen, die ständige Bestätigung brauchen. Eben weil kleinen Mädchen weniger Selbständigkeit zugestanden wird, weil sie als Mädchen weniger wichtig genommen werden, weil sie sich weniger selbst verwirklichen können, haben sie ständig das Bedürfnis, sich über die Umwelt zu bestätigen, um zu überprüfen, ob sie den Erwartungen genügen, die an sie gestellt werden oder nicht.

Die Trennung nach Geschlechtern: Mädchen im Dienst der Jungen

In den Kindergärten und Vorschulen gibt es traditionell vor der Frühstückspause das gemeinsame zur Toilette gehen. Alle Kinder werden hingeführt, ob sie nun müssen oder nicht. Das ganze fängt mit dem Ruf der Bezugsperson an: „Kinder, wir gehen jetzt zur Toilette, alles zwei und zwei aufstellen, Mädchen und Jungen getrennt", und die Kinder sammeln sich im Saal in der gewünschten Weise. Der Zug bewegt sich auf den Flur hinaus und dann bleiben sie stehen und immer zwei Mädchen und zwei Jungen werden zur Toilette geschickt bis die Schlange der Mädchen bzw. die der Jungen zuende ist. Die Rückkehr in den Saal erfolgt in derselben Weise. Mädchen zuerst, dann die Jungen. Nach dem Klo kommt die Frühstückspause, dann gehen alle hinaus in den Garten zum Spielen. Wieder werden alle Kinder zwei und zwei nach Geschlechtern getrennt aufgestellt. Draußen löst sich der Zug auf und alle spielen, meistens wieder die Mädchen mit Mädchen, Jungen mit Jungen. Wenn man Kinder monate- oder jahrelang künstlich in dieser Weise trennt, dann ist es für sie unmöglich, sich nicht in irgendeiner Weise katalogisiert zu fühlen, denn es geschieht ja täglich, wie ein eisernes Gesetz dem man sich nicht entziehen kann, dazu kommt noch, daß diese Trennung subtil oder offen in hunderten von kleinen Ereignissen suggeriert wird.

Nach dem Alter von drei Jahren fangen die Kinder wirklich an, sich bei Geschlechtsgenossen wohler zu fühlen, weil sie so verschieden erzogen wurden, daß sie wirklich schon verschieden sind und keine befriedigende Art und Weise mehr finden, zusammenzusein. Sie beklagen gegenseitig ihre jeweiligen Fehler und finden sich gegenseitig unausstehlich. Erst nach der Pubertät kommen sie wieder zusammen, weil der Geschlechtstrieb den einen in die Arme des anderen treibt, aber das wird auch das einzige Element sein, das sie vereint, denn aus tausend anderen Gründen fühlen sie sich einander fremd und verstehen sich nicht.

Das Bedürfnis, die Menschen in irgendeiner Weise zu klassifizieren folgt immer dem Gesetz des geringsten Widerstandes und der größten Möglichkeiten der Trennung (Geschlecht, Rasse, Alter, Religion usw.), was schon seit tausenden von Jahren verankert ist. Die wichtigste und fundamentalste Trennung ist die nach Geschlechtern: es ist eine Form des Rassismus die sich so hinter Natürlichkeit verschanzt, daß kein Zweifel an der Richtigkeit und Korrektheit dieser Trennung aufkommt. Weit davon entfernt, ein natürliches Phänomen zu sein, ist es vielmehr eine kulturelle Konditionierung, die unbedingt zur Erhaltung gewisser anerkannter Privilegien derjenigen notwendig ist, die diese Privilegien eingeführt und verankert haben, also der Männer — natürlich mit dem Einverständnis und der passiven Anerkennung der Frauen.

Stellen wir uns einmal vor, eine Gesellschaftsform hätte als Klassifizierung der Persönlichkeit der Menschen statt dem Geschlecht oder der Rasse die Farbe der Augen gesetzt, und stellen wir uns vor, diese Gesellschaft hätte es so bestimmt, daß alle Menschen mit blauen Augen lieb, untergeordnet, sensibel auf die Bedürfnisse ihrer Nächsten sind, und alle Leute mit braunen Augen dagegen dominierend, arrogant, egozentrisch. Die einzelnen Menschen müßten eine gewaltsame Änderung ihres Temperaments und ihrer Entwicklung erleiden, die nur durch ein zufälliges Element wie die Augenfarbe ausgelöst würde. Leute mit blauen Augen wären gezwungen, immer nachgiebig zu sein und sie würden als Außenseiter abgestempelt werden, wenn sie sich Schritte erlauben würden, die nur Leuten mit braunen Augen zustehen. Aber selbst in dieser Gesellschaft würde keine solche gesellschaftliche Diskriminierung stattfinden wie in einer, die nach Geschlechtern trennt und klassifiziert. Die menschlichen Beziehungen würden hier nicht so verkrüppelt werden, vor allem nicht die zwischen den Geschlechtern.

Aber eine solche Alternative — indem man das Geschlecht durch die Augenfarbe austauscht und danach die Kinder unterschiedlich in Gruppen erzieht — wäre nichts anderes als eine Parodie aller Versuche der menschlichen Gesellschaft durch ihre ganze Geschichte, den Wert des Einzelnen nach Geschlecht, Farbe, Geburtsdatum oder Kopfform zu bestimmen. (4)

Wie wir schon gesagt haben, muß die Konditionierung der Frauen in Bezug auf ihre Dienste den Männern gegenüber früh eingesetzt werden, um Früchte zu tragen. Im Kindergarten und in der Vorschule wird sie stabilisiert und verankert.

Schauen wir uns einige Beispiele an. Das Einnehmen des Frühstücks am Vormittag zeigt schon, wie sehr die Bezugspersonen und Kinder automatisch die verschiedenen Verhaltensformen anwenden und verinnerlicht haben. Theoretisch müßte sich jedes Kind seinen Frühstücksbeutel holen, auf dem von ihm gewählten Platz ein kleines Tuch ausbreiten und darauf das Frühstück legen. Praktisch sieht es so aus, die kleinen Jungen fetzen von einem Platz zum anderen, toben herum, während sich die Mädchen artig ihre Beutel holen, sich hinsetzen und zu essen anfangen. Die Bezugsperson ermahnt die Jungen nun endlich ihre Pause zu holen, sie sagt es mehrere Male, aber die Unordnung geht weiter, die Jungen hören nicht auf. Anstatt nun zur natürlichsten Lösung zu greifen, und die Buben einfach das Frühstück überspringen zu lassen, die ja scheinbar nicht so hungrig sind, daß sie sich ihr Essen holen wollen, wählt die Bezugsperson die Lösung, die für sie selbst am einfachsten ist, das heißt, sie beauftragt ein Mädchen oder mehrere „das Frühstück von Paolo, Stefano, Marco und Claudio zu holen und auszubreiten, damit sie sich vielleicht endlich mal hinsetzen und essen und wir alle unseren Frieden haben". In diesem Verhalten der Bezugsperson liegt eine Nachgiebigkeit gegenüber den Jungen, „man muß sie eben nehmen, wie sie sind". Die Mädchen lassen sich auch nicht bitten, sie haben ja schon in der Familie gelernt, wie man den Männern das Leben leichter macht. Mutter und Schwestern zerreißen sich fast, daß ja das Essen im richtigen Moment auf dem Tisch steht, die Mädchen wurden oft genug zu diesen Aufgaben herangezogen und wie widerspenstig sie auch sein mögen, werden sie doch eines Tages der ständigen Berieselung erliegen, daß man nur, wenn man dem Mann dient, auch selber einen findet. Das Lob ist schließlich ihre Prämie dafür, es hat die Wirkung, daß sie ständig um ihr Verhalten besorgt sind, das Bedürfnis geliebt und akzeptiert zu werden ist ja groß, da Mädchen wissen, daß sie untergeordnete Wesen sind. Sie stehen unter dem Zwang, gefallen zu müssen. Die Bezugsperson ihrerseits läßt die kleinen Mädchen das tun, was Jungen nicht oder nicht gern tun, weil ihre Autorität sonst leidet. Keiner regt sich darüber auf, daß den kleinen Mädchen alles aufgehalst wird. Der Rassismus, der in diesem Verhalten steckt, wird nicht bemerkt. Gerade die Personen, die sich über jede andere Form von Rassismus aufregen, bleiben von dieser Art von Rassismus völlig ungerührt der ein Wesen braucht, das als minderwertig abgestempelt wird und eines das überlegen ist. Drehen wir doch das Beispiel um und stellen wir uns vor, daß in einem Kindergarten mit weißen und schwarzen Kindern die Bezugsperson von den sanften, nachgiebigen schwarzen Kindern verlangen würde, den weißen den Tisch zu decken und ihr Essen herzurichten. Da gibt es doch niemanden, der sich darüber nicht entsetzen würde.

Oder nehmen wir das Beispiel das für uns akut ist, daß dasselbe in einem Kindergarten für deutsche und Gastarbeiterkinder passieren würde. Die Kinder würden unvermeidlich die Schlußfolgerung ziehen, daß die Erwachsenen Unterschiede machen, daß sie nicht wollen, daß sie zusammen spielen und sich von den Kindern ein anderes Verhalten erwarten.

Das Phänomen, daß sie Mädchen in den Dienst der Buben stellen, wiederholt sich auch beim Ordnen und Aufräumen von Spielsachen (während die Aufgabe, die Sachen auszuteilen, den Jungen aufgetragen wird, weil es ein Zeichen für Autorität ist). Die Bezugsperson fordert die Mädchen entweder auf „die Baukästen aufzuräumen" oder sie fragt „wer räumt die Bausteine weg? " und hier fängt die Konditionierung an zu funktionieren, die Jungen geben sich so zerstreut wie jemand, der entschlossen ist, sich soweit wie möglich aus einer langweiligen Sache herauszuhalten, und warten erst mal ab, wie sie damit durchkommen. Wenn die Bezugsperson die Buben wirklich einmal auffordert aufzuräumen, tun sie das nur sehr unwirsch, stehen träge auf, machen einen wahnsinnigen Krach mit ihren Stühlen, machen wenn möglich noch mehr Chaos als vorher schon war, vergessen überall ein Stück und lassen herumliegen, was nicht bequem zu erreichen ist. Das Ergebnis ist enttäuschend: „Sie tun es so offensichtlich ungern und so schlampig, daß ich sie schon gar nicht mehr frage" bekennt eine Kindergärtnerin. Das ist genau, was sich die Jungen erhofft hatten. Das Bedürfnis der Bezugsperson, Ordnung zu halten und die Kinder dazu abzurichten, stützt sich auf die Bereitwilligkeit der Mädchen. Nach ihren ersten enttäuschenden Erfahrungen wird sich die Bezugsperson mit ihrem Anliegen nur noch an die Mädchen wenden und die Jungen ausschließen. Dann genügt eine Reihe solcher kleiner Vorfälle und die Mädchen machen es schon automatisch, ohne darum gebeten zu werden. Dabei würde es genügen, wenn die Bezugsperson ein für allemal das Prinzip klären würde, daß jedes Kind selbständig sein muß und kein anderes ausnützen darf, um eine korrektere Art des Zusammenseins der Kinder im Kindergarten zu erreichen.

Dieses Verhalten wiederholt sich auch in anderen Fällen. Ein kleiner Junge fällt hin und schlägt sich das Knie auf. Die Bezugsperson schickt ihn aufs Klo, um sich abzuwaschen und hinterher soll er sich von ihr ein Pflaster draufmachen lassen. Aber vorsichtshalber schickt sie ihm ein Mädchen zur Begleitung mit, „wer weiß, was Alberto sonst im Klo alles anstellt", was für Alberto in einem schmeichlerischen Ton gesagt wird (der bei Mädchen nie angeschlagen wird) und der wer weiß was für interessante Abenteuer impliziert, die sich auf diesem wenig anziehenden Ort abspielen. Auf meine Frage, warum sie nicht einen Jungen als Begleitung mitgeschickt habe, antwortet sie, daß sie das schon getan hätte, aber daß der Direktor es nicht gern sehe wenn zwei Jungen zusammen aufs Klo gehen, weil sie dann nur zu raufen anfangen und alle anderen Gruppen stören. „Und warum kann er nicht allein gehen?" „Ach, wenn ein Mädchen mitgeht, fühle ich mich beruhigter, sie sind ja vernünftig und machen diese kleinen Dienste sehr gern, sie fühlen sich wichtig dabei." Tatsächlich häufen sich diese „kleinen Dienste". „Binde doch dem Carletto seine Schuhbänder", wo sich Carletto seine Schuhbänder sehr gut selber binden könnte, wenn er dazu angehalten würde und niemand ihm zu Diensten rennen würde. „Gib' dem Stefano mal ein Papiertaschentuch, *seine Mutter hat heute morgen vergessen ihm eins einzustecken*", „schau mal, warum dein kleiner Bruder weint und putz' ihm die Nase". „Welches kleine Mädchen wischt mal das Wasser am Boden weg, das irgendwer herumgeschüttet hat?" usw.

Das Gegenteil einzuführen, eben daß kleine Jungen diese Dienste für kleine Mädchen machen, ist unmöglich. Wenn wir versuchen würden bei den oben genannten Beispielen die Rollen zu vertauschen, hätten wir stark das Gefühl, daß etwas nicht stimmt. Man fragt eben einen Jungen nicht, ob er das Wasser aufwischen oder seiner kleinen Schwester die Nase putzen will.

Ein kleines Mädchen holt zwei Frühstückstüten, die Tüten für die Mädchen sind rosa, die für Jungen blau, sie schickt sich an, das Frühstück für sich und ihren kleinen Bruder herzurichten. Die Pause besteht aus einem großen Stück Fladen und die Kleine versucht, zwei ungleiche Stücke daraus zu machen und das kleinere dem Bruder zuzuschieben. Der Junge protestiert, weil er alles haben will, die Bezugsperson greift ein und ordnet an, der Junge muß das größere Stück kriegen, „weil er kleiner ist". Das Mädchen kümmert sich gar nicht drum und fängt an, ihr Stück zu essen. Aber die Bezugsperson insistiert. Mit angespanntem Gesicht vor Ärger bricht die Kleine ein Stück von ihrem Fladen ab und schiebt es dem Bruder hin, sodaß nun beide Stücke gleich groß sind. Der Junge gibt endlich Ruhe. Die Bezugsperson kommentiert: „Du bist aber nicht großzügig." Der Gesichtsausdruck des kleinen Mädchen verrät, daß sie von dieser Bemerkung betroffen ist. Als sie mit dem Essen fertig ist, räumt sie ihren Platz auf, der Bruder denkt nicht dran, weil er in die Lektüre eines Heftchens versunken ist. Auf meine Bitte geht sie zu ihren Bruder hin und sagt ihm, er solle seinen Platz aufräumen. Aber er schaut sie an als ob sie verrückt geworden wäre und antwortet kurz und trocken „nein" und liest weiter. Also fängt die Kleine spontan, ohne daß ihr jemand den Auftrag gegeben hätte — offensichtlich hat sie meine Bemerkung so verstanden und steht noch unter dem Eindruck der Auseinandersetzung mit der Bezugsperson — an, den Platz des kleinen Bruders abzuräumen. Sie hat dabei einen zufriedenen Gesichtsausdruck, wie jemand, der sich anerkannt fühlt (man muß den Erwartungen entsprechen).

Zwei kleine Mädchen fangen an, den Tisch abzuwischen, die eine wischt hastig und nervös, als ob sie ihre Effizienz beweisen wollte, die andere wischt langsame Kreise auf dem Tisch herum, die Zunge zwischen die Zähne geklemmt, mit einer gewissen Besessenheit und achtet sehr sorgfältig darauf, daß auch kein Zentimeter unberührt bleibt. Das ganze hat etwas von Phobie und verkrampfter Aufmerksamkeit an sich. Bei kleinen Mädchen hat man oft den Eindruck, daß sie diese Aufgaben nicht mehr als Selbstzweck machen, wie es bei kleineren Mädchen und vor allem auch bei Jungen der Fall ist, sondern eine Befriedigung dabei empfinden, zu agieren, zu produzieren, sich selbst zu bestätigen, was zum Teil dem Wunsch entspringt, den anderen zu gefallen. Und diese Einstellung nimmt solchen Arbeiten jede Kreativität, die darin noch enthalten sein könnte.

Die Konditionierung der Mädchen, sich in den Dienst der Jungen sowie in den der Erwachsenen zu stellen, überhaupt der Druck, der auf sie ausgeübt wird, daß sie ihre Aufmerksamkeit nicht von tausenderlei banalen Beschäftigungen ablenken lassen, vernichtet einen großen Teil ihrer Energien für kreative Beschäftigungen, raubt ihnen die Möglichkeiten wirklich zu spielen, sich frei zu bewegen und vor allem sich selbst zu verwirklichen. Energien werden nicht auf Anforderung produziert, sondern man muß sich die, die vorhanden sind, nehmen. Man kann sie in positiver und gewinnversprechender Weise anwenden, aber auch in schlechter, zersplitternder. Dieses Phänomen zeigt sich bei vielen Frauen, die arbeiten und in diese Arbeit viel Enthusiasmus, Leidenschaft und Ehrgeiz stecken, trotzdem wird ein Großteil ihrer Energien immer auf Eis gelegt, da sie sich über tausend kleine Sachen im Haushalt Gedanken machen müssen (Einkauf, Organisation des Haushalts usw.), mit denen sich kein Mensch außer ihnen belasten will. Dieses ständige Pendeln von Energien von einem Pol zum entgegengesetzen (was bei Männern nicht vorkommt), hindert die Frauen daran, sich voll in einer Richtung einzusetzen. Die Wahrheit ist, daß man von der Frau in erster Linie erwartet, daß sie sich in den Dienst der anderen stellt. Wenn ihr dann noch Kräfte übrigbleiben, kann sie diese ja ruhig zu ihrer Selbstverwirklichung als produktives Individuum einsetzen. Warum eilt ein kleines Mädchen gleich herbei, um eine Tür zu schließen, die immer auf und zu schlägt, während es dem Jungen nicht mal auffällt? Ist das Schließen einer Tür vielleicht anziehender und interessanter als beispielsweise ein Bild zu malen? Sicherlich nicht. Was bringt ein kleines Mädchen also dazu, im Interesse der Allgemeinheit eine Tür zu schließen, wenn nicht ständiger Drill? Man müßte ja annehmen, daß sie eine interessante Beschäftigung liegenläßt, um eine andere zu machen. Aber so ist es ja nicht. Nur weil man ihr hinterher dankt tut sie es, und so wird ihre Untertänigkeit, ihre Minderwertigkeit besiegelt.

Es kommt auch häufig vor, daß Mädchen bei Spielen an denen sie selbst nicht teilhaben, Handlangerdienste für Jungen leisten. Diese Haltung enthüllt ihre ganze Aufmerksamkeit und den Neid auf die

Welt der männlichen Geschöpfe, aus der sie ausgeschlossen sind. Zum Beispiel knetet ein kleines Mädchen, das selbst mit Plastillin spielt von Zeit zu Zeit das Plastillin ihres Spielkameraden, damit es weich und biegsam wird. Eine andere holt einem kleinen Jungen der malt, einen frischen Becher Wasser. Eine dritte läuft herbei, als ein kleiner Junge zu weinen anfängt und legt ihm den Arm um den Hals, „nicht weinen, Bruno". Eine vierte schließlich krabbelt unter den Tisch, um einem Jungen heruntergefallenes Plastillin aufzuheben.

Es wäre wunderbar, wenn diese Art von Hilfsbereitschaft sowohl bei Mädchen als auch bei Jungen zu finden wäre. Leider habe ich dieses Phänomen bei Jungen noch nicht beobachten können. Das Desinteresse der Jungen an allem, was mit kleinen Mädchen geschieht ist eklatant und symptomatisch dafür, daß sie zu Egozentrikern erzogen werden.

Typisch ist auch die Verhaltensweise von Jungen und Mädchen, wenn sie etwas durchsetzen wollen.

Ein kleiner Junge bricht in die Gruppe von Mädchen ein, grapscht sich eine Handvoll Plastillin und zieht unter dem lauten Protestgeschrei der Mädchen wieder ab, zurück an seinen Tisch.

Ein Mädchen baut eifrig an einem Plastikelementenbau, dann hat sie keine Steine mehr und kann nicht weitermachen. Sie nähert sich mit einem verführerischen Lächeln und tausend kleinen Schmeicheleien einer Gruppe von Jungen und erhält schließlich die Steine, die ihr noch fehlen. Die Bezugsperson interveniert in keinem der beiden Fälle, wahrscheinlich hat sie das gar nicht bemerkt, aber wenn sie es täte, so sicherlich nicht, um den Jungen wegen seiner Angriffslust und das Mädchen wegen seiner Koketterie zu rügen.

Die Verführungskünste der kleinen Mädchen um etwas zu erreichen, werden nicht nur akzeptiert, sondern auch gefördert. Man denkt gar nicht daran, eine würdigere und korrektere Verhaltensweise vorzuschlagen. Im übrigen sind auch die Interventionen in Bezug auf die Aggressivität von Jungen oft ambivalent und enthüllen die geheime Zustimmung der Bezugsperson, die sehr subtil ist, und die eine unbewußte Bewunderung und Bestätigung der Vorherrschaft der männlichen Wesen beinhaltet, die auch auf sie eine gewisse Faszination ausüben. Im Grunde will auch sie die Männer so, entschlossen, herrschsüchtig, und im Geheimen freut sie sich, daß die kleinen Jungen auf dem „richtigen Weg" sind.

Federico ist ein hübscher, lebhafter Junge. Er wird zur Bezugsperson gerufen, weil er einem anderen Kind einen Fußtritt gegeben hat; aber gleich anschließend ist er der erste, der seine Zeichnung von ihr zurückbekommt, sozusagen als Entschuldigung, daß sie ihn vorher schimpfen mußte. Dieses Verhalten der Bezugsperson enthüllt ein stilles Einverständnis mit einem „typisch männlichen" aggressiven Benehmen, das genau in das vorgeschriebene Rollenverhalten paßt.

Auch in den Schulen und Kindergärten, wo man in der Wahl der Spiele und Aktivitäten zwischen den Geschlechtern der Kinder keine Unterschiede macht (zum Beispiel die Montessori Kinderhäuser) (5), zeigt sich das Phänomen der Diskriminierung, subtiler zwar, aber nicht weniger konditionierend, beispielsweise in der Verteilung der Aufgaben bei der Vorbereitung des Mittagessens. In einem didaktischen Plan für die „konstruktiven Aktivitäten und das praktische Leben" (6) mit dem Titel „Bei Tisch bedienen" wird ausgeführt:

Auch in dieser Gruppe gibt es einen „Maestro di tavola" und Serviererinnen, letztere bleiben am Tisch stehen, während die Ober zwischen den Tischen und dem Serviertischchen hinter dem der „Maestro die Tavola" sitzt und der Küche hin und her gehen.

Auch in diesem Fall ist der privilegierteste Job in der Gruppe von einem Jungen besetzt, und wenn es männliche und weiblich Servierer gibt, dann haben die männlichen die bewegliche Arbeit = der Junge ist aktiv und von höherem Verantwortungsbewußtsein, (da es sich um volle Teller handelt), die Mädchen dagegen sind halb bewegungslos = Mädchen, passiv. Und man fährt fort: „Jeder der Ober, der einen vollen Teller erhalten hat, begibt sich zu einem Tisch, wo die Bedienung schon auf ihn wartet." Beim Abräumen „schiebt der Ober den Wagen" und die Serviererin beschränkt sich darauf, die schmutzigen Teller auf den Wagen zu stellen.

Zugegeben, das sind keine besonders gravierenden Fälle, aber wir führen sie hier an, weil wir zeigen wollen, daß man auch in Schulen und Kindergärten, wo man sich bemüht, als oberstes Prinzip die Persönlichkeit des Kindes zu respektieren, damit endet, ohne sich dessen bewußt zu sein, die alten Modelle Junge = aktiv und Mädchen = passiv und untergeordnet wieder zu reproduzieren.

Lieblingsbeschäftigungen und suggerierte Aktivitäten

Was die Lieblingsbeschäftigungen von Jungen und Mädchen angeht, erklären die Bezugspersonen einhellig, daß sie völlig gegensätzlich sind. Zum Beispiel gefallen demnach den Jungen die Bewegungsspiele, Bauspiele, Plastillin und Malen besonders gut und den Mädchen nähen, Papier ausschneiden, verkaufen spielen, aber auch Plastillin, mit Bausteinen bauen, malen. Auf jeden Fall bemerkt man auch hier die Erwartungen der Bezugspersonen an die Kinder, obwohl diese leugnen, irgendeine Vorauswahl zu treffen. Wenn Buben zum Beispiel bauen oder mit Plastillin spielen, bekommen sie von der Kindergärtnerin kleine Plastikfiguren wie Indianer, Cowboys, Soldaten oder Autos, Raketen, Astronauten usw. Den Mädchen werden solche Figuren nicht angeboten und wenn überhaupt, dann handelt es sich meist um Kühe, Schafe, Hunde, Kinder, Bäume usw. Die Bezugspersonen rechtfertigen das mit der Behauptung, die Kinder selbst würden ja die Wahl treffen und sie selbst machen nichts anderes, als diese bevorzugten Dinge austeilen. Zum Beispiel wird Buntpapier zum Ausschneiden oder Postkarten bestricken nie kleinen Jungen angeboten. Die Kindergärtnerin hat aber nichts dagegen, einer Gruppe von Mädchen Luftschlangen in einer Schachtel zu geben und sie zu bitten, diese wieder aufzurollen, den Jungen gibt sie solche „Spiele" nicht, „die würden nur einen Riesenverhau draus machen". Ein anderes dunkles Kapitel ist das Verkaufen spielen, das den Jungen erst gar nicht vorgeschlagen wird, sondern ganz im Gegenteil, wenn einer da mitspielen will, wird er ganz entschieden entmutigt. Ich möchte hier das Beispiel von Giorgetto anführen, ein sanfter kleiner Vorschüler von etwa fünf Jahren bei einer älteren, abgeschlafften Bezugsperson.
Giorgetto ist ruhiger als die meisten anderen Jungen in seiner Klasse, aber selbst noch ruhiger als manches Mädchen. Er ist nicht besonders aggressiv, aber er läßt sich auch nicht übertölpeln. Er arbeitet gerne in der Gruppe, aber auch alleine.
Die Bezugsperson behauptet, daß die Kinder am liebsten in Gruppen mit Geschlechtsgenossen spielen, weil die Mädchen eben gern Puppen oder große Damen spielen, während die Jungen lieber mit Bausteinen und Autos etwas machen. Sie sagt, daß die Mädchen immer von den Jungen fortgescheucht werden, wenn sie mit ihnen spielen wollen, umgekehrt aber würden sie manchmal zulassen, daß

ein Junge bei ihnen mitspielt. Sie selbst haben an diesem Phänomen überhaupt keinen Anteil, weil sie nicht den geringsten Druck in Bezug auf die Wahl der Spiele ausüben, weder bei Mädchen noch bei Jungen.

Die Bezugsperson fordert also nun die *Mädchen* auf, sich alle um einen Tisch zu setzen, sie würde ihnen Material zum Verkaufenspielen geben. Die kleinen Mädchen stürzen sich begeistert an den Tisch und die Jungen scheinen sich überhaupt nicht dafür zu interessieren, außer Giorgetto, der, die Hände hinter dem Rücken verschränkt, den Bauch nach vorn gestreckt perplex dem Treiben zusieht, wie jemand, der vor einem schwierigen Problem steht und nicht weiß, wie er es lösen soll. Er beobachtet die Mädchen von weitem, wagt es aber nicht, sich zu nähern. Obwohl er vor Lust mitzuspielen, fast umkommt, weiß er doch, daß dieses Spiel nichts für ihn als Jungen ist, wahrscheinlich aus früheren ähnlichen Erfahrungen. Trotzdem kommt er nicht dagegen an, daß dieses Spiel ihn fasziniert, also nähert er sich der Bezugsperson und fragt mit schwachem Stimmchen, sodaß sie nichts versteht und er es nochmal wiederholen muß, ob er nicht mit den Mädchen spielen darf. „Was, mit den Mädchen?!" ruft sie amüsiert und empört. Sie umarmt den Jungen, wie von Mitleid und Scham für ihn überwältigt und zieht ihn an sich. Der Junge wird ganz rot und fühlt sich offensichtlich extrem unwohl, also sucht er sich noch einen möglichst würdigen Ausweg aus dieser unangenehmen Situation. Er sagt mit unsicherer Stimme: „Aber ich wollte doch den Lieferanten spielen." Es ist ein Kompromiß, an den er sich klammert und der es ihm noch ermöglichen würde, mit den Mädchen zu spielen, weil ein Lieferant eine männliche Rolle ist. Sein Gesichtchen ist ganz bekümmert und spiegelt die Mühe wider die es ihn kostet, einen Ausweg aus dieser Situation zu finden, der sein Selbstbewußtsein noch retten könnte, einerseits in Bezug auf die Kindergärtnerin, aber vor allem in Bezug auf die Gruppe, die ihm sicher wichtiger ist. Aber die Kindergärtnerin ist eine stumpfe Gefangene ihrer geistigen Beschränktheit und muß eine so einfache Situation, die sie selbst hergestellt hat, noch verwirren: „aber sie haben doch schon Lieferanten!" sagt sie zu Giorgetto. „Dann bringe ich halt die Eier" insistiert Giorgetto mutig. Die Bezugsperson wirft mir als teilnahmsloser Zuschauerin einen schnellen Blick zu. Ich weiß nicht, welche Schlußfolgerungen sie daraus zieht, jedenfalls holt sie Luft, lacht ein kleines, unbehagliches Lachen und sagt in einem Ton, der Widerspruch nicht nur herausfordert, sondern praktisch verlangt: „Mädchen, Giorgetto will mit euch spielen, er will den Lieferanten machen!" Die kleinen Mädchen, denen offensichtlich von der ganzen Diskussion kein Wort entgangen ist und die fast platzen vor Kichern und Lachen, würdigen den kleinen Spielkameraden keines Blickes.

Giorgetto ist den Tränen nahe, aber hinter seiner schüchternen Miene versteckt sich offenbar feste Entschlossenheit, denn er nähert sich den Mädchen, die Fäustchen tief in die Taschen des Kittels vergraben und wartet. Mit einem blassen Lächeln hüpft er von einem Bein auf das andere. Die Mädchen beachten ihn weiterhin überhaupt nicht. Endlich wendet sich ein kleines Mädchen in einem autoritären Ton an ihn: „Herr Lieferant, sie müssen mir Kartoffeln bringen!"

Giorgetto, der bereits völlig resigniert hatte, wird von der freudigen Überraschung überwältigt. Er fetzt glücklich quer durch den Saal an die Wand und kehrt mit großer Geschwindigkeit wieder um, die imaginären Kartoffeln in der Hand.

Die Bezugsperson wendet sich nun an mich: „Haben sie gesehen, wie schwierig es ist, die Kinder zusammen spielen zu lassen, sie wollen es einfach nicht." Sie ist sich nicht einmal bewußt, daß sie selbst diese Situation geschaffen hat, sondern ist überzeugt, daß es eine ganz spontane Handlungsweise der Kinder war.

Giorgetto darf man nicht als die große Ausnahme sehen, weil er die ruhigen, sanften Spiele der Mädchen den aggressiven Spielen seiner Geschlechtsgenossen vorzieht.

Wer die Aktivitäten der Kinder in Schulen beobachten könnte, wo allen dieselben Beschäftigungen angeboten werden, wie zum Beispiel in der bereits erwähnten Montessori-Schule (etwa wie die Steiner Schule in Deutschland, Anm. d. Übers.), wo man bügelt, wäscht, Geschirr spült, mit elektrischen Baukästen und Geräten spielt, der wird bemerkt haben, daß sich die Kinder beiderlei Geschlechts mit gleichem Enthusiasmus auf dieselben Spiele stürzen, ohne dabei in Konflikte zu kommen und ohne sexuelle Verirrungen zu erleiden. Eine andere Bezugsperson sagt zur Klasse: „Die Mädchen sollen nun die Zeichnungen holen, die wir heute früh gemacht haben." Paolo hat offenbar nur den letzten Teil des Satzes verstanden und folgt den Mädchen. Die Bezugsperson bricht in Gelächter aus und verspottet ihn: „Bist du vielleicht auch ein Mädchen? Gut, dann binden wir dir eine Schleife ins Haar!" Der Kleine errötet und läuft schnell wieder an seinen Platz, wo er lange Zeit schweigend und verstört sitzen bleibt. Die Mädchen betrachten ihn kichernd, die Jungen lachen laut über ihn. Durch die Bermerkung der Lehrerin hat Paolo etwas von seinem Prestige als Junge verloren, er hat sich degradiert und, was schlimmer ist, die Mädchen, die über sein Mißgeschick kichern, erkennen darin ganz deutlich ihre eigene Minderwertigkeit.

Etwas später bricht Paolo in Tränen aus, weil ihm ein anderes Kind einen Baustein weggenommen hat. Wahrscheinlich wäre er nicht so leicht in Tränen ausgebrochen, wenn er nicht vorher schon diese Frustration hätte erleiden müssen. Zweimal an einem Tag ein Versager zu sein ist einfach zuviel. Die Bezugsperson neckt ihn ungerührt: ,,Was bist du bloß für ein Junge? Weinst und bringst es nicht mal fertig, dir das Stück wieder zu holen!" An diesem Punkt überwältigt die Demütigung Paolo und er macht sich in seinem Sitz ganz klein. Den ganzen Tag bleibt er ohne etwas zu tun auf seinem Stühlchen sitzen, offenbar hat er Angst, sich wieder zu exponieren.

Die Beispiele dafür, wie Bezugspersonen ganz explizit die Wahl der Kinder nach den ,,richtigen" Spielen steuern, um die Diskriminierung und die Trennung der Geschlechter zu manifestieren, könnten endlos fortgesetzt werden. Eine Bezugsperson, die angibt, die Wahl der Kinder bezüglich der Spiele völlig zu akzeptieren, antwortet auf die Frage, wie sie die Klasse bereichern würde, wenn sie beliebig Material und Ausstattung zur Verfügung hätte, daß sie in einer Ecke eine kleine Küche einrichten würde, so hätten die kleinen Mädchen ein Plätzchen ganz für sich.

Nach einer kleinen Pause sagt sie, wenn die Jungen da auch hingehen wollten, würde es ihr nichts ausmachen.

,,Sind sie der Meinung, daß es Jungen keinen Spaß macht, zu kochen?" ,,Doch schon, aber erst wenn sie groß sind. Die kleinen machen es nie." (Man weiß nicht so recht, woraus sie das schließt).

,,Mein Vater ist ein hervorragender Koch, während meine Mutter in der Küche nichts rechtes zustande bringt. Aber er hat es auch erst gelernt, als er schon groß war!"

Aus ihren Worten kann man die Angst der Jungen entnehmen, sich in Hausarbeiten zu stürzen und dabei ihre Männlichkeit einzubüßen, diesen Mythos, für den sogar der gesunde Menschenverstand geopfert wird. Wenn sie groß sind, können sie ruhig kochen soviel sie wollen. Sie tun es ja dann ohnehin (das heißt, wenn sie Lust haben, der Frau bei ihrer langweiligen Küchenarbeit zu helfen!), und zu diesem Zeitpunkt hat sich ihre Männlichkeit ja schon ein paar Jahre bewährt und stabilisiert. Aber so lange sie klein sind, heißt es aufpassen, daß sie „richtige Männer" werden.

Eine Bezugsperson teilte an die Kinder Plastikelemente verschiedener Farben und Formen aus. Die Jungen bauten damit artikulierte Formen wie Autos, mit denen sie dann auf den Tischen herumfuhren. Sie zeigten der Bezugsperson ihre Produkte und erklärten ihr zum Beispiel: „Das ist ein Jet, das ist ein Ferrari, das ist Apollo 13." Wenn kleine Mädchen dagegen dieselben Konstruktionen bauen, die wunderschön sind und sich in nichts von denen der Jungen unterscheiden, dann wartet die Bezugsperson erst gar nicht, bis sie sagen, was es ist, sondern sagt gleich: „Wie schön, ist das ein Kind?" Dabei könnte es alles sein, nur kein Kind. Die Kleine schaut einen Moment ganz erstaunt, betrachtet ihr Werk genauer, von dem sie wahrscheinlich auch gedacht hat, daß es etwas anderes darstellt, hat aber keine Zeit das zu sagen, und sagt eben ja. Die Kleine weiß also, daß man von ihr erwartet, daß sie Kinder, Küchen, Puppenwägen konstruiert usw. und daß sie, sollte sie es wagen zum Beispiel ein Flugzeug zu bauen, der Lehrerin, den Mädchen und auch den Jungen suspekt wäre. Wär hätte schon den Mut, das zu wagen? Wenn man sich als „zweites Geschlecht" fühlt, braucht man sehr viel Stärke und Sicherheit um die Kritik der anderen zu ertragen, also paßt man sich den Erwartungen der anderen an, man verhält sich, wie es die anderen wollen. Als das kleine Mädchen schließlich immer noch mit ratlosem Gesicht bei mir vorbeikommt und ich sie frage, was das ist, sagt sie: „Ich weiß es nicht."

Man muß wohl nicht erklären, wie sich dieser Eingriff von seiten des Erwachsenen, der sich täglich viele Male wiederholt, als Hemmung der Kreativität beim Kind auswirkt, die schwierig zu überwinden ist.

In einer Gruppe schlägt eine Bezugsperson vor „Schaf und Wolf" zu spielen, um eine schwierige Situation zu überbrücken. Es können immer zwei Kinder spielen: eines spielt das Schaf, das andere den Wolf. Auf Kommando der Bezugsperson werden die Rollen getauscht. Die Bezugsperson läßt die Kinder in zwei Reihen sitzen, in der ersten die Jungen, in der anderen die Mädchen. Zuerst ruft sie zwei Jungen auf, dann wieder zwei Jungen. Die Mädchen schauen dem tollen Treiben der Jungen still zu, einige sind ganz aufgeregt, weil sie selber mitspielen möchten, die anderen schwätzen leise. Ein

Mädchen flicht dem anderen Zöpfe. Hier wird deutlich, was die Bezugsperson über ihr Verhalten ausdrücken will: das ist ein Spiel für Jungen. Trotzdem geht plötzlich ein mutiges kleines Mädchen, ähnlich wie Giorgetto, vor und fragt die Bezugsperson ob sie mit Pierluigi spielen darf. Sie möchte der Wolf sein. Die Bezugsperson gibt sich erstaunt: „Aber du bist doch ein Mädchen, wie willst du denn einen Jungen fangen können?" Das kleine Mädchen kehrt enttäuscht auf seinen Platz zurück. Endlich, nach einer langen Serie von Spielen mit Jungen werden zwei Mädchen aufgerufen. Sie sind nicht so schnell wie die Jungen, dafür aber geschickter und kalkulierender in ihren Bewegungen und Täuschungsmanövern. Ganz zum Schluß läßt die Bezugsperson auch ein Mädchen und einen Jungen zusammenspielen. Das kleine Mädchen geht aus diesem Spiel als Verliererin hervor. Richtig wäre es gewesen, von Anfang an Jungen und Mädchen zusammen spielen zu lassen wie sie wollen. Wahrscheinlich hätte sich jeder instinktiv den Partner gesucht, in dem er seine eigenen Fähigkeiten und Kräfte mit denen des gewünschten Partners verglichen hätte.

Dadurch, daß die Bezugsperson das Spiel folgendermaßen manipulierte: Mädchen und Jungen wurden getrennt und die Mädchen zu bloßen Zuschauerinnen verurteilt; das einzige Mädchen, das es wagte, sich mit einem Jungen zu messen, an seinem Vorhaben hinderte; die Mädchen ganz zum Schluß doch noch spielen ließ drückte sie aus, daß dieses Spiel nur für Jungen war und daß sie die Mädchen für unfähig hielt, in diesem Spiel zu bestehen. Sie brachte diese Erwartung ganz deutlich ein und wiederholte damit genau die Konditionierungsmechanismen, die wir bisher untersucht haben. Die Tatsache, daß man einem bestimmten Geschlecht angehört wurde wieder zum Maßstab genommen und damit a priori die Fähigkeiten „der einen" und „des anderen" festgelegt.

Nicht vergessen werden darf hier der wichtige Aspekt der Identifikation mit der im Spiel dargestellten Figur. Die Kinder erleben die Rollen, die sie spielen ganz hautnah. Frei zu wählen, ob sie der Wolf oder das Schaf, der Jäger oder der Gejagte, der Schwache oder der Starke sein wollen, gibt ihnen die Möglichkeit, Probleme die sie haben in der einen oder anderen Weise auszuleben und damit auch zu überwinden. Die verkrampften Gesichter der verfolgten „Schaf-Kinder" und die wilden Gesichtszüge der jagenden „Wolf-Kinder" während des Spiels sprachen für sich: Die Dramatik der Szene ermöglichte beiden Teilen, ihre Ängste, Aggressionen und sadistischen Impulse spielerisch auszuagieren, ohne wirklichen Schaden anzurichten.

Es ist nicht einzusehen, weshalb ein Mädchen seine Aggressivität und seinen Bewegungsdrang nicht ebensogut über eine Figur wie die des Wolfes ausleben können soll. Man muß dem Kind die Freiheit geben, seine Spielauswahl durch die eigenen persönlichen Bedürfnisse zu bestimmen, anstatt darauf zu bestehen, daß es sich gewaltsam den Rollen fügt, die unsere Kultur erfunden hat und die ohne jedes vernünftige Ziel menschliche Qualitäten und Energien opfern, die sowohl bei Jungen als auch bei Mädchen zu finden sind.

Zeichnungen verraten alles

Aus der Untersuchung einer beachtlichen Anzahl von Zeichnungen aus den verschiedensten Kindergärten und Vorschulen geht schon hervor, wie sehr Kinder von etwa fünf Jahren bereits in einer „weiblichen" und in einer „männlichen" Welt leben und denken. Die Bezugspersonen, die diese Zeichnungen gesammelt haben — ein Ergebnis täglicher Beschäftigung der Kinder — haben nach den Angaben der Kinder am Rande der Zeichnungen Notizen gemacht was es darstellen soll.

Die Zeichnungen der Mädchen beschreiben fast alle irgendwelche Szenen aus dem täglichen Familienleben, in denen wenige Personen vorkommen, die dann auch „unwichtige" Dinge tun: Mütter die zum Kochen nach Hause kommen, Kinder die kranke oder auch gesunde Omas besuchen um ihnen Eier zu bringen, Kinder die fortgehen um sich zu vergnügen, allerdings ohne nähere Zielangabe, Kinder die in die Kirche gehen um zu beten oder in die Wohnung einer kleinen Freundin um zu spielen, oder Kinder die für die Mutter Blumen pflücken, andere Kinder die Lieder singen, Seilspringen, mit der kleinen Schwester nach Hause zurückkehren oder die ihr Kätzchen wiedergefunden haben, die verstecken spielen usw. Das Haus ist immer gegenwärtig, entweder die Kinder sind zuhause, sind gerade fortgegangen oder kommen gerade wieder zurück. Die Mutter kommt ebenfalls überall vor, während der Vater praktisch nirgends auftaucht.

Wenige dieser Zeichnungen sind irgendwie von der Fantasie inspiriert, wie zum Beispiel von Märchen wie Schneewittchen, wo die

Hexe gerade dem armen Schneewittchen den vergifteten Apfel gibt; oder wie bei Dornröschen, wo sich gerade die Rosenhecke um das Schloß bildet; auch der Weihnachtsmann, der den Kindern Geschenke bringt, kommt ab und zu vor. Eine enge, erstickende Welt, ein an Ereignissen und Abenteuern armes Familienleben. Ebenso langweilig ist die Welt der Märchen und Geschichten. Diese Zeichnungen sind eine getreue Wiedergabe des täglichen Lebens der kleinen Mädchen, die völlig den Regeln in der Familie oder der Gruppe, in der sie leben, untergeordnet sind.

Von den gesammelten Zeichnungen sind die tristesten die von den Mädchen aus Vorstadtbereichen und aus Kleinstädten. In diesen Familien müssen die Mädchen, außer dem täglichen Kindergarten-besuch (wo sie auch von der Mutter begleitet werden, obwohl sie weder weit zu gehen haben, noch der Weg gefährlich ist), immer zuhause bleiben und der Mutter Gesellschaft leisten. Sie müssen zuhause schon helfen und ihre wenigen unbegleiteten Ausgänge beschränken sich auf irgendwelche unwichtigen Einkäufe in Läden nebenan. Selten wird ihnen erlaubt, draußen zu spielen, und dann wird ihnen permanent eingeschärft, nicht zu weit wegzulaufen. Sie gehen auch nie in Gruppen fort, sondern höchstens zu zweit, mit der Schwester oder mit der Freundin. Es ist auch völlig undenkbar, daß sie in gemischten Gruppen spielen, die Jungen würden mit den Mädchen gar nicht spielen wollen. Jungen in diesem Alter genießen viel mehr Freiheit: sie haben schon ihre eigene kleine Gruppe und wenn sie weggehen, was sie oft unkontrolliert tun, dann macht sich keiner besondere Gedanken darüber. Ihre Teilnahme an der Hausarbeit ist gleich null, keiner verlangt sie von Jungen. Die meisten der Zeichnungen von Mädchen haben als Hauptpersonen weibliche Figuren, aber in mehr als einem Drittel der Zeichnungen sind auch männliche Figuren zu sehen. In diesen Fällen sind die Zeichnungen meistens interessanter und reichhaltiger. Wenn irgendetwas Ungewöhnliches geschieht, kann man sicher sein, daß ein Mann damit zu tun hat, wie zum Beispiel die Zeichnung mit dem Vater und dem Sohn, die in die Bar gehen und einen Cappucino trinken; oder die mit den Bauern, die Äpfel ernten usw. Den Jungen passieren nicht nur die interessantesten und ungewöhnlichsten Sachen, sondern sie spielen sich auch außerhalb der Wohnung ab. Eine einzige Ausnahme haben wir gefunden: ein kleines Mädchen zeichnete ein Schiff und eine Dame, die darauf wartete, auf das Schiff gehen zu können. Die Zeichnung verblüffte die Bezugsperson. Es war ihr noch nie vorgekommen, daß ein Mädchen ein Schiff zeichnet und dann noch dazu mit einer Frau, die auf das Schiff wartet. Aber das Mädchen, das diese Zeichnung gemacht hat, ist sicherlich eine Ausnahme. Es gibt natürlich auch Zeichnungen von Mädchen, die Verkehrspolizisten, Maurer usw. zeigen — die Mädchen sind der Außenwelt gegenüber ja auch nicht blind und taub, auch wenn sie meistens daheim sitzen — aber sie sehen es als eine fremde Welt, an der sie nicht teilhaben und die mit ihnen nichts zu tun hat. Sie beschränken sich darauf, diese Welt zu beschreiben. Keines von den Mädchen kann sich vorstellen, je ein Verkehrspolizist oder ein Maurer zu werden, deshalb identifizieren sie sich mit diesen Figuren nicht. Die Sachen, von denen die Mädchen wissen, daß sie ihnen nicht zustehen, delegieren sie an die Jungen. Auch in diesem Sinn sind die Zeichnungen eine getreue Wiedergabe der Wirklichkeit.

Dieses unerbittliche Phänomen der Identifikation mit der Mutter, blind und stumm allem gegenüber, was sich nicht im Haushaltsbereich abspielt, funktioniert als Auswahlprinzip der Dinge, die wünschenswert und abzulehnen sind.

Die Zeichnungen der Jungen sind viel reichhaltiger als die der Mädchen, ihre aus dem Leben gegriffenen Szenen zeigen Diebe und Polizisten, Fischer, Goldsucher, Chauffeure, Maurer, Indianer, Pfarrer aber auch imaginäre Figuren wie Prinzen, Ungeheuer und Zauberer. In ihren Zeichnungen kommen selten Frauen vor. Am häufigsten sieht man noch die Mutter, die ihr Kind sucht, die flickt und näht oder die ihr Söhnchen in die Schule bringt. Auf einer sieht man zwei Schwestern, die nach Hause gehen um Obst zu essen (auch sie gehen nach Hause, was sollten Mädchen auch anderes machen, als nach Hause gehen!). Auf einer Zeichnung spielen Mädchen Seilhüpfen und nur auf einer einzigen Zeichnung sieht man eine Frau, die gerade aus dem Auto gestiegen ist, um zur Arbeit zu gehen. Dieses einzelne isolierte Beispiel der Frau die arbeiten geht, anstatt der Männer die arbeiten, ist ein Hinweis darauf, wie Kinder die Arbeit der Frauen einschätzen. Es heißt, daß diese Arbeit für sie nicht existiert. Wenn man die Zeichnungen ansieht, hat man aber doch den Eindruck, daß die Realität an den Kindern nicht spurlos vorbeigeht, angesichts der Tatsache, daß doch eine Reihe von Zeichnungen Frauen in irgendwelchen positiven Tätigkeiten zeigt. Untersucht man aber diese Zeichnungen genauer, stellt man fest, daß sie alle von einem einzigen Jungen gezeichnet wurden. Offensichtlich ist auch er „anders". Und wie wir auch schon bei den

Mädchen festgestellt haben, malen auch die Jungen die Spiele und
Aktivitäten von Jungen immer außerhalb des Hauses oder der Wohnung. Während sich die Zeichnungen der Mädchen immer im Rahmen des Erlaubten halten, sind die Jungen da ganz und gar nicht
so orthodox. Ein Junge spielt Krieg, indem er Steine um sich wirft,
ein anderer vergnügt sich gar damit, auf Blumenbeeten herumzu-
trampeln.

Die Art der Jungenspiele wird oft sehr exakt dargestellt. Jungen
die Polizist und Diebe spielen, der Junge der sich hinter dem Baum
versteckt, zwei Jungen die Fußball spielen, Jungen die sich gegenseitig Fallen stellen, die am Flipper wetteifern, zwei Buben die
Versteckspielen, ein Junge der im Garten einen Zug fahren läßt,
ein anderer der mit Steinchen spielt usw. Auch die Spiele im Haus
sind festgelegt: mit Autos, Soldaten, mit Bausteinen; ein Junge hat
ein Haus aus Bausteinen und Teilen gebaut, zwei Buben spielen
mit einem Flugzeug. Jungen und Mädchen die zusammen spielen
kommen überhaupt nicht vor.

In den Zeichungen der Mädchen kommen Spiele sehr viel weniger
vor als bei Jungen, sie spielen tatsächlich auch weniger als die Jungen. Auch in ihren Zeichnungen sind die Figuren klar und haben
auch eine klare Aussage, wenn es sich um Jungen handelt, während
bei weiblichen Figuren alles sehr viel vager ist, wahrscheinlich weil
die Spiele der Mädchen meistens eine Familiensituation reproduzieren (zum Beispiel große Dame spielen). Die Jungen spielen immer *mit* etwas, die Mädchen spielen *etwas*. Anhand dieser Zeichnungen kann man sehen, was für ein Bild die Mädchen von sich
selbst, den Jungen und ihrer Umgebung haben. Während die Jungen
die Mädchen in ihren Zeichnungen praktisch ignorieren, beschäftigen sich die Mädchen sehr intensiv mit Jungen und beobachten sie
genau: meistens neidisch auf deren Freiheit, ihre Heldentaten, ihre
Überlegenheit, manchmal auch gleichgültig, weil sie nun schon ihre eigene Situation akzeptiert haben.

Diese Zeichnungen bestätigen, was wir auch schon in den Kindergärten und Vorschulen festgestellt haben: während die Aufmerksamkeit der Jungen den Mädchen gegenüber äußerst gering ist,
bzw. nur Verachtung ausdrückt, ist die Aufmerksamkeit der Mädchen Jungen gegenüber sehr wach und lebhaft und löst Neid und
Bewunderung aus.

Mit fünf Jahren ist also praktisch schon alles abgeschlossen, die Anpassung an die jeweiligen Verhaltensnormen für Mädchen und Jun-

gen ist gelaufen. Der Junge ist aggressiv, aktiv, herrschsüchtig und immer auf dem Sprung. Das Mädchen ist sanft, passiv, beherrscht. Aber während das für den Jungen kein Problem darstellt, weil er nicht nur selbst dadurch bestätigt wird, sondern auch ständig dazu angespornt wird, sich selbst zu verwirklichen — wenn auch vielleicht nur über Konkurrenzverhalten — muß das Mädchen den entgegengesetzten Weg einschlagen, das heißt, sie kann sich nie verwirklichen. Aufgrund dieser Einschränkungen werden alle Fähigkeiten und Energien der Mädchen gebremst und abgeblockt, die sich dann in dem wahnsinnigen „weiblichen Masochismus" wieder zeigen, ein unaufhaltsamer Prozeß — laut Helen Deutsch, um eine wirkliche „Weiblichkeit" zu erreichen. So haben die Frauen die eigene Kreativität zerstört, ihre Intelligenz versteckt und beschnitten, ihr Leben wird durch stumpfsinnige tägliche Pflichten vermiest. Sie zerstören sich für das „Vergnügen", dem Mann zu Diensten zu stehen; Beschützung durch den Mann und hohe Sicherheit ist die eingehandelte scheinbare Belohnung für das, was ihnen weggenommen wurde. Im Austausch mit ihrer Selbstbestimmung haben sie sich nur Abhängigkeit und Unterentwicklung eingehandelt. Natürlich ist es viel leichter, diesen Prozeß zu vollziehen, wenn die Abwehrkräfte noch schwach sind, deshalb setzt diese Konditionierung ja auch schon in den ersten Lebenstagen und -monaten ein. Man muß sich einmal überlegen, wieviele Möglichkeiten, Kräfte, Energien in dieser Zeit unwiederbringlich verlorengehen! Brunet und Lezine zeigen in ihrer bereits erwähnten Studie (7) auf, daß die temperamentvollen, aggressiven, kolerischen, aktiven, unabhängigen Mädchen diese Energien etwa bis zum vierten Lebensjahr verteidigen und behalten, dieser Zeitpunkt entspricht dann etwa dem des Kindergarten- oder Vorschuleintritts. In diesem Fall wird festgestellt, daß sie dort, auch wenn sie zuhause turbulent und lebhaft sind, oft als schüchterne und unterwürfige Kinder gelten, die sich lange konzentrieren können. Bei den psychologischen Tests gehen sie als verschlossene, manische, verängstigte Kinder hervor. Offensichtlich ist für einen Großteil dieser Mädchen der Druck in der Vorschule bzw. im Kindergarten groß und die Spannung wird zuweilen unerträglich, da ja von allen Seiten — der Kindergärtnerin, der Struktur des Kindergartens und auch von der Gruppe der Spielkameraden — die Forderung nach Anpassung kommt. Es scheint kaum glaublich, daß es trotzdem noch fünfjährige Mädchen gibt, die sich dieser Konditionierung einfach nicht unterwerfen konnten, die sich auf wunderbare Weise ihre Lebenskräfte, Originalität, Kreativität und Unabhängigkeit, Wildheit und Würde zugleich bewahrt haben.

„Wann glaubst du bin ich endlich groß genug, daß ich allein spazierengehen kann?" fragte mich ein kleines Mädchen von nicht mal vier Jahren, die mit mir im Wald in der Nähe ihrer Wohnung spazieren ging. „Es ist so langweilig, immer mit den Großen spazierenzugehen!" Dieses Mädchen von außergewöhnlicher Intelligenz konnte noch von Abenteuern träumen, die sie allein bestand, aber wie lange noch? Wieviele Mädchen dieses Alters haben noch soviel Vorstellungkraft und Vitalität, so ein Bedürfnis nach Bestätigung und Selbstbestätigung, um von ihrer Zukunft zu träumen, in der sie die Welt erobern wollen?

Wieviele Mädchen wurden schon vorher so gedrillt, daß diese Wünsche gar nicht mehr in ihnen wach wurden, die die Faszination des Abenteuers zu leben gar nicht mehr spüren?

Unabhängigkeit und Kreativität

Kreativität ist bei dem Großteil der Mädchen im Alter von sechs Jahren, also bei Schulbeginn für immer ausgelöscht. Nur wenige schaffen es, Spuren dieser Kreativität hinüberzuretten, aber auch sie werden später mit den Problemen der Pubertät konfrontiert, mit dem Zusammentreffen mit dem anderen Geschlecht unter völlig neuen Aspekten, bei dem sie unweigerlich in das Dilemma kommen, sich selbst zu verwirklichen, oder sich der Forderung nach „Weiblichkeit" zu unterwerfen, die sie zwingt, ihre persönliche Kreativität einer Anpassung zu opfern.

Die vielen Gründe des Verlusts der Kreativität bei Mädchen können mit einem einzigen Phänomen erklärt werden: der Abhängigkeit, der Mädchen gezwungenermaßen mehr ausgesetzt sind als Jungen. Die Art ihrer Erziehung ist mit Kreativität nicht zu vereinbaren, da letztere ja offen ist, statt sich zu verschließen, da sie nach Freiheit strebt.

Die Kreativität — schreibt Torrance — in ihrer wahren Natur ist charakterisiert durch eine außergewöhnliche Sensibilität und durch Unabhängigkeit. (8)

Nun ist in der amerikanischen, aber auch in unserer Kultur Sensibilität eine ausgesprochen weibliche Eigenschaft, Unabhängigkeit dagegen wird als „männliche" angesehen, diese Typisierung stellt einen der schwerwiegendsten Hinderungsgründe zur Verwirklichung der Kreativität dar. Einen kreativen Jungen findet man im Vergleich zu seinen Altersgenossen daher oft zu sensibel (und deshalb verweiblicht) und gleichermaßen befremdet es, wenn Mädchen „männliche" Interessen haben (Wissenschaft, Politik), deshalb unterbinden diejenigen oft selbst diesen Prozeß der Kreativität, um ihre „Männlichkeit" oder ihre „Weiblichkeit" zu retten. Das erklärt auch zum Teil, warum Mädchen weniger kreativ sind als Jungen: auf ihnen lasten die gesellschaftlichen Vorurteile viel schwerer. Ein Mädchen, das sich beispielsweise für wissenschaftliche Untersuchungen oder politische Probleme interessiert, verliert ihre Anziehungskraft bei Jungen und wird auch von den Altersgenossinnen als „komisch" bezeichnet. Und doch bleibt diese Interaktion von betonter Sensibilität und Unabhängigkeit (die oft zur Rebellion führt) bei diesen Mädchen und Jungen nicht nur vor und während der Pubertät sondern auch im Erwachsenenaltern konstant erhalten. (9)

Sensibilität und Unabhängigkeit müssen sich in jedem Fall in Kreativität äußern, wie Torrance feststellt, aber für den Großteil der Mädchen wird es unmöglich gemacht, sich diese Kreativität zu erhalten, gerade weil ihr spontanes Bedürfnis nach Unabhängigkeit, das dem der Jungen gleicht, schon durch ihre Erziehung im Keim erstickt wird, die ja für Mädchen die totale Abhängigkeit fordert. Dazu kommt, daß die Aufmerksamkeit der Mädchen für politische, intellektuelle, kulturelle, gesellschaftliche, künstlerische Probleme ständig abgewürgt wird, um sie automatisch auf den kulturellen Horizont der kleinen Mädchen zu lenken. Um der Kreativität freien Lauf zu lassen ist es notwendig, intellektuell unabhängig zu sein, die Freiheit zu haben, die gegebenen Werte kritisieren zu können, sie abzulehnen und neue zu schaffen: man muß stark sein.

Kreative Menschen besitzen einen scharfen, autonomen, kritischen Verstand, eine Tendenz, unkonventionell zu sein, einen ausgeprägten Sinn für Humor, die verschiedensten Interessen auf künstlerischem und wissenschaftlichem Gebiet, ihnen fehlt dagegen völlig die „Standardmotivation" für Erfolg in der Schule oder im Beruf, den die anderen von jedem erwarten. (10)

Die Abhängigkeit stabilisiert dagegen starke Bindungen an geltende kulturelle Werte der gesellschaftlichen Umgebung, in der man lebt, ihr kritikloses Akzeptieren, das Streben um jeden Preis die charakteristischen Elemente zu besitzen, die von der Umwelt anerkannt werden. Abhängigkeit führt dazu, sich völlig diesen Ansprüchen zu beugen. Wenn Interesse für Wissenschaft, wie Fattorie behauptet, der männlichen Intelligenz zuzuschreiben ist, und wenn es für Frauen nicht wünschenswert ist, solche Interessen zu artikulieren, dann werden sie sich diese Interessen selbst versagen, um sich den gesellschaftlich anerkannten Qualitäten anzupassen, um ihren „weiblichen" Altersgenossinnen mehr zu gleichen, um sich nicht aus ihrer Gruppe ausgeschlossen zu fühlen. Adler sagt: „Gegen Mädchen gibt es ein sehr starkes Vorurteil. Man sagt ihnen oft, daß das weibliche Geschlecht nicht für Mathematik taugt". (11). Wenn nun die Leidenschaft zur Mathematik eines kleinen Mädchens nicht gerade umwerfend ist, wird das Mädchen auch nicht versuchen, es den Jungen gleichzutun, sondern wird sich im Gegenteil widerstandslos auf die Ebene der Unfähigkeit zurückdrängen lassen, wie ihre Altersgenossinnen. Nur wenige schaffen es aufgrund ihrer Intelligenz und Leidenschaft für wissenschaftliche Fächer, ihre „männlichen" Interessen zu verteidigen, aber sie werden immer mißtrauisch betrachtet, anstatt daß man sie mit ihren Fähigkeiten akzeptiert, und es gibt immer Leute, die sie lächerlich machen, wenn sie vielleicht nicht alles in allem ihre „Weiblichkeit" behalten haben. Man würde ihnen nie den Respekt zollen, den man vor genialen Männern hat. Sie werden immer als anomal gelten, Frauen, die „ein Hirn wie ein Mann" haben. Man diffamiert sie, daß ihre Intelligenz und der Wunsch nach Selbstbestätigung in Wirklichkeit nur Konkurrenzverhalten mit den Männern ist, und wenn sie nicht schön sind, wird man sagen, daß sie ihre Intelligenz nur einsetzen, um zu kompensieren, daß sie bei Männern keinen Erfolg haben. Sie sind die „Penisneider", die „Kastriererinnen". Ihre Schuld ist, daß sie intelligenter sind als manche Männer, die sie immer hassen und meiden werden, weil diese Frauen nicht ihre Objekte sein wollen.

Für eine Frau und noch mehr für ein Mädchen in der Pubertät ist es sehr leicht, von der Kritik Außenstehender in eine Krise gestürzt zu werden, denn, wie Simone de Beauvoir beobachtet:

Für das junge Mädchen existiert der Konflikt zwischen seiner menschlichen Kondition und der Aufgabe als Frau (und umgekehrt), für den jungen Mann ist es relativ leicht durchzukommen, weil seine Bestimmung als Mann und der Wunsch, sich als Mensch zu verwirklichen nicht im Widerspruch zueinander stehen, schon

während der Kindheit wird dieses glückliche Ziel vorbereitet (...).
Zu Beginn der Pubertät verliert das Mädchen intellektuell und künst-
lerisch Boden unter den Füßen (...). Das aufwachsende Mädchen
findet in seiner Umgebung nicht die Ermutigung wie seine Brüder,
im Gegenteil, man will, daß sie auch eine Frau ist und sie wird da-
her gezwungen, das Gewicht ihrer Berufsarbeit mit dem zu verei-
nen, das die „Weiblichkeit" impliziert (...). Jede Selbstbestätigung
verringert die Weiblichkeit und die Verführungsmöglichkeiten (...).
Die Frau steigt nicht in der Achtung der Männer, indem sie an
menschlichen Werten gewinnt, sondern indem sie sich nach deren
Träumen modelliert (...). Eine Frau zu sein, heißt sich impotent,
frivol, passiv und demütig zu zeigen. (12)

Und dumm. Es gibt keinen Ort, wo man Mädchen nicht in jeder
Art und Weise vermittelt, daß sie dumm beliebter sind, ohne daß
man ihnen jedoch beweist, daß sie es wirklich sind. Auch wenn sie
sich neugierig und intelligent zeigen, werden sie ständig entmutigt,
weil für ihre Fragen kein Interesse besteht, weil die Antworten aus-
weichend, widersprüchlich, falsch, nicht erschöpfend oder sogar
derart sind, daß man ihnen ganz klar macht, sie sollten sich dafür
überhaupt nicht interessieren: „(...) es wäre besser, wenn du (...)"
ist eine klassische Antwort, und das, was besser wäre zu tun, ist
— so ein Zufall — immer minderwertiger, stupider als das, was
man gern gemacht hätte.

„Liebe Giovanna" antwortet der Direktor einer Zeitschrift für Mädchen bei der Leserbriefspalte einem Mädchen von neun Jahren die
fragte, warum wohl die Römer runde Bögen in ihren Bauten hatten und die Griechen nicht, „du hast für ein Mädchen eine sehr intelligente Frage gestellt" und drückte damit die allgemeine Ansicht
aus, daß kleine Mädchen sowieso Idioten sind und daher einer intel-
ligenten Frage gar nicht fähig, und er fuhr fort, indem er eine
nichtssagende, enttäuschende Antwort auf eine völlig berechtigte
Frage gab.

In einem Wesen, das dafür programmiert wurde, beherrscht zu werden, gibt es keine unbequemere Eigenschaft als die Intelligenz,
und so tut man von Geburt an alles, um sie zu entmutigen und den
Mädchen keine Gelegenheit zu lassen, sich ihrer Situation bewußt
zu werden. Dafür wird immer wieder die „Intuition" herausgestellt,
denn für denjenigen der herrschen will, ist es praktisch, wenn seine
Fragen schon verstanden werden, noch bevor sie formuliert sind.
Wie es auch praktisch ist, daß es untergeordnete Wesen gibt, die zu-

erst an die Interessen der anderen denken anstatt an die eigenen, und diese manchmal sogar gegen ihre eigenen Bedürfnisse erfüllen. Diese hochgejubelte weibliche Intuition, allgemein als „natürliche" Gabe in einem Wesen gesehen, das aufgrund seiner biologischen Voraussetzungen zur Mutterschaft und Erziehung der Kinder bestimmt ist, und deshalb auch mit der edlen Fähigkeit ausgestattet ist, immer das Beste für die anderen zu tun, ist auch ein Produkt der Konditionierung zur Unterwürfigkeit und der Notwendigkeit, ständig auf die Ideen, Launen, Reaktionen und Wünsche der dominierenden Wesen einzugehen.

Allport sagt:„Die Rolle (der Frau) erfordert es, daß sie schon von klein an lernen, auf die Bedürfnisse und die Verhaltensweisen der anderen einzugehen (...) in einer Gesellschaft in der es noch zweierlei Maßstäbe für Moral gibt, ist es für die Frau richtig, die Qualitäten ihrer Freunde einzuschätzen und ihnen gegenüber umsichtig zu sein. (13)

Und gerade diese erzwungene Umsicht, die Notwendigkeit, sich ständig vor Augen zu halten, was die anderen denken und sich erwarten, was man tun oder lieber lassen sollte, wann der richtige Augenblick ist, um etwas zu bitten, und es auch zu erhalten, was eine bestimmte Mimik, Geste, Ausdrucksform eines anderen bedeuten könnte, dem man die eigenen Bedürfnisse unterordnet, gerade diese „weibliche Intuition" erfordert soviele Energien, die man viel besser anders verwenden könnte. Intuition ist eine typische Eigenschaft Unterdrückter, denn es stimmt auch, daß sie die Reaktionen und Launen anderer einkalkulieren, wie das zum Beispiel im Knast der Fall ist. Es ist richtig, daß Frauen, die aufgrund ihrer Konditionierung gezwungen sind, diese Intuition zu entwickeln und sich dann damit abfinden müssen, oft Berufe ergreifen, bei denen diese Eigenschaft notwendig ist, aber dieses Phänomen folgt einfach dem Prinzip der funktionalen Autonomie wie Allport sie definiert hat.

Die Diskriminierung geht weiter: Ein Blick auf die Schule

Die Volksschullehrerinnen bestätigen in Bezug auf kleine Mädchen die Beobachtungen der Kindergärtnerinnen. Die Mädchen sind geradezu besessen fleißig. Ihre Hefte sind ein Spiegelbild der Ordnung, kein Fleck, keine Schmierereien, alles stimmt. Die Buchstaben, die die Wörter bilden sind gerade, ohne Unsicherheit, sauber, sehr leserlich und der schwache Druck, mit dem sie in das Heft geschrieben sind, bezeugt charakteristischen Mangel an Kraft. Ihre Aufsatzthemen sind formal korrekt, genau von der richtigen Länge, um die Lehrerin nicht zu enttäuschen, der Inhalt ist so konformistisch, wie man es sich kaum vorstellen kann. Das Modell schöngut-böse ist überall zu finden und wenn man eine Partei ergreifen muß, so sind die Mädchen immer auf der Seite des Guten und verachten das Schlechte, Banalität spritzt aus jeder Zeile, die Bereitschaft, sich der Autorität zu beugen ist immer da. Alles ist übersät mit süßem Romantizismus, Beschreibungen klebriger Gefühle, unwahrscheinlicher Landschaften und Ereignisse. In den Aufsätzen der Mädchen sieht man ganz klar den Wunsch, die Lehrerin und die Klasse mit selbstlosen Formulierungen zu beeindrucken, die in einem Ton geschrieben sind, der mit Spontaneität nichts mehr zu tun hat. Dasselbe Phänomen weist ihr persönliches Verhalten auf. Die Hefte der Jungen bieten einen ganz anderen Anblick: schmutzig, schlampig, abgegriffen, eindeutige Zeugen täglicher Benutzung, der Hefte, Bücher usw. ständig ausgesetzt sind und deren Spuren sie tragen. In der Heftführung der Jungen scheint Unordnung ein Befehl zu sein: Sätze werden ausgestrichen, überall Flecken, Fingerabdrücke, Drübergeschriebenes, unregelmäßige Schrift, krakelige Buchstaben, Interpunktion wenn überhaupt vorhanden, dann nach Laune gesetzt, die i-Punkte wurden nie geschrieben, totaler Mangel an Raumeinteilung einer Seite, nicht einmal die primitivsten ästhetischen Prinzipien werden eingehalten — das sind bei fast allen Heften die typischen Merkmale.

Aber aus diesen unordentlichen Heften und auch aus der intensiven Beteiligung an außerschulischen Aktivitäten (und die haben Jungen!) sprechen Vitalität, Erfindergeist, Fantasie — wenn auch unordentlich, chaotisch. Ihre Aufsätze sind immer zu kurz, wenn man mit den Maßstäben der Lehrerin mißt. Sie sehen aus, als wären sie schnell hingeknallt, ohne Zugeständnisse an die äußere Form, oft auch an Grammatik und Rechtschreibung. Ihre Aussagen sind unumstößlich, oft widersprüchlich, selten kommt einmal eine poetische Beschreibung vor und wenn, merkt man gleich, daß der erste, der sich davon nicht täuschen läßt der Schreiber selbst ist, dem die Poesie offensichtlich egal ist. Wenn Mädchen hübsche kleine Zeichnungen machen, setzen die Jungen rohe, unproportionierte Malereien entgegen, Farben werden nach der jeweiligen Eingebung gewählt, ohne viel Überlegungen, überall stehen aus der Zeichnung Fahrer heraus, rote Rasen, grüne Sonnen, schiefe Häuser, Monstermenschen. Das Bild schießt bedenkenlos über die Seite hinaus auf die gegenüberliegende und überschmiert Diktate und kleine Gedanken ohne Rücksicht auf ästhetische Aspekte. Abenteuerliche, turbulente, freie Hefte, wie ihre Besitzer. Oberflächlich gesehen gehen die kleinen Mädchen in den ersten Schuljahren als Siegerinnen hervor. Ihre ordentlichen Hefte entsprechen dem „weiblichen" Ordnungskonzept der Lehrerin. Die Hefte der Mädchen fordern das Lob geradezu heraus, sie scheinen die verfeinerten Produkte einer hohen Sensibilität zu sein und sind doch nur das Ergebnis einer unterdrückten Kreativität, die schwermütigem Konformismus gewichen ist.

Die kleinen Mädchen passen immer auf, nicht ein Wort der Lehrerin entgeht ihnen, sie vergessen nie den Füller oder ein Heft zuhause und haben stets einen Radiergummi oder ein Blatt Papier zur Hand, um es jemandem zu leihen, und sie machen das um größtmögliche Aufmerksamkeit auf sich zu ziehen. Sie verstehen alles, vergessen nichts, sitzen brav und unbeweglich an ihren Pulten, die Knie immer hübsch zusammen, ärgern sich über den Krach der Jungen, sind immer bereit, sie in quengeligem Ton zum Schweigen zu bringen, wenn sie die Lehrerin nicht verstehen können. Die Spannung strengt sie an, das Bedürfnis, anerkannt zu werden erschöpft sie, was an den kleinen Körpern natürliche Ruhe zu sein scheint, ist verzweifelte Selbstdisziplin und krampfhafte Aufmerksamkeit, immer gleich das zu erfassen, was man von ihnen will, noch bevor es ausgesprochen ist. Bei den Mädchen gibt es die Solidarität nicht, die man bei Gruppen von Jungen findet: sie sind immer bereit, zu verklagen, und jemanden schlecht zu machen, oft bespitzeln sie ihre Kameradinnen und sagen es der Lehrerin. Das sind Charakteristika von Unterdrückten. Die Trennung nach Geschlechtern, die schon im Kindergarten stabilisiert wurde, geht in der Volksschule weiter: das Resultat ist offensichtlich, die Kinder sind sich fremd, wenn nicht verfeindet. Aber es gibt keine Kämpfe zwischen Jungen und Mädchen, wieviel Schikanen sie auch erleiden mögen: Ungerechtigkeiten, wirkliche oder eingebildete werden der Lehrerin gemeldet, die sie oft nicht nach ihrem Inhalt sondern nach der Art beurteilt, wie sie angewandt werden. Für sie ist es normal, daß Jungen die Mädchen angreifen und sie diskutiert nur die exzessiven Auswüchse, sie fordert die Jungen auf „zu den Mädchen netter zu sein", aber sie fordert auch die Mädchen auf, nicht so „lästig" zu sein. Wer es richtig findet, daß die Kinder ab der Volksschule getrennt werden, der gibt damit nur zu, daß Mädchen und Jungen aufgrund ihrer Konditionierung nicht miteinander auskommen können, daß es aufgrund dieser Erziehung schwierig ist, einen gemeinsamen Ausgangspunkt zu finden. Die Lösung ist aber nicht, sie zu trennen weil sie nicht miteinander auskommen und sich gegenseitig schaden, sondern diese Unterschiedlichkeit in der Erziehung zu eliminieren, indem man sie als Individuen erzieht und nicht als Angehörige des einen oder anderen Geschlechts.

Die kleinen Mädchen „mögen die Lehrerin lieber" oder sagen ihr das wenigstens, sie versuchen es ihr zu beweisen, indem sie ihr einen Kuß geben wollen, ihr Blumen bringen, kleine Geschenke machen, für sie etwas zeichnen. Sie sind bereit, jeden kleinen Dienst zu machen, dabei leuchtet aus ihren Gesichtern der Stolz und der Wunsch, zu gefallen. Sie sind jeden Moment bereit, ihre Beschäftigung aufzugeben, um den Füller aufzuheben, der der Lehrerin heruntergefallen ist, um einem gelegentlichen Besucher, der gehen will die Tür aufzumachen, aufzuspringen und zu grüßen wenn immer jemand zur Tür reinkommt.

Ihr höchstes Ziel scheint es zu sein, sich jeder beliebigen Autorität zu Diensten zu stellen. Sie setzen ein verführerisches Lächeln auf, um bei dem anderen auch ein Lächeln auszulösen, sie lächeln viel und lachen wenig (bei Jungen ist es gerade umgekehrt), sie sind servil und haben keinen Stolz.

Wie im Kindergarten, wenn die Kindergärtnerin fragt, wer aufräumen will, melden sich auch in der Volksschule immer die Mädchen. Die Jungen bleiben bei ihrer Taktik, alles so schlecht und nachlässig zu machen, daß sie gar nicht erst gefragt werden. Die Mädchen sind dermaßen effizient, daß keine Lehrerin der Versuchung widerstehen kann, sie dafür zu loben, aber gerade dieses Lob schwächt ihr Bewußtsein, daß sie als Individuen und nicht als Dienstpersonal und Putzfrauen wertvoll sind. Man könnte meinen, daß die Jungen von dieser täglichen Demonstration an Eifer, Effizienz und Artigkeit und dem daraus resultierenden Lob gedemütigt wären, aber sie haben als Jungen ja tausend andere Möglichkeiten, sich zu bestätigen. Außerdem bestätigt zwar der Großteil der Lehrerinnen, daß Mädchen „leichter, ruhiger, anpassungsfähiger" sind, aber gleichzeitig geben sie zu, daß Jungen „befriedigender" sind, und sie erklären diesen Widerspruch mit der größeren Kreativität und Unabhängigkeit der Jungen. Die Mädchen wiederholen immer alles genau, wie man es ihnen sagt, während die Jungen Variationen einführen, Lösungen vorschlagen, diskutieren, erfinden und all dies wird als stimulierender empfunden.

Das Phänomen, daß nach Einführen der Schulpflicht viel mehr Mädchen als Jungen unmittelbar nach der Volksschule aufhörten und im Haushalt oder in irgendeinem Beruf arbeiteten ist nicht verschwunden, sondern hat sich mit den Zeiten gewandelt. Heutzutage hören die Mädchen eben nach der Mittelschule auf und zwar viel häufiger als Jungen.

Wenn in einer Familie nur Mädchen sind, ist die Wahl leicht: alle dürfen weiterstudieren oder nicht, je nach finanzieller Lage der Familie. In einer Familie mit Mädchen und Jungen dagegen darf meistens der Junge weiter auf die Schule gehen, zumindest wenn nicht genug Geld für alle Kinder da ist, oder man wählt für das Mädchen einen Ausbildungsweg, der unter dem Niveau der Ausbildung des Jungen steht.

ANMERKUNGEN

1. KAPITEL

(1)   David M. Rorvik und Landrum B. Shettles, Entscheiden
      sie selbst das Geschlecht ihres Kindes, München 1970.
(2)   Giovanni Bronzini, Vita tradizionale in Basilicata, Matera.
(3)   Giuseppe Pitré und Salomone Marino aus Archivio per lo
      studio delle tradizioni popolari, Januar bis März 1884.
(4)   Bianca Guidetti Serra, Felicità nell'adozione, Mailand 1968.
(5)   Guiseppe Vidossi, Saggi e scritti minori di folklore, Turin
      1960.
(6)   Gordon W. Allport, Psicologia della personalità, Zürich 1969.
(7)   Odette Brunet und Irene Lézine, I primi anni del bambino,
      Rom 1966.
(8)   Ebd.
(9)   Ebd.
(10) Ebd.
(11) Ebd.
(12) Nora Galli de Paratesi, Le brutte parole, Mailand 1969.
(13) Odette Brunet und Irene Lézine, op.cit.
(14) Ebd.
(15) Bela Grumberger, Il narcisismo nella sessualità femminile
      aus Janine Chasseguet-Smirgel, Psychoanalyse der weibli-
      chen Sexualität, Frankfurt/M. 1974.

2. KAPITEL

(1)   Janine Chasseguet-Smirgel, op.cit.
(2)   Robert Stoller, Zitat aus Shulamith Firestone, Frauenbefrei-
      ung und sexuelle Revolution, Frankfurt/M. 1975.
(3)   Rene Zazzo, L'evoluzione del fanciullo dai 2 ai 6 anni,
      Rom 1968.
(4)   Charles Bried, Gli Scolari e le scolare, in Maurice Debesse,
      Psicologia dell'eta evolutiva, Rom 1968.
(5)   Irenäus Eibl-Eibesfeldt, Liebe und Haß. Zur Naturgeschichte
      elementarer Verhaltensweisen, München 1970.
(6)   Jean Laplanche und J.B.Pontalis, Das Vokabular der Psycho-
      analyse, Frankfurt/M. 1972.

(7)   Gordon W. Allport, op.cit.
(8)   Margaret Mead, Geschlecht und Temperament in primitiven Gesellschaften, Hamburg 1959.
(9)   Irenäus Eibl-Eibesfeldt, op.cit.
(10) Bernard Muldworf, Féminité et psychologie féminine selon la psychoanalise, in Bulletin Officiel de la Société Francaise de Psycho-Prophilaxie Obstétricale, Paris 1964.

3. KAPITEL

(1)   Jean Chateau, Il gioco del fanciullo, in Maurice Debesse, op.cit.
(2)   Charles Bried, op.cit.
(3)   Erik Erikson, Kindheit und Gesellschaft, Zürich 1957.
(4)   Charles Bried, op.cit.
(5)   Simone de Beauvoir, Das andere Geschlecht, Hamburg 1952.
(6)   John Dollard, Frustration und Aggression, Weinheim 1970.
(7)   Aus der Zeitschrift Panorama, Italien 28. Okt. 1971.
(8)   Aus L'ecole des Parents, Frankreich 3. März 1972.
(9)   Michelle de Wilde, Les stéreotypes feminins aus L'ecole des Parents, Juli/August 1972.
(10) Lorenza Zanuso, Cenerentole per Forza, in Il Giorno, Italien 18.2.1972.
(11) Marisa Bonazzi und Umberto Eco, I pampini bugiardi, Florenz 1972.
(12) Denise Roqués, La mia Famiglia, Rom 1971.
(13) Bill Martin jr., Whistle, Mary, Whistle, New York 1970.
(14) Ugo d'Ascia, Onorevolmente cattive, in Noi donne Nr. 50, Italien 19. Dez. 1971.
(15) Enzo Rava, Se il principe non le avesse baciata? , in Noi Donne, op.cit.
(16) Udo d'Ascia, op.cit.

4. KAPITEL

(1)   Irenäus Eibs-Eibesfeldt, op.cit.
(2)   Aus Vita dell'infanzia, Nr. 7, Italien April 1972.
(3)   B. Linner, What does equality between the sexes imply? , American Orthopsychiatric Association, Washington D.C. 1971.

(4)   Margaret Mead, op.cit.
(5)   Grazia Honegger Fresco, I bisogni della prima età nelle case dei bambini, in La via femminile Nr. 1, Italien Dez. 1968.
(6)   Aus Vita dell'infanzia, op.cit.
(7)   Odette Brunet und Irene Lézine, op.cit.
(8)   Paul E. Torrance, Guiding creative talent, Prentice-Hall, Inc. Englewood Cliffs 1962.
(9)   Marta Fattori, Creatività e educazione, Bari 1968.
(10) Ebd.
(11) Alfred Adler, Schwererziehbare Kinder, Dresden 1927.
(12) Simone de Beauvoir, op.cit.
(13) Gordon W. Allport, op.cit.

Nachbemerkung

*„Durch List hat er dich versklavt, dich, die du groß,
stark und mutig warst. Er hat dir deine Weisheit gestoh-
len, die Erinnerung ausgelöscht an das, was du einst
warst, dich zu jener gemacht, die nichts ist, die nicht
spricht, die nichts besitzt, die nicht schreibt, er hat aus
dir ein armseliges, gefallenes Geschöpf gemacht, er hat
dich geknebelt, mißbraucht, verraten. Mit List und Tük-
ke hat er deinen Verstand eingelullt, hat dich in ein
dichtes Netz von Fehlern eingesponnen, die er als unab-
dingbar für dein Wohlbefinden, als deine Natur erklärt.
Er hat deine Geschichte erfunden. Aber die Zeit naht,
da du die Schlange unter deinem Absatz zertreten wirst,
die Zeit naht, da du aufschreien kannst, aufrecht, erfüllt von Kühnheit und Leidenschaft. Das Paradies existiert im Schatten des Schwertes."* (1)

Der Prozeß der sozialen Konditionierung, dem wir Frauen im Verlauf unserer Entwicklung unterworfen sind, sieht für jede von uns
ein bißchen anders aus. Die Beschreibung dieses Prozesses, wie
E.Belotti sie für die italienischen Verhältnisse bringt, würde für uns
deutsche Frauen sicher auch etwas anders ausfallen.
Wir werden nicht mehr ausschließlich und ganz offen „nur" auf die
Rolle als Mutter und Hausfrau erzogen; die meisten von uns, die
heute zwischen 20 und 40 sind, wurden bereits daraufhin konditioniert, auch als zuverlässige Arbeitskräfte im Berufsleben ihren
„Mann" zu stehen.
Auch unsere Töchter werden heute im Kindergarten, in der Vorschule und in der Schule nicht mehr nur ausdrücklich auf die traditionelle Frauenrolle hin erzogen. Dennoch findet auch hier die frau-
enspezifische Konditionierung statt — als etwas Selbstverständli-
ches, Nichthinterfragbares, quasi zwischen den Zeilen.
Es ist erwünscht, daß das junge Mädchen eine Ausbildung absolviert,
daß sie eine begrenzte Qualifikation erhält: sonst ist sie, wie die Krise zeigt, später auf dem Arbeitsmarkt nicht zu brauchen. Aber erwünscht nur in dem Maß, in dem sie nicht die Perspektive von Ehe,

Mutterschaft und letztlich allein getragener Hausarbeit in Frage stellt. Möchte eine Frau diese grundsätzliche Schranke durchbrechen, so stößt sie alsbald auf die Schwelle von Begriffen wie „Mannweib" oder „alte Jungfer" und wird in der Regel an ihren Platz zurückverwiesen, resigniert. Von einem oberflächlichen Standpunkt der Rollenkritik her kann das, was hier als Selbstverständlichkeit abläuft, nicht erfaßt werden, da Rollenkritik die komplexe Einheit der materiellen und psychischen Grundlagen eines bestimmten Verhaltens nicht zu analysieren vermag und somit auch die soziale Situation, aus der dieses Verhalten entsteht, nicht infrage stellen kann.

Hier aber liegt das zentrale Problem des Buches von Elena Belotti: Sie zeichnet ein bitterscharfes Bild von den Konditionierungsprozessen, ein Bild, das Betroffenheit und Wiedererkennen bewirkt. Diese Konditionierung ist für sie aber im Kern ein Rollenproblem, das heißt, das Buch behandelt die Herausbildung eines „falschen" Rollenverhaltens. Wir meinen, daß damit die Ursachen für dieses Verhalten aus dem Gesichtsfeld rücken und deshalb auch die Vorstellungen von E. Belotti über die notwendigen Änderungsschritte verkürzt geraten. Ihre Forderung etwa nach einer starken Einbeziehung von Männern in die institutionelle Kleinkindererziehung halten wir für keine Lösung, weil wir nicht glauben, daß dies eine entscheidende Veränderung des geschlechtsspezifischen Konditionierungsprozesses bedeuten würde. Hier gilt, daß sich innerhalb des Erziehungsprozesses über die Köpfe der Betroffenen hinweg das gesellschaftliche Verhältnis von Mann und Frau durchsetzt. Auf die Hoffnung, daß durch die „Vermännlichung" der Erziehungsarbeit eine Aufwertung dieser Arbeit erfolgen würde, werden wir versuchen, später im Zusammenhang der Problematik sozialer Arbeit einzugehen. Nicht zuletzt halten wir diese Forderung aber auch deshalb für falsch, weil wir als Feministinnen nicht um Gleichheit mit den Männern kämpfen, sondern um unsere Existenz und Identität als Frauen. Das heißt, wir messen uns selbst nicht mehr an dem, was patriarchale Herrschaft uns als Maßstäbe vorgibt, sondern wir versuchen, unser Leben, unsere Geschichte, unser ganzes Dasein aus eigener Kraft zu definieren — um dem Prinzip männlicher Herrschaft eine kraftvolle Alternative entgegensetzen zu können, denn diese Alternative brauchen wir für uns selbst hier und jetzt und als Ziel, um den Kampf gewinnen zu können.

Wenn wir davon ausgehen, so erweist sich die Forderung „mehr

Männer in die Frauenberufe" als nichts anderes als die Hoffnung, eine abgeleitete männliche Stärke zu gewinnen, die Frauenrolle irgendwie an der Macht der Männer *teilhaben* zu lassen — ein ohnehin illusorisches, darüberhinaus aber inhaltlich völlig perspektivloses Unterfangen. Demgegenüber meinen wir, daß die sogenannten weiblichen Berufe zu Ausgangspunkten weiblicher Organisierung, eines neuen weiblichen Stärkebewußtseins, eines weiblichen Gegenangriffs werden müssen. Dieses Konzept geht aus von der Perspektive: *Macht* für Frauen. Von dieser Zielstellung her ist es unzureichend, wenn wir jetzt beginnen, losgelöste pädagogische Konzepte und Rezepte zur emanzipatorischen Erziehung kleiner Mädchen zu entwickeln, da dies zunächst nur die Diskriminierung und Unterdrückung der Frau verschleiern hilft, „ein bißchen" zu bessern sucht, wo es um die Veränderung des Ganzen geht. Diese Versuche aber zerrinnen dann denjenigen, die sie betreiben, unter den Händen — ins Nichts. Dies zeigt sich zum Beispiel in einem Land wie Schweden, wo das Rollenverhalten bekämpft wird, indem die kleinen Jungen in der Schule kochen und häkeln. Da aber die gesellschaftliche Arbeitsteilung des kapitalistischen Patriarchats unangefochten bleibt, verkümmert diese Praxis zu einem künstlichen und lästig empfundenen Geplänkel. Das heißt nicht, daß wir unsere Hände in den Schoß legen, um auf die große Veränderung zu warten, sondern das heißt, daß wir zunächst konsequent daran arbeiten, uns Klarheit über unseren eigenen Prozeß der frauenspezifischen Konditionierung zu verschaffen, bevor wir anfangen können, unsere Töchter zu verstehen — bevor wir ihren Widerstand ebenso begreifen lernen wie wir lernen, ihre Vitalität nicht zu zerstören, sondern zu unterstützen.

Solange wir uns selbst an den Mann verkaufen müssen, solange wir geschichtslose Wesen sind, werden wir auch unsere Töchter nicht zu freien, starken Frauen erziehen können. Erst wenn *wir* diesen Kampf aufnehmen, wird unser Verhältnis zu den Kindern, auch zu den männlichen, nicht mehr Resultat unseres Abhängigkeitsverhältnisses zum Mann sein, erst dann werden wir nicht mehr als geschichtslose Mütter-Töchter unsere Kind-Töchter zynisch auf unsere eigene Unterdrückung festlegen müssen. Das heißt allerdings nicht, daß es unwichtig wäre, sich mit dem anerzogenen Rollenverhalten der Frau auseinanderzusetzen. Denn wir meinen, daß der Text von E. Belotti die Grundmechanismen der Entstehung „weiblichen" Verhaltens in einer Weise beschreibt, die in jeder Frau ein Wiedererkennen und zugleich Haß auf diese Konditionierung auslöst. Das Einzwängen des kleinen Mädchens in ein Korsett von sterilen Verhaltensweisen ist etwas, was wir in gewissem Umfang alle selbst durchlebt und durchlitten haben. Diese ersten notwendigen Schritte des Wiedererlebens dieser Mechanismen und die Auseinandersetzung mit ihnen können nun zu einer Triebkraft in unserer Auseinandersetzung mit einer männlich bestimmten Umwelt werden. Einer Auseinandersetzung, die nach unserem heutigen Verständnis über die *Ursachen* der Konditionierung jedoch über eine Rollenveränderung hinausgreifen muß.

Im Folgenden wollen wir versuchen, in einem groben Abriß die Richtung der Analyse darzustellen, die wir Feministinnen für die Voraussetzung dafür halten, daß wir Frauen unsere Geschichte und unsere Zukunft neu, das heißt selbst bestimmen, und Handlungskonsequenzen für heute daraus ableiten können.

Der Mythos der Berufstätigkeit als Scheinemanzipation

Neben das traditionelle Ideal von Frau, an dem sich Frauen jahrhundertelang zu messen hatten und dem sie nacheifern mußten, dem Bild der Heiligen, die sich in unermüdlicher Demut für Mann und Kinder aufopfert, und die nur über diese permanente Selbstopferung eine Daseinsberechtigung beanspruchen kann, ist heute das scheinheilige Bild der strebsamen, dynamischen — und natürlich jungen — Frau gesetzt worden, die eifrig ihrem Beruf nachgeht und nebenher noch mit leichter Hand die Haushaltsarbeit nach rationellen Gesichtspunkten erledigt, die Kameradin, Gesprächspartnerin und Geliebte. Dieses Frauenbild verbreiten vor allem die großen „progressiven" Frauenzeitschriften, und die Politiker haben dafür eine Extra-Ideologie geschaffen: die Ideologie der Partnerschaft. Solange wir keine Kinder haben, bemühen wir uns denn auch sehr, dem Mann Partnerschaft abzuzwingen. Nur allzuhäufig jedoch schwindeln wir uns über die grundsätzliche Ungleichheit hinweg, indem wir stolz aufzählen, wieviel „er" im Haushalt mithilft und versuchen uns einzureden, daß „er" halt doch die große Ausnahme darstellt usw.

Spätestens wenn wir ein Kind haben, geben wir meist den mühseligen Kampf um Partnerschaft auf. Wir haben keine Kraft mehr dazu,

168

denn wir haben genug damit zu tun, die Haushalts- und Kinderarbeit zu organisieren und durchzuführen. Wir resignieren und akzeptieren, daß die Dinge nun einmal so sind wie sie sind. Dies ist für die meisten Frauen der Punkt, wo trotz Berufstätigkeit und Partnerschaftsideologie wirksam wird, was seit Urzeiten Frauenschicksal ist: wir versuchen, uns damit zufriedenzugeben, was uns noch zugestanden wird — für andere, den Mann und die Kinder dazusein, unsere Emotionalität und physische Kraft an ihnen abzuarbeiten, ihre Reproduktion zu gewährleisten. Wir versuchen — genau wie E. Belotti es beschreibt — uns in der Situation der Unterdrückung häuslich einzurichten, wir machen wie seit eh und je „das Beste" aus einer unerträglichen Situation, wir geben kampflos auf und führen das Dasein eines vom Mann psychisch und materiell abhängigen under-dogs.

Dies ist immer noch der unabwendbare Punkt in unserem Leben* wo uns die „alte" Frauenrolle wieder voll erfaßt, und wo wir zu spüren bekommen, daß der Versuch der beruflichen Emanzipation, uns aus der Abhängigkeit vom Mann und aus der uns von der männlichen Gesellschaft aufgezwungenen Inferiorität nicht heraushilft, sondern uns vielmehr zu einer „vielseitig" das heißt beliebig belastbaren Manövriermasse in den Händen eines cleveren, „progressiven" Patriarchats gemacht hat.

Inwieweit die Konditionierung auf die traditionelle Frauenrolle hin auch innerhalb der Berufstätigkeit ausgebeutet wird, wollen wir versuchen, im folgenden kurz darzustellen:

Der unmittelbarste Zusammenhang zwischen unserer Konditionierung als Frau und der professionellen Ausbeutung dieser Konditionierung besteht nach wie vor im sozialen Bereich. Von der Krankenschwester bis zur Psychologin, von der Kindergärtnerin zur Lehrerin zieht sich der rote Faden der „Anwendung" unserer Fähigkeit, soziales Engagement nicht nur in der Abstraktion männlicher Ideengebäude zu postulieren, sondern in der Konkretheit eines banalen Alltags zu leben. Wo immer es eine gesellschaftliche Notwendigkeit für das Patriarchat ist, durch eine differenziert-professionelle soziale Arbeit das psychische und materielle Elend, das diese Gesellschaft *produziert,* auf seine Art und Weise zu befrieden und zu kanalisieren, werden wir Frauen eingesetzt. Wir sind hilflos dage-

---

* Frauen, die diese Unabwendbarkeit nicht akzeptieren, also Alleinstehende, alleinerziehende Mütter oder lesbische Frauen, bekommen ihre „Rollenabweichung" gemeinhin mit der gleichen Härte zu spüren.

gen, weil uns die Spezialisierung dieser Qualifikation eine gewisse gesellschaftliche Anerkennung und ökonomische Unabhängigkeit bringt, die wir brauchen. Gleichzeitig aber verkaufen wir die Qualität dieser Fähigkeit an das perverse und zynische System der Sozialbürokratie — und nur um den Preis des Verlustes unserer Sensibilität gegenüber der Unterdrückung der „Objekte" sozialer Arbeit und gegenüber unserer eigenen Unterdrückung, können wir darin überleben.

In der Industriearbeit wiederum, wo man — weil der Mann seine für ihn produktive Destruktivität unmittelbar als Macht ausüben kann — die ideologische Verbrämung nicht nötig hat, werden bestimmte traditionelle Frauenfertigkeiten mechanisch isoliert und ausgebeutet:

— die den Frauen zugeschriebene Fähigkeit, Monotonie zu ertragen etwa, kann als Resultat unserer historischen Leidensfähigkeit angesehen werden, oder

— die Ausbeutung der „fraulichen" Geschicklichkeit, die uns in den Häkel- und Nähkursen in der Schule antrainiert wird.

Im Büro — etwa als Typistin — finden wir ebenfalls die Ausbeutung der sogenannten mechanischen Frauenfähigkeiten, plus dem Einsatz unserer allgegenwärtigen Dienstbereitschaft für den Mann: Kaffeekochen, Terminkalender führen, überhaupt, so etwas wie eine menschliche Atmosphäre schaffen.

Wenn wir davon ausgehen, daß die Differenzierung der Arbeitsteilung im patriarchalen System nur im Sinne einer technischen Perfektionierung vor sich geht, und innerhalb dieses Zusammenhanges keine neue Qualität der Arbeit entstehen kann, weil alle Arbeitsteilung im patriarchalen Sinn auf der Weiterführung der Ausbeutung der Reproduktionsleistung der Frauen aufbaut, dann müssen wir vor dem Hintergrund der zuvor beschriebenen Muster von Frauenberufstätigkeit zugeben, daß sich das traditionelle Erziehungsmuster als sehr funktional erweist. In diesem Sinne ist die Hoffnung auf eine Emanzipation durch Berufstätigkeit nichts als die Perversion unseres Willens, der psychischen und materiellen Abhängigkeit vom Mann zu entkommen. Berufstätigkeit als die einzige Möglichkeit der ökonomischen Unabhängigkeit vom einzelnen Mann allerdings ist eine existentielle Notwendigkeit für ein Leben unter dem Status quo — nur müssen wir uns sehr klar darüber sein, daß wir einen sehr viel höheren Preis bezahlen müssen, als wir uns einzugestehen bereit sind.

Was wir wirklich brauchen, ist nicht eine „bessere Qualifikation", denn Qualifikation im sozialen Bereich bezieht sich, so wie sie heute gesellschaftlich definiert ist, auf die rationalistische Anpassung und Funktionalisierung des Menschen. Dabei gibt es unserer Meinung nach eine unaufhebbare Spannung zwischen der Eigendynamik der durch die Sozialbürokratie gesetzten formalisierten Inhalte und einem nicht funktionalisierbaren „Rest" — nämlich der für die menschliche Existenz unabdingbaren psycho-physischen Qualität zwischenmenschlicher Kommunikation*. Die Ausbeutung dieses qualitativen „Restes" garantieren wir Frauen im sozialen Berufsfeld als Ausbeutung von uns selbst. Indem diese Qualität der gesellschaftlichen Diskriminierung und Tabuisierung unterliegt, können wir uns auf sie nicht als eine Kraft beziehen, sondern sie ist Ausdruck unserer Ohnmacht. Dies ist unserer Meinung nach der entscheidende Punkt, warum wir Frauen uns als professionelle Erzieherinnen nicht gegen die Vergewaltigung, die uns selbst und den Kindern angetan wird, wehren. Hier greift Elena Belotti zu kurz, wenn sie davon spricht, daß die mangelhafte Qualifikation der Erzieherinnen schuld sei an ihrer Unfähigkeit, den Teufelskreis frauenspezifischer Konditionierung zu durchbrechen.

Wir behaupten dagegen, daß eine spezialisierte pädagogische Qualifikation das Grundproblem nicht zu erfassen vermag: das Problem der Ausbeutung der emotionalen und sozialen Fähigkeit von uns Frauen.

Wir müssen anfangen, uns gegen dieses ganze System der patriarchalen Arbeitsteilung zu wehren, und das heißt nicht „ein bißchen" etwas zu fordern, damit es uns „ein bißchen" besser geht — das heißt in der Konsequenz einen existentiellen Kampf gegen das Patriarchat zu führen.

Gerade an E.Belotti selbst wird deutlich, was es heißt, im Fangnetz männlicher Definition hängenzubleiben: sie kann nur die „dummen" Mütter und die „unqualifizierten" Erzieherinnen angreifen und wendet sich in der gleichen diskriminierenden Weise damit gegen uns Frauen, wie wir es gesellschaftlich eh schon immer erfahren.

---

*   Wir können durchaus davon ausgehen, daß zum Beispiel eine völlig institutionalisierte und vergesellschaftete Erziehung keine für den Arbeitsprozeß verwertbaren Menschen mehr produzieren würde. Der hohe Prozentsatz von drop-outs, die eine Heimsozialisation durchlaufen, mag hier ein Beispiel sein.

Gleichzeitig aber wird sie auch zu einem Opfer männlicher Definition, wenn sie die Situation der Männer beschreibt: Die Situation des Mannes wird zur strahlenden Selbstverwirklichung des Welteneroberers hochstilisiert — versteckt bleibt die pervertierte Wirklichkeit der Ehemänner, die über die von Belotti gegeißelten Hausfrauen herrschen. Männer, die zur Welteroberung erzogen wurden und auszogen und dann am Schreibtisch eines miefigen Büros, an der Drehbank eines Betriebes im Stumpfsinn klebenbleiben. Das patriarchale System erzieht seine Männer zu Herrschern über die Frauen, knechtet sie aber auf andere Weise ebenfalls. Die Prinzipien von Konkurrenz und Destruktion, die diesem Knechtungsprozeß zugrundeliegen, sind der Grund, weshalb die neue Frauenbewegung sich außerhalb dieses patriarchalischen Systems stellt — — eben, weil es für niemanden die Perspektive einer menschlichen Verwirklichung bietet. Der Anpassungszwang an das männliche Muster und die männliche Macht in seinen ideologischen und psychischen Mechanismen in uns selbst geht tiefer, als wir dies zu fassen vermögen. Dies wird klar, wenn wir anfangen, uns dagegen zu wehren: ,,Wer da meint, ich behaupte, daß zwischen den Geschlechtern Krieg herrsche, dem kann ich nur sagen, daß es diesen Krieg immer gegeben hat — und die Frauen immer die Verlierer gewesen sind. Die Frauen sind sich dieser Tatsache kaum bewußt, weil es für sie so selbstverständlich ist zu verlieren, wie es für Männer selbstverständlich ist zu gewinnen. Erst wenn Frauen das Selbstverständliche infrage stellen oder verändern, werden die Konturen des Kampfes zwischen den Geschlechtern, der seit je im Gange ist, deutlicher.'' (Phyllis Chesler). (2).

Die ,,Tätigkeit der menschlichen Selbsterhaltung'' als zentrales Problem der Veränderung unserer Situation

Unser Problem kann es nicht sein, eine mechanistische Auffächerung des Komplexes ,,Hausarbeit'' zu leisten und nach Rationalisierungsmöglichkeiten für diese uns lästige Arbeit zu suchen, weil wir die Funktion der Hausarbeit damit nicht erfassen können. Wir würden damit nur dem Fehler unterliegen, dem wir in der sogenannten Berufsarbeit unterlegen sind: wir würden versuchen, den Makel unserer Existenz als Frau soweit wie möglich hinwegzurationalisieren,

um im männlichen Sinn besser funktionsfähig zu werden.
Wir gehen davon aus, daß wir uns zuallererst Klarheit darüber verschaffen müssen, daß die Reproduktionsarbeit, die wir Frauen im isolierten und repressiven Bereich der Familie leisten, eine andere Qualität darstellt, als dies für die sogenannte Lohnarbeit zutrifft. Sie widersetzt sich der Meßbarkeit im kapitalistisch-rationalen Sinn, weil sie eine unmittelbare Einheit von physischer und psychischer Reproduktion ist. Ihre gesellschaftliche Tabuisierung, als deren Kompensation die überstarke Ideologisierung begriffen werden kann, ist eine existentielle Voraussetzung für die Aufrechterhaltung und destruktive Weiterentwicklung des patriarchalen Systems der Arbeitsteilung. Das zentrale Problem der Hausarbeit ist denn auch nicht der mechanisch distanzierbare Ablauf physischer Dienstleistung wie Kochen, Putzen oder Waschen, sondern die emotionale Reproduktion von Mann und Kindern. Am Beispiel der Kinder ist das Problem am klarsten zu fassen: ohne eine bestimmte, unteilbare Qualität emotionaler Zuwendung sind Kinder nicht lebensfähig, bzw. erleiden extreme und irreparable Schäden*. Was wir für uns als Erwachsene nicht mehr nachvollziehen können, ist gerade bei kleinen Kindern noch deutlicher: der unmittelbare Zusammenhang von psycho-physischer und Bewußtseinsrealität.
In der emotionalen Reproduktion des Mannes und der Kinder jedoch sind immer noch Rudimente dieser unserer Fähigkeiten wirksam, das was gemeinhin als unsere Infantilität und Irrationalität bezeichnet wird, ist im Patriarchat Ausdruck unserer Ohnmacht, zugleich aber auch die Kraft, die es machtvoll zu entwickeln gilt, denn das patriarchale System ist auf die Ausbeutung dieser Fähigkeiten angewiesen.
Männer verstehen es immer noch, uns als Ersatz-Mütter, als Prostituierte, als Sklavinnen ihrer Bedürfnisse auszunutzen. Sie sind darauf angewiesen, unsere psycho-physische Qualität in dieser Zerstückelung zu konsumieren, weil sie nur so ihr destruktives Machtgebäude aufrechterhalten können. Der Wunsch nach einem Kind ist

---

* Siehe hierzu den in Kinderheimen und Krankenhäusern beobachtbaren Hospitalismus. Die Struktur der öffentlichen Kinderkrippen, wo Kleinkinder ebenfalls nur mechanisch versorgt werden, bewirkt dank der zeitlich begrenzten Verwaltung der Kinder dort meist „mildere" Schäden wie Bettnässen, Sprachstörungen oder durch die motorische Restriktion bedingte aggressive Störungen etc.

für uns Frauen (auch) der ahistorische und physische Reflex der Sehnsucht nach einer produktiven Einheit von Leben und Natur — in der Domestizierung durch den Mann allerdings gewinnen wir in der Realisierung dieses Wunsches nichts als die makabre Opferung unserer selbst. In diesem Sinne ist das Verhältnis, das wir zu Kindern haben, Resultat des Verhältnisses vom Mann zu uns: wir domestizieren unsere Kinder genauso, wie wir es selbst erfahren haben.

Wir müssen ihre Vitalität zerbrechen, weil unsere eigene Vitalität zerbrochen wurde. Wir hassen unsere Kinder, weil wir uns selbst hassen müssen, auch wenn wir diesen Haß mit Fürsorge zuzudecken versuchen. Wir hassen sie, weil sie die lebendigen und armseligen Symbole unserer Sehnsucht sind, um deretwillen wir zerstört wurden.

Wir stehen erst am Anfang, uns über die Komplexität unserer Frauenrolle klar zu werden, um die materielle Basis unseres Kampfes gegen die männliche Herrschaft zu entwickeln. Wir beginnen, den Zusammenhang zwischen der psycho-physischen Ausbeutung als Sexualobjekt und der Ausbeutung als Reproduktionsarbeiterinnen zu begreifen. Deutlich wird dabei, daß es sich bei diesem Problem nicht um eine Randerscheinung, sondern um *die* gesellschaftliche Existenzfrage handelt.

In Bezug auf unsere Töchter heißt das, daß wir solange keine eindeutige und produktive Auseinandersetzung mit ihnen haben können, solange wir bereit sind, unser eigenes Leben in der Domestizierung zu leben. Solange wir unsere eigene Domestizierung durch das patriarchale System nicht radikal infragestellen und Alternativen für uns selbst entwickeln, werden wir den Kindern gegenüber immer die nützlichen Agenten der männlichen Macht sein.

In diesem Sinne begreifen wir die Arbeit Elena Belottis als einen Anfang, mit dem wir als Herausgeberinnen dieses Buches die Hoffnung verknüpfen, daß viele Frauen, Mütter, Erzieherinnen, Studentinnen mit uns zusammen weiterarbeiten werden.

Weiterarbeiten im Sinne folgender Fragen: Wie verläuft die weibliche Rollenkonditionierung mit ihren subtileren Mechanismen bei uns? Welche Möglichkeiten bestehen für Mütter und Erzieherinnen, für sich selbst die Ohnmacht anzugreifen und an ihrer Selbstverwirklichung zu arbeiten?

Eine feministische Perspektive darf niemals alle Hoffnung auf die nachwachsende Generation setzen und in frauenfeindlicher Weise diejenigen abschreiben, die bereits Opfer dieser Gesellschaft sind. Der Wunschtraum einer Veränderung der Welt über die Töchter ist falsch — die Mütter müssen damit beginnen!

Das Redaktionskollektiv

ANMERKUNGEN ZUR NACHBEMERKUNG

(1)   Monique Wittig, Les Guérilléres, Edition de Minuit, Paris 1969.

(2)   Phyllis Chesler, Frauen — das verrückte Geschlecht?, Reinbek b. Hamburg, 1974.

frauen

Frauenjahrbuch '75

Vom SDS zum Frauenzentrum ⚭ Kleinstadtlesben ♀
Mitternachtsgedanken ↔ Schwanger trotz Verhütung
⚏ Hausfrauen — auch in Frauengruppen unterdrückt
↔ Wir wollen einen Frauenlehrstuhl ⚭ Ernüchterung ⚏
Kleingruppen — Erfahrungen und Regeln ♀ Mein Kind
ist ein Mann ⚭ Lebensqualität ⚏ Täglicher Kleinkrieg
↔ Frau und Kunst ⚭ Selbsthilfe ♀ feministisches Rätsel

FRAUEN aus dem Frauenzentrum und der Uni-Gruppe
Frankfurt geben das erste Frauenjahrbuch der westdeutschen
Frauenbewegung heraus: *„neben der inhaltlichen Arbeit haben
wir selbst gesetzt, umbrochen, Korrektur gelesen, Layout und
Bildauswahl gemacht, Kalkulationen und Vertriebsfragen diskutiert"*
Frauenjahrbuch '75 264 Seiten, DM 10.-
bei Bestellungen ab 10 Exemplaren Gruppenrabatt
Verlag Roter Stern 6 Frankfurt Main Postfach 180 147

Barbara Ehrenreich / Deidre English

Hexen, Hebammen, Krankenschwestern

,,Es sind vor allem die Hexen, die Gutes tun, die verbrannt werden müssen" (Ausspruch eines führenden englischen Hexenjägers).
Es ist die Geschichte von dem brutalen Kampf der Männer um die endgültige Vorherrschaft, die nur dann zu erringen war, wenn die letzte Bastion der Frauen fiel, die Kenntnis ihres eigenen Körpers u. die Kontrolle über das Gebären.
ca. 80 S. ca. DM 7.00

Freia Hoffmann (Hg.)

Sterilisation — eine Notlösung, die wir uns erst noch erkämpfen müssen ...

Diese Textsammlung enthält
— Informationen über die rechtliche Situation, über Methoden u. Kosten der Sterilisation, — ideologiekritische Überlegungen zum Sterilisationstabu, — einen Aufsatz über die ,,Politik der Kinderlosigkeit", — und Erfahrungsberichte zweier Frauen.
ca. 30 S. ca. DM 2.00

Verlag Frauenoffensive

8 München 80
Josephsburgstr. 16

Frühjahr '75

Bitte Prospekt anfordern

Power of Woman collectiv

Dienen lerne das Weib ...

Über den Zusammenhang von Frauenberufen und Hausarbeit
Frauenberufe — das sind bis heute bevorzugt solche, wo schwere Arbeit verbunden ist mit niedriger Bezahlung: Krankenschwester, Küchenfrau, Putzfrau, Serviererin - ,,Dienstleistungsberufe". Ihnen zugrunde liegt als Gradmesser die ,,wertlose", die unbezahlte Hausarbeit. Im Rahmen dieser Analyse wird von einem Streik engl. Krankenschwestern berichtet. (Gesondert wird versucht, die Situation der Krankenschwestern in der BRD zu analysieren. ca. 140 S. ca. 9.00

Aus unserem laufenden Programm:

Selma James (Power of Woman collectiv, London), Mariarosa Dalla Costa (Lotta Femminista), und Brigitte Galtier, Paris.

Lohn für die Hausarbeit: oder: Auch Berufstätigkeit macht nicht frei

165 S. DM 7.80

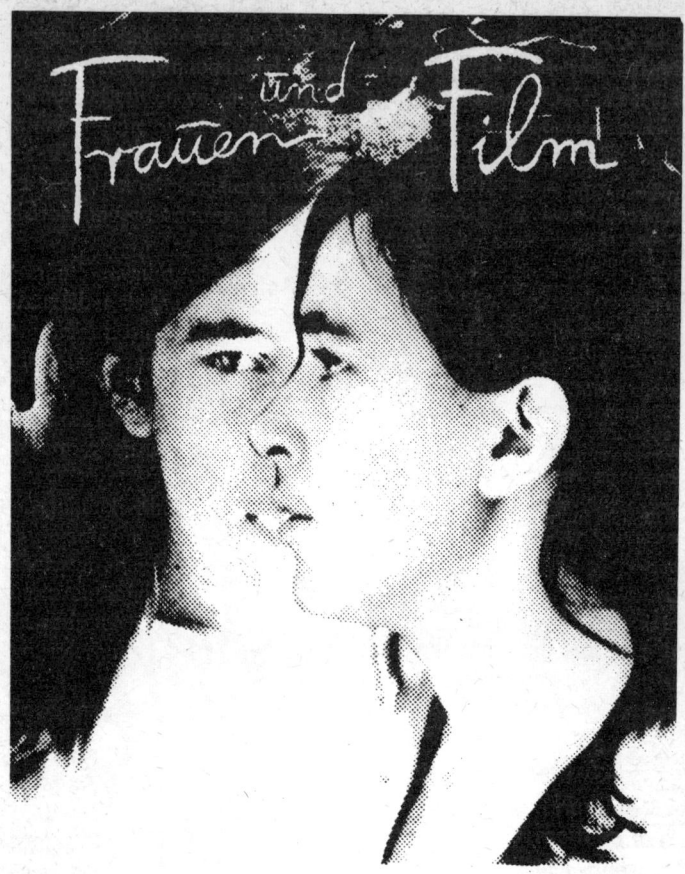

Die Zeitschrift „Frauen und Film" (Hrsg. Helke Sander. Redaktion Helke Sander/Gesine Strempel, ersch. 6x jährlich, Endpreis DM 4.-- Bestellungen und Abonnements über Brot ♀ Rosen, 1 Berlin 10, Postfach 100 208.

Nr.1 — Juni 74 — Arbeitslosigkeit von Filmemacherinnen — Sexismus in den Massenmedien — Nr.2 — Sept. 74 — Die Legende von Paul und Paula, eine menschenverachtende Schnulze aus der DDR — Nr.3 — Nov. 74 — Gelegenheitsarbeit einer Sklavin — Alte Frauen im Film — Der Scharfrichter — Nr.4 — Febr. 75 — Feministische Filmkritik: Theorie und Praxis — Die sexuelle Reaktion im linken Film.